ULLSTEIN

Das Buch

Die außergewöhnliche Wohlstandsepoche, die die Bundesrepublik Deutschland seit den fünfziger Jahren erlebt hat, ist endgültig vorbei. Der Rückgang der Geburtenrate und die rapide Alterung der Bevölkerung stellen den Generationenvertrag auf den Kopf, die Wachstumsraten der Zukunft werden einen Bruchteil des Gewohnten betragen, Arbeitslosigkeit wird zum Normalfall, das soziale Netz grobmaschiger. Dieser dramatische Wandel unserer gesellschaftlichen Grundlagen wird jedoch von den Deutschen, allen voran den Politikern, verdrängt. Statt dessen behindern rückwärts gewandte Fixierungen die überfälligen Anpassungsprozesse in Wirtschaft und Gesellschaft. Der renommierte Bonner Sozialforscher Meinhard Miegel bescheinigt den Deutschen in seinem aufrüttelnden Buch, sich Wohlstandsillusionen hinzugeben und weit von einer zukunftsorientierten Leistungsgesellschaft entfernt zu sein. Er fordert ein rasches Umsteuern auf allen Ebenen, um auf verändertem Niveau ein neues gesellschaftliches Gleichgewicht zu schaffen. Ein unverzichtbares Buch für jeden, der sich um die Zukunft unseres Landes sorgt.

Der Autor

Meinhard Miegel, geboren 1939 in Wien, war unter Kurt Biedenkopf Leiter der Hauptabteilung Politik, Information und Dokumentation der CDU-Bundesgeschäftsstelle. Seit 1977 leitet er das Institut für Wirtschaft und Gesellschaft in Bonn und wirkt zusätzlich als Berater in Politik und Wirtschaft und als Beiratsmitglied verschiedener wissenschaftlicher Einrichtungen, die sich mit gesellschaftspolitischen Zukunftsfragen befassen.

Meinhard Miegel

Die deformierte Gesellschaft

Wie die Deutschen ihre Wirklichkeit verdrängen

Ullstein

Besuchen Sie uns im Internet:
www.ullstein-taschenbuch.de

Umwelthinweis:
Dieses Buch wurde auf chlor- und säurefreiem Papier gedruckt.

Ullstein Verlag
Ullstein ist ein Verlag des Verlagshauses
Ullstein Heyne List GmbH & Co. KG.
1. Auflage November 2003
2. Auflage 2004

Dieses Werk wurde vermittelt durch die literarische Agentur
Thomas Schlück GmbH, Garbsen
Umschlaggestaltung: Petra Soeltzer, Düsseldorf (unter Verwendung einer Vorlage
von Morian & Bayer-Eynck, Coesfeld)
Titelabbildung: ddp, Berlin
Satz: UMP GmbH, Hamburg
Druck und Bindearbeiten: Ebner & Spiegel, Ulm
Printed in Germany
ISBN 3-548-36440-3

Inhalt

Vorbemerkung

Unabhängig von parlamentarischen Mehrheiten, Kanzlern oder Regierungssitzen – die Politik läuft, je länger, je mehr, dem wirklichen Leben hinterher. Zunehmend droht sie sogar den Anschluss zu verlieren. Zumeist reagiert sie nur noch auf Entwicklungen, die sie weder gewollt noch beeinflusst hat. Regiert wird im engen Korsett von Sachzwängen. Vorausschauendes politisches Gestalten ist zur Ausnahme geworden.

Politiker suchen das mit dem Hinweis zu bemänteln, die Zukunft sei ohnehin nicht vorhersehbar. Sie verberge sich, wie einer von ihnen formulierte, hinter schweren, dunklen Vorhängen. Das ist nicht falsch. Aber auch wenn es nur wenige Gewissheiten gibt, so gibt es doch Wahrscheinlichkeiten. Politiker machen es sich deshalb zu einfach, wenn sie langfristige Ziele gar nicht erst anpeilen, sondern immer nur das Nächstliegende ansteuern.

Die Politik muss ähnlich wie die Wirtschaft lernen, innerhalb einer Bandbreite wahrscheinlicher Entwicklungen neben kurz- immer auch mittel- und langfristige Vorgaben zu definieren und zu verfolgen. Das geschieht seit geraumer Zeit nur noch höchst unzulänglich. Der Mangel an Perspektiven – Visionen sollen gar nicht erst angemahnt werden – ist die empfindlichste Schwäche des gegenwärtigen politischen Handelns. Sie ist die Ursache folgenreicher Versäumnisse und Fehlentscheidungen.

Alles was uns heute ernsthaft beschwert – der tiefgreifende Wandel der Bevölkerungsstrukturen, der Wirtschaft, des Arbeitsmarkts und des Sozialstaats – hat sich in Jahren und Jahrzehnten angebahnt und war in seiner Problematik von Anfang an erkennbar. Aber viele Politiker wollten es nicht erkennen. Vielmehr setzten sie sich an die Spitze der Verdränger. Wer auf die Veränderungen und deren Folgen hinwies, wurde der Panikmache bezichtigt. Der Bevölkerung wurde, solange es ging, eine heile Welt vorgegaukelt. Angeblich gab es keinen Handlungsbedarf.

Mittlerweile sind einige Probleme unübersehbar geworden. Sie zu verdrängen fällt schwerer. Dennoch baut die Politik weithin immer noch auf Zuwarten und Hoffen. Der biologische Niedergang der Bevölkerung soll mit mehr Kindergeld, verbesserter Vereinbarkeit von Beruf und Familie und zusätzlichen Zuwanderern aufgehalten, die Wirtschaft mit ein paar Korrekturen bei den Steuern und Sozialabgaben angekurbelt, die Arbeitslosigkeit durch hohe Wachstumsraten überwunden und der Sozialstaat mit Durchhalteparolen gerettet werden. Das alles ist wenig überzeugend.

Den Politikern ist das nicht entgangen. Aber sie sehen sich zu sachgerechtem Handeln nicht in der Lage. Zwar sei diese oder jene Maßnahme, so ihr selbstkritisches Eingeständnis, nicht ausreichend. Aber mehr sei eben nicht möglich. Es würde am Widerstand der Bürger zerschellen. Um diesen Widerstand zu vermeiden, haben sich viele Politiker in eine an ihren Bedürfnissen und Fähigkeiten ausgerichtete Scheinwelt zurückgezogen. In der herrschen Massenarbeitslosigkeit, Massenarmut und soziale Ungerechtigkeit, kurz alles, was politische Aktionen erfordert, ohne dass wirklich etwas verändert werden müsste. Seit dreißig Jahren bleibt der Abstand zu den gesteckten Zielen immer gleich.

Die Bürger wähnen sich derweil in einer besseren Welt. Die überwältigende Mehrheit erfreut sich eines hohen Lebensstandards, attraktiver Arbeitsplätze, komfortabler Wohnungen, langer Urlaube und Wochenenden und eines angenehmen Ruhestands. Sie ist wohlhabend, satt und bequem. Beunruhigungen sind ihr zuwider. Doch auch diese Welt ist kaum weniger trügerisch als die Welt der Politik. Viele nehmen nicht wahr, wie dünn das Eis ist, auf dem sie sich eingerichtet haben.

Während die Politik auf offener Bühne hingebungsvoll über Nebensächlichkeiten streitet und die Bürger teils gelangweilt, teils angewidert, alles in allem aber recht behaglich von den Rängen aus zuschauen, birst das Fundament. Dieser Zustand kann nicht lange währen. Die Zeit drängt, die wirklichen Aufgaben anzugehen. Politik und Bürger müssen dabei eng zusammenwirken. Doch die Politik muss die Initiative ergreifen. Die ihr zugedachte gesellschaftliche Position ist die der Vorhut.

Faktisch hat sie sich allerdings in die Nachhutposition begeben, wo sie Schlusspunkte hinter weitgehend abgeschlossene Entwicklungen setzt. Das schafft Zäsuren. Wegweisung ist das nicht. Davon aber gehen Medien und Bevölkerung aus. Aus alter Gewohnheit vermuten sie die Politik an der Spitze des Zuges. Da sie dort jedoch nicht ist, entsteht Verwirrung. Ein Treck, der die Nachhut für die Vorhut hält, geht in die Irre. Das ist in Deutschland seit geraumer Zeit deutlich zu spüren. Die Politik, gleich welcher Färbung, lenkt die Blicke zu oft zurück und nur selten nach vorn. Dadurch wirkt Deutschland perspektiv- und orientierungslos. Das kann, das muss geändert werden. Es ist Zeit, sich über Deutschland Gedanken zu machen.

Die demographische Zeitbombe

Deutsche Erfahrungen

Nichts ist für ein Land auf Dauer so folgenreich wie die Entwicklung seiner Bevölkerung. Für alle Bereiche politischen, wirtschaftlichen und gesellschaftlichen Handelns macht es einen fundamentalen Unterschied, ob die Bevölkerung zahlenmäßig zu- oder abnimmt, diese Entwicklung schnell oder langsam erfolgt, der Jugend- oder Altenanteil groß oder klein ist, die Geburten- oder Zuwandererrate steigt oder fällt.

Was Bevölkerungsentwicklung bedeuten kann, haben die Deutschen vor gar nicht langer Zeit in dramatischer Weise erfahren. Die brutale Grenze, die ihr Land jahrzehntelang teilte, hatte zuvorderst diesen Zweck: Sie sollte Bevölkerungsverluste der DDR stoppen. Als diese 1949 gegründet wurde, hatte sie neunzehn Millionen Einwohner. Zwölf Jahre später waren es trotz eines hohen Geburtenüberschusses von fast einer Million Menschen nur noch siebzehn Millionen. Rund drei Millionen Menschen waren von Ost nach West gewandert. Durch diesen Aderlass waren Wirtschaft und Gesellschaft der DDR in ernste Schwierigkeiten geraten. Ohne diesen Bevölkerungsschwund wäre die damalige Führung kaum auf den Gedanken gekommen, mit Mauer, Grenzbefestigungen und Schießbefehl ihr Land hermetisch abzuriegeln. Der Preis hierfür war enorm. Die DDR geriet in eine wirtschaftliche, politische und nicht zuletzt geistige Isolation, an deren Folgen Deutschland noch lange zu tragen haben wird.

Trotz dieser Erfahrung behandeln die Deutschen Bevölkerungsfragen bemerkenswert distanziert und gleichgültig. Dies ist zum einen eine Spätfolge des Nationalsozialismus, dessen aberwitziges, rassistisches Ziel, die Deutschen innerhalb kurzer Zeit zu einem Hundert-Millionen-Volk anschwellen zu lassen und mit ihm halb Europa zu besiedeln, Bevölkerungswissenschaft und -politik in Verruf gebracht hat. Noch heute gehört hierzulande Mut dazu, Bevölkerungsfragen anzusprechen. Anderen Völkern fällt dies leichter. Noch wichtiger ist jedoch ein gewisses Urvertrauen, das die Deutschen in den Bestand und die Vitalität ihres Volks haben. Wozu sich Gedanken über Dinge machen, auf die Verlass ist? Kinder haben die Leute immer – das war eine der trügerischen Gewissheiten, die der greise Konrad Adenauer in seinem langen Leben erworben hatte.

Vom Bevölkerungswachstum zum Bevölkerungsschwund

Diese Gewissheit wurzelt tief. Von mäßigen Schwankungen und regionalen Ausnahmen abgesehen, entwickelten sich nämlich die Deutschen und ihre Nachbarn jahrhundertelang immer in dieselbe Richtung: Sie nahmen an Zahl zu. Einbrüche infolge von Seuchen und Kriegen wurden in aller Regel rasch wieder ausgeglichen. So vermehrten sich die Deutschen allein im 18. Jahrhundert von 15 auf 22 und die Europäer von gut 100 auf 170 Millionen. Im 19. Jahrhundert erhöhte sich die Bevölkerungszahl weiter auf 56 Millionen in Deutschland und 400 Millionen in Europa.[1] Und auch im 20. Jahrhundert schien das Wachstum ungebrochen. An seinem Ende lebten in Deutschland 82 und in Europa 730 Millionen Menschen.[2] Doch der Schein trügt. In Deutschland sind schon seit langem die Grundlagen für Bevölkerungswachstum entfallen, und seit einiger Zeit gilt das auch für Europa.

Die Jahrgänge, die mehr Kinder großzogen, als sie selber zählten, wurden in Deutschland vor über einem Jahrhundert geboren. Der Jahrgang 1892 war der letzte, der sich in der

Zahl seiner Kinder ersetzte. Seitdem ist jede Kindergeneration zahlenmäßig kleiner als ihre Elterngeneration. Damit hat Deutschland schon in der ersten Hälfte des 20. Jahrhunderts den jahrhundertealten Pfad des Bevölkerungswachstums verlassen. Nur die Geburtsjahrgänge 1930 bis 1937 erreichten in den sechziger Jahren noch einmal eine annähernd bestandserhaltende Geburtenrate.[3]

Wenn dennoch die Bevölkerungszahl zunächst weiter stieg, dann war dies nur noch eine Art Nachblüte. Die nunmehr geborene Enkelgeneration war zahlenmäßig zwar schon schwächer als ihre Elterngeneration, aber sie zählte noch mehr Köpfe als ihre Großelterngeneration. Dadurch lag die Zahl der Geburten vorübergehend über der Zahl der Sterbefälle – die Bevölkerung wuchs. Doch schon damals war absehbar, dass dieses Wachstum enden und in Schwund umschlagen musste, wenn jene zahlenmäßig starken Elternjahrgänge das Sterbealter erreicht hatten.

Zu Beginn der siebziger Jahre war es soweit. In ganz Deutschland – in der alten Bundesrepublik ebenso wie in der DDR – begann die Zahl der Sterbefälle die Zahl der Geburten zu übersteigen. Von 1970 bis 1990, dem Zeitpunkt der Wiedervereinigung, lag in Deutschland die Zahl der Sterbefälle um 1,8 Millionen über der Zahl der Geburten. Bezogen auf die deutsche Bevölkerung betrug das Geburtendefizit sogar 3,2 Millionen Menschen – 3 Millionen in West- und 0,2 Millionen in Ostdeutschland.[4]

Allerdings bedürfen letztere Zahlen der Interpretation, denn sie erwecken den irrigen Eindruck, die DDR habe im Gegensatz zur alten Bundesrepublik in jenen Jahrzehnten noch eine recht ausgewogene Bevölkerungsentwicklung gehabt. Dem war jedoch nicht so. Zwar war von 1979 bis 1985 die Zahl der Geburten in Ostdeutschland noch einmal geringfügig höher als die Zahl der Sterbefälle. Das lag aber nur zu einem geringen Teil an einer erfolgreichen Familienpolitik. Bedeutsamer war, dass die DDR auch nach dem Mauerbau in beträchtlicher Zahl alte Menschen nach Westdeutschland übersiedeln ließ, was die ostdeutschen Sterbeziffern senkte und die westdeutschen erhöhte. Unter Berücksichtigung dieser Politik war das Geburtendefizit in West und Ost während der Zeit der Teilung alles in allem proportional – die deutsche Bevölkerung ging in Westdeutschland um etwa 2,6 Millionen und in Ostdeutschland um 0,6 Millionen zurück.

Diese Proportionalität endete mit der Wiedervereinigung. Von 1990 bis 2000 überstieg die Zahl der Sterbefälle die Zahl der Geburten in Westdeutschland um lediglich 0,1 Millionen, in Ostdeutschland hingegen um 0,9 Millionen. Gemessen an den Bevölkerungsanteilen West- und Ostdeutschlands war das ostdeutsche Defizit annähernd vierzigmal höher als das westdeutsche. Etwas weniger krass ist der Unterschied, wenn nur der deutsche Bevölkerungsteil betrachtet wird. Dann lag das Geburtendefizit in West und Ost bei jeweils rund einer Million, was aber für Ostdeutschland prozentual noch immer ein viermal so hohes Defizit bedeutete wie für Westdeutschland.

Die ansässige deutsche Bevölkerung hat damit in den zurückliegenden dreißig Jahren bereits reichlich fünf Millionen Menschen verloren. Wäre Westdeutschland ähnlich abgeschottet gewesen wie Ostdeutschland und würde diese Abschottung andauern, zählte Deutschland heute etwa siebzig Millionen Einwohner – ebenso viele wie zu Beginn der fünfziger Jahre. Der hohe Geburtenberg, der sich in den fünfziger und sechziger Jahren gebildet hatte, wäre durch die Sterbeüberschüsse der folgenden Jahrzehnte zumindest numerisch wieder abgebaut worden. Und hätte der mittlerweile sehr stabile Trend noch einige Zeit angehalten, hätte die Bevölkerung Deutschlands im Jahr 2010 der von 1935, im Jahr 2020 der von 1920 und im Jahr 2030 der von 1900 entsprochen. Gegen Ende des 21. Jahrhunderts hätten hierzulande noch etwa ebenso viele Menschen wie zu Beginn des 19. Jahrhunderts gelebt: rund zwanzig Millionen.

Nun war aber Westdeutschland nicht abgeschottet, und

seit der Wiedervereinigung ist auch Ostdeutschland Zuwanderern geöffnet. Deshalb zählt Deutschland heute nicht nur siebzig, sondern 82 Millionen Einwohner. Das aber heißt, dass jeder Siebente in den zurückliegenden vierzig Jahren als Gastarbeiter oder dessen Familienangehöriger, Deutschstämmiger oder Asylsuchender zugewandert oder Abkömmling eines Zuwanderers ist. Diese Zuwanderer haben den Schwund der ansässigen Bevölkerung nicht nur kompensiert, sondern überkompensiert, und viele sind inzwischen selbst Teil der ansässigen Bevölkerung geworden. Deutschland ist dadurch von Bevölkerungsmangel weit entfernt. Wie aber geht es weiter? Die Beantwortung dieser Frage hängt ab von der künftigen Entwicklung der Lebenserwartung, der Geburtenrate und der Zuwanderung.

Zunahme der Lebenserwartung

Von Zuwanderungen abgesehen beruht das Bevölkerungswachstum in Deutschland, Europa und der Welt bislang ausschließlich auf der Zunahme der Lebenserwartung. Um 1800 wurden die Menschen in Deutschland im statistischen Mittel nur 28 Jahre alt.[5] Ihre Lebenserwartung war damit nicht wesentlich höher als in der Antike oder im Mittelalter. Bis 1900 hatte sie sich um zwei Drittel auf 46 Jahre erhöht. Ursächlich hierfür war in erster Linie ein Rückgang der Kindersterblichkeit. Immer mehr Kinder erreichten das Erwachsenenalter und hatten selbst wieder Kinder. Die Folge war, dass sich trotz anhaltend sinkender Geburtenrate und erheblicher Bevölkerungsverluste durch Abwanderung die Bevölkerungszahl innerhalb von hundert Jahren annähernd verdreifachte.

Im 20. Jahrhundert stieg die Lebenserwartung weiter auf durchschnittlich 77 Jahre, also wie im 19. Jahrhundert um zwei Drittel. Das Bevölkerungswachstum wurde hiervon jedoch nur noch mäßig beeinflusst. Denn nunmehr erhöhte sich die Lebenserwartung vor allem älterer Menschen. Der Kreis jüngerer Erwachsener wurde hingegen kaum noch größer. Hier waren bereits objektive Grenzen erreicht. Mit fallender Geburtenrate sank deshalb auch die Zahl der Geburten. Obwohl die Lebenserwartung allein in der zweiten Hälfte des 20. Jahrhunderts um mehr als ein Siebentel zunahm, bewirkte dies ein Bevölkerungswachstum von nur noch fünf Prozent. Dieser Trend wird anhalten. Die weitere Zunahme der Lebenserwartung wird sich immer weniger als Bevölkerungswachstum niederschlagen. Zwar spricht vieles dafür, dass um das Jahr 2050 Männer und Frauen in Deutschland im Durchschnitt 83 Jahre alt werden – sechs Jahre älter als heute. Dieser Anstieg wird die quantitative Bevölkerungsentwicklung aber kaum noch berühren.

Damit ist in Deutschland, Europa und zahlreichen außereuropäischen Ländern die bislang wichtigste Quelle des Bevölkerungswachstums – das Erwachsenwerden von mehr Kindern und Jugendlichen – versiegt. Zugleich haben sich die Grundlagen der Bevölkerungsentwicklung radikal verändert. Bisher beruhte das Bevölkerungswachstum auf überindividuellen Veränderungen: der allgemeinen Verbesserung der Lebensbedingungen, durch die die Lebenserwartung zunahm. Die Menschen hatten mehr zu essen, und sie lebten gesünder. »Die Erziehung des Volkes zur Reinlichkeit«, wie eine populäre Schrift im 19. Jahrhundert betitelt war, hat das Bevölkerungswachstum vermutlich stärker gefördert als der Wunsch der Menschen, viele Nachkommen zu haben. Der Wachstumsmotor »allgemeine Verbesserung der Lebensbedingungen« ist heute jedoch in weiten Teilen der Welt zum Stillstand gekommen. In vielen Ländern werden seit Generationen fast alle Geborenen erwachsen. Durch eine weitere Verbesserung der Lebensbedingungen kann deshalb weder der Bestand der Bevölkerung gehalten noch deren Zunahme bewirkt werden. Anders als bisher steht und fällt die künftige

Bevölkerungsentwicklung mit der individuellen Fruchtbarkeit. Das aber heißt: Das Verhalten der Einzelnen ist ungleich bedeutsamer als in der Vergangenheit. Wie aber verhalten sich die Einzelnen?

Geburtenrückgang

Waren bis Ende der sechziger Jahre noch etwa neunzig Prozent der Kinder geboren worden, die zur dauerhaften Erhaltung des Bevölkerungsbestandes erforderlich waren, so sank dieser Anteil mit Beginn der siebziger Jahre auf 65 Prozent. Hieran hat sich seitdem nichts geändert. Seit nunmehr dreißig Jahren ziehen drei Erwachsene der Elterngeneration nur noch zwei Kinder groß. Jede Kindergeneration ist also zahlenmäßig um ein Drittel kleiner als die Generation ihrer Eltern. 100 Angehörige der Elterngeneration haben also noch 65 Kinder, 42 Enkel und 27 Urenkel.

Von den Jahrgängen, die sich jetzt dem Ende ihrer gebärfähigen Phase nähern, den heute vierzigjährigen Frauen, haben in Deutschland ein Viertel kein und ein weiteres nur ein Kind geboren.[6] Akademikerinnen sind sogar zu mehr als vierzig Prozent kinderlos, und in den urbanen Ballungsgebieten steigt der Anteil kinderloser Vierzigjähriger weiter auf bis zu fünfzig Prozent. Nur in einigen ländlichen Gebieten sinkt er auf bis zu fünfzehn Prozent.

Bei den jüngeren Jahrgängen hat die Geburtenfreudigkeit noch weiter abgenommen. So hat von den 1965 Geborenen ein Drittel bislang kein Kind. Zwar sind für sie abschließende Aussagen noch nicht möglich, weil sie vielleicht erst spät Kinderwünsche verwirklichen. Sollte es jedoch zu solchen nachgeholten Geburten nicht kommen – und hierfür spricht viel –, stiege der Anteil der Kinderlosen in naher Zukunft auf rund ein Drittel, und ein weiteres Viertel hätte wie bisher nur ein Kind. Die hierdurch entstehenden Lücken werden von den wenigen Kinderreichen – zu ihnen rechnen die Haushalte mit mehr als zwei Kindern – auch nicht annähernd geschlossen.

Gründe für diese Geburtenabstinenz sind nach verbreiteter Auffassung die leichte Verfügbarkeit empfängnisverhütender Mittel, die schlechte Vereinbarkeit von Beruf und Familie – konkret: zu wenige Kinderkrippen, Kindergärten und Ganztagsschulen –, die finanziellen Lasten, die mit Kindern einhergehen, beengte Wohnverhältnisse, ein wenig kinderfreundliches Klima und anderes mehr. Diese Gründe erscheinen auf den ersten Blick einsichtig. Dennoch sind sie nicht stichhaltig. So hat die Bevölkerung die Zahl ihrer Kinder schon immer recht wirksam gesteuert. Die bürgerlichen Mittelschichten hatten in Deutschland bereits im 19. Jahrhundert im Durchschnitt lediglich zwei Kinder.[7] Und der steilste Absturz der Geburtenrate ging nicht mit der Einführung hochwirksamer empfängnisverhütender Mittel einher, sondern er ereignete sich zu Beginn des 20. Jahrhunderts. Damals fiel die Geburtenrate innerhalb einer Generation von deutlich mehr als vier auf zwei Kinder.

Was die Vereinbarkeit von Familie und Beruf angeht, sind etwa in den skandinavischen sowie einigen mittel- und osteuropäischen Ländern, aber auch in Frankreich und Spanien, wo alle Anstrengungen unternommen werden, Eltern, insbesondere Frauen, neben der Kindererziehung die Ausübung eines Berufes zu ermöglichen, die Geburtenraten – wenn überhaupt – nur mäßig höher als in Ländern, in denen dies nicht der Fall ist. Umgekehrt ist in einem Land wie Irland, in dem derartige Anstrengungen keinen hohen Stellenwert haben, die Geburtenrate im internationalen Vergleich recht hoch. Bestandserhaltend ist sie allerdings nirgends.

Hinsichtlich der finanziellen Situation und der Wohnverhältnisse ist daran zu erinnern, dass sich in Westdeutschland die realen Haushaltseinkommen seit 1950 verfünffacht haben und sich die Wohnfläche pro Kopf der Bevölkerung verdoppelt hat. Die wirtschaftlich Schwächsten, die Sozialhilfeempfänger, genießen heute einen Lebensstandard, der weit über demjenigen durchschnittlicher Einkommensbezieher von vor fünfzig und selbst vierzig Jahren liegt.[8] Dennoch sank die Geburtenrate beträchtlich. Zwischen steigendem Wohlstand und Geburtenfreudigkeit besteht kein positiver Zusammenhang. Selbst wirklich Begüterte zeichnen sich nicht durch Kinderreichtum aus. Eher ist das Gegenteil zu beobachten. Aufschlussreich sind auch die letztlich gescheiterten Bemühungen mancher Länder, beispielsweise Schweden oder vor geraumer Zeit Frankreich, durch finanzielle Anreize die Kinderzahlen dauerhaft zu erhöhen. Mehr als Strohfeuer wurden durch diese Maßnahmen nicht entfacht.

Was schließlich das kinderfeindliche Klima betrifft, so weisen die besonders kinderfreundlich erscheinenden romanischen Gesellschaften, vor allem Italien und Spanien, eine noch niedrigere Geburtenrate auf als Deutschland. Der Norden Italiens und große Teile Spaniens gehören heute zu den geburtenärmsten Regionen Europas. Dort werden Kinder zwar freundlich aufgenommen, nur geboren werden sie nicht.

Das soll nicht heißen, dass nicht hin und wieder einer der genannten Gründe den Wunsch nach einem Kind unerfüllt bleiben lässt. Nüchtern betrachtet, ist die niedrige Geburtenrate jedoch darauf zurückzuführen, dass Kinder in wohlstands- und erwerbsarbeitsorientierten, kollektiv rundum abgesicherten und hochgradig individualistischen Gesellschaften oft weniger attraktiv sind als andere Lebensoptionen. Mögen Kinder für viele eine große Bereicherung sein – für die meisten hat ihre Attraktivität spürbar abgenommen.

Bis vor wenigen Generationen waren Kinder für ihre Eltern ein wichtiger Wirtschaftsfaktor. Sie trugen maßgeblich zur Leistungsfähigkeit der Familie bei. Darüber hinaus bildeten sie das Fundament der Alterssicherung. Sie waren trotz mancher Mängel und Schwächen Garanten sozialer Einbindung, Geborgenheit und Stabilität. In der Regel waren sie für ihre Eltern eine sich auch wirtschaftlich rentierende Investition. Sie gaben ihnen – zeitversetzt – individuell zurück, was sie empfangen hatten.

Von alledem kann heute kaum noch die Rede sein. Die Investition in Kinder rentiert sich allenfalls noch emotional. Der wirtschaftliche Aufwand, den sie erfordern, wird gegenüber den Eltern nur selten zum Ausgleich gebracht. Ihre Wirtschaftskraft ist fast völlig vergemeinschaftet. Das gilt auch für den sozialen Bereich. Eltern können sich immer weniger darauf verlassen, bei Bedarf – im Alter oder Krankheitsfall – von ihren erwachsenen Kindern vor Einsamkeit geschützt und ausreichend versorgt zu werden. Gleichzeitig locken ein riesiges Angebot an Gütern und Diensten, komfortable Wohnungen, schnelle Autos, ausgedehnte Urlaubsreisen, eine breite Palette von Bildungs- und Unterhaltungsmöglichkeiten, interessante, gesellschaftlich angesehene und gut dotierte berufliche Karrieren, persönliche Unabhängigkeit, Ungebundenheit und Freiheit. Mitunter mag die Entscheidung zwischen den Optionen konfliktträchtig und schwierig sein. Die Lebenswirklichkeit zeigt jedoch, dass sie nicht mehr mit einer gewissen Selbstverständlichkeit zugunsten von Kindern fällt.

Hierüber sollte es keine Illusionen geben: Die Kinderarmut individualistischer Wohlstandsgesellschaften ist nicht die Folge unbeabsichtigter Fehlentwicklungen, die sich durch zusätzliche Kindergartenplätze oder höhere steuerliche Freibeträge beheben ließen. Vielmehr ist sie Ausdruck des Wesenskerns dieser Gesellschaft. Sie eröffnet breitesten Schichten Möglichkeiten, denen gegenüber die Option, Kinder großzuziehen, häufig wenig verlockend erscheint. Das aber bedeutet, dass die Kinderarmut anhalten wird, solange diese von der großen Bevölkerungsmehrheit tief verinnerlichte Gesellschaftsform bestehen bleibt. Solange ist ein dauerhafter Wiederanstieg der Geburtenrate unwahrscheinlich. Wahrscheinlicher ist ihr weiterer Rückgang.

Dennoch sei unterstellt, dass die seit dreißig Jahren recht stabile westdeutsche Geburtenrate unverändert bleibt, die derzeit niedrigere ostdeutsche bis 2010 das westdeutsche Niveau erreicht, die Zuwanderer noch lange ihre höhere Geburtenrate beibehalten und die Lebenserwartung des älteren Bevölkerungsteils weiter kräftig steigt. Dann würde ohne Zuwanderer die Bevölkerung in den kommenden zehn Jahren um 2,5 Millionen abnehmen, von 2011 bis 2020 um weitere 3,9 Millionen, bis 2030 nochmals um 5,2 Millionen und bis 2040 erneut um 6,2 Millionen. Insgesamt verlöre Deutschland innerhalb der nächsten vierzig Jahre knapp 18 Millionen Einwohner, mehr als derzeit die Bevölkerung der neuen Bundesländer zählt. Bei Fortdauer dieses Trends hätte sich bis 2080 die gegenwärtige Bevölkerungszahl auf vierzig Millionen halbiert. Weniger deutlich wäre der Rückgang der Bevölkerungen in den meisten anderen europäischen Ländern. Überall befänden sie sich jedoch auf Talfahrt.[9]

Damit liefe der demographische Film, der jahrhundertelang fast ununterbrochen steigende Bevölkerungszahlen zeigte, rückwärts. In vierzig Jahren lebten in Deutschland noch etwa ebenso viele Menschen wie kurz vor dem Ersten Weltkrieg, und 2080 wäre Deutschlands Bevölkerung mit vierzig Millionen – auf einem wesentlich kleineren Territorium – so zahlreich wie zur Reichsgründung 1871. Auch wäre es immer noch so dicht besiedelt wie derzeit Frankreich oder Polen. Auf einem Quadratkilometer würden in Deutschland in hundert Jahren etwa so viele Menschen leben wie vor hundert Jahren und wie in den meisten Nachbarländern heute. Quantitativ betrachtet würde also beispielsweise eine Halbierung der deutschen und europäischen Bevölkerung Bedingungen schaffen, die im Blick zurück und über die Grenzen durchaus vertraut sind. Allerdings würde sich mit dem zahlenmäßigen Rückgang der Bevölkerung zugleich auch deren Altersaufbau ändern. Und für diese Änderung gibt es in der Geschichte der Menschheit keine Parallele. Sie ist beispiellos. Hier betreten diese und die nachfolgende Generation Neuland.

Beispiellose Alterung

Als die Bevölkerung zu Beginn des 19. Jahrhunderts zahlenmäßig stark zuzunehmen begann, war sie nach heutigen Vorstellungen außerordentlich jung. Noch ein Jahrhundert später, um 1900, war ein Viertel der Deutschen jünger als zehn und weit über ein Drittel jünger als fünfzehn Jahre. Die Hälfte der Bevölkerung hatte noch nicht das 23. Lebensjahr erreicht. Umgekehrt waren nur knapp acht Prozent älter als sechzig und noch nicht einmal ein halbes Prozent älter als achtzig Jahre. In ganz Deutschland gab es lediglich 10000 über 89-Jährige, von denen nur 40 älter als 100 Jahre waren.[10] Die Bevölkerungsgruppe der 20- bis 59-Jährigen bildete eine Minderheit. Zahlenmäßig war die Gesellschaft von Kindern und Jugendlichen dominiert. Mittdreißiger waren tonangebend.

Zwei Generationen später, um 1960, als jene geboren wurden, die heute mit Anfang vierzig in der Lebensmitte stehen, hatte sich das Bild bereits deutlich gewandelt. Die Grundzüge waren jedoch noch gut erkennbar. Zwar war der Anteil der unter 20-Jährigen von 44 auf 28 Prozent gesunken, hatte sich der Anteil der über 59-Jährigen auf 17 Prozent mehr als verdoppelt und derjenige der über 79-Jährigen auf knapp zwei Prozent vervierfacht; die Zahl der über 89-Jährigen betrug nun – in einer um knapp ein Viertel gewachsenen Bevölkerung – 53 000 und die der über 99-Jährigen knapp 500. Der wesentliche Unterschied zum Jahrhundertbeginn beschränkte sich aber darauf, dass sich der Bevölkerungsschwerpunkt von den Kindern und Jugendlichen zu den jungen Erwachsenen verlagert hatte. Der Altersscheitelpunkt lag jetzt statt bei 23 bei 34 Jahren. Die eine Hälfte der Bevölkerung war jünger, die andere älter. Die Bevölkerungsmehrheit befand sich im erwerbsfähigen Alter zwischen zwanzig und sechzig Jahren.

Mittlerweile hat sich das Altersgefüge so weit verschoben, dass sich die Gewichtung umzukehren beginnt. Zwar bilden die 20- bis 59-Jährigen mit einem Bevölkerungsanteil von 55 Prozent wie 1960 die Mehrheit. Aber der Anteil der unter 20-Jährigen ist weiter auf rund 21 Prozent gesunken, während der Anteil der über 59-Jährigen auf knapp 24 Prozent gestiegen ist. Damit ist in Ländern wie Deutschland der Anteil älterer Menschen erstmals in der Menschheitsgeschichte größer als derjenige der Jüngeren. Das zahlenmäßige Verhältnis liegt bei acht zu sieben. Auf hundert 20- bis 59-Jährige kommen nur noch 38 unter 20-, aber 43 über 59-Jährige. Die Zahl der über 79-Jährigen hat sich mit 3,1 Millionen seit 1960 annähernd verdreifacht, die der über 89-Jährigen mit 500000 fast und die der über 99-Jährigen mit mehr als 5000 mehr als verzehnfacht. Die Bevölkerung insgesamt ist im gleichen Zeitraum nur um knapp ein Achtel gewachsen. Der Anteil der über 79-Jährigen liegt nunmehr bei annähernd vier Prozent. Das entspricht dem Anteil der über 65-Jährigen zu Beginn des 20. Jahrhunderts. Der Altersscheitelpunkt hat sich seit 1960 von 34 auf 40 Jahre verschoben.

Doch der eigentliche Alterungsschub steht noch bevor. In den kommenden vierzig Jahren wird sich der Altersaufbau der Bevölkerung Deutschlands und Europas dramatisch verändern. Obgleich diese Feststellung die Zukunft betrifft, enthält sie nichts Spekulatives. Die über Vierzigjährigen des Jahres 2040 leben nämlich bereits unter uns. Die dann Sechzigjährigen sind die heute Zwanzigjährigen. Die Jahrgänge, die um 1960 und früher in jene noch recht junge Bevölkerung hineingeboren wurden, bilden die Altersgruppe der über 79-Jährigen. Und selbst heute Sechzigjährige werden 2040 noch in stattlicher Zahl dabei sein. Es geht also nicht um irgendeine ferne Zukunft, in die spätere Generationen hineinwachsen werden, sondern um eine Zeitspanne, welche die derzeitige Bevölkerungsmehrheit erleben wird.

In vierzig Jahren werden in einer Bevölkerung, die ohne weitere Zuwanderung noch knapp 64 Millionen Menschen zählen dürfte, nur noch 29 Millionen oder rund 45 Prozent zwischen 20 und 59 Jahre alt sein. Damit vermindert sich der Anteil dieser Altersgruppe im Vergleich zu heute um knapp ein Fünftel. Bezogen auf die Gegenwart bedeutet dies eine Abnahme des erwerbsfähigen Bevölkerungsteils um 16 Millionen. Nur noch 15 Prozent werden jünger als 20, 40 Prozent hingegen älter als 59 Jahre sein. Acht über 59-Jährigen stehen mithin nur noch drei unter 20-Jährige gegenüber. Auf einhundert 20- bis 59-Jährige kommen lediglich 33, die jünger, aber 88, die älter sind.

Fast sieben Millionen Menschen werden ihr 79. Lebensjahr überschritten haben. Mit knapp elf Prozent wird ihr Bevölkerungsanteil annähernd so groß sein wie derjenige der dann 6- bis 18-Jährigen oder derjenige der über 64-Jährigen im Jahr 1960. Dabei werden 1,4 Millionen Menschen dieser Altersgruppe, also ein Fünftel, älter als 89 und knapp 100 000 sogar älter als 99 Jahre sein. 2040 könnte also – gleichnishaft – ganz Niedersachsen ausschließlich von über 79-Jährigen, Hamburg von über 89-Jährigen und eine Stadt wie Trier oder Jena von über 99-Jährigen bevölkert werden. Von den über 19-Jährigen wird beinahe die Hälfte sechzig Jahre oder älter sein.

Eine derartige Verschiebung im Altersgefüge hat es noch nie gegeben. Von 1960 bis 2040, also innerhalb der Lebensspanne derer, die heute in ihrer Lebensmitte stehen, fällt der Anteil der Kinder und Jugendlichen an der Bevölkerung auf annähernd die Hälfte, während der Anteil Älterer und Alter auf mehr als das Doppelte steigt. Das zahlenmäßige Verhältnis von Jung zu Alt kehrt sich um. Die 20- bis 59-Jährigen werden von einer deutlichen Mehrheit zu einer ebenso deutlichen Minderheit. Der Anteil der über 79-Jährigen erhöht sich auf das Fünf-, derjenige der über 89-Jährigen auf das

Fünfundzwanzig- und derjenige der über 99-Jährigen auf das Zweihundertfache. Der Altersscheitelpunkt verlagert sich von den Mittdreißigern zu den Fünfzigjährigen. Und das alles binnen eines Menschenlebens!

Folgen der Zuwanderung

Nun lässt sich einwenden, dass Deutschland in den kommenden vierzig Jahren vermutlich ebenso wenig im eigenen demographischen Saft schmoren werde wie in den zurückliegenden vierzig Jahren, soll heißen, dass auch künftig mehr Menschen zu- als abwandern und so die entstehenden Bevölkerungslücken zumindest teilweise schließen und den Alterungsprozess verlangsamen werden. Eine solche Entwicklung ist nicht zuletzt aus geographischen, topographischen und vor allem klimatischen Gründen in der Tat wahrscheinlich. Deutschland ist als Lebensraum zu attraktiv, als dass ihm ernsthaft Entvölkerung drohte. Trotzdem muss auch bei dieser Option ein wenig innegehalten werden.

Würde Deutschland künftig einen positiven Wanderungssaldo von jährlich durchschnittlich beispielsweise hunderttausend Menschen aufweisen, ginge seine Bevölkerungszahl bis 2040 nicht um gut ein Fünftel, wie dies ohne Zuwanderung der Fall wäre, aber immer noch um ein Siebentel oder knapp zwölf Millionen Einwohner zurück. Mit reichlich siebzig Millionen Einwohnern befände es sich wieder auf dem Niveau von Mitte der fünfziger Jahre. Allerdings bestünde im Gegensatz zu damals die Bevölkerung zu mehr als einem Viertel aus Menschen, die seit 1960 zugewandert sind, beziehungsweise aus deren Abkömmlingen. Stiege der positive Wanderungssaldo hingegen auf jahresdurchschnittlich zweihunderttausend Menschen, verminderte sich die Einwohnerzahl Deutschlands nur um ein knappes Zehntel oder sieben Millionen. Das entspricht dem Bevölkerungsstand von Mitte der sechziger Jahre. Dann bestünde aber annähernd ein Drittel der Bevölkerung aus Zuwanderern oder deren Abkömmlingen. Sollte gar versucht werden, bei gleichbleibender Geburtenrate die gegenwärtige Bevölkerungszahl durch Zuwanderer konstant zu halten, stammte ein Jahrhundert nach Beginn der Zuwanderung, 1960, die Hälfte der Bevölkerung aus Zuwandererfamilien. Von da an bildeten Menschen, die bereits in der dritten oder vierten Generation in Deutschland ansässig sind, die Minderheit.

Doch wie breit der Zuwandererstrom auch immer nach Deutschland künftig fließen mag – seine Wirkungen auf die Alterung der Bevölkerung sind begrenzt. Zwar ist es möglich, durch Zuwanderung den Erwerbsfähigenanteil auf über fünfzig Prozent zu halten. Das zahlenmäßige Verhältnis zwischen Erwerbsfähigen einerseits und noch nicht beziehungsweise nicht mehr Erwerbsfähigen andererseits wird hiervon aber nur wenig berührt. Ursächlich hierfür ist zum einen, dass auch Zuwanderer älter werden und oft noch nicht einmal ihr ganzes Erwerbsleben in Deutschland verbringen, und zum anderen, dass ihre ursprünglich mitunter höhere Geburtenrate sich schnell dem deutschen Niveau annähert. Ein Teil der Zuwanderer, insbesondere aus den Nachbarländern, weist mittlerweile eine noch niedrigere Geburtenrate auf als die Deutschen. Zuwanderung ist folglich keineswegs das Mittel, mit dem sich alle demographischen Verwerfungen glätten lassen. Das gilt um so mehr, als sich die künftige Zuwanderung tiefgreifend von der bisherigen unterscheiden wird.

Das Ende der europäischen Zuwanderung

1960, zu Beginn der verstärkten Zuwanderung, stammten rund neunzig Prozent der in Deutschland lebenden knapp siebenhunderttausend Ausländer aus Europa und Amerika. Von ihnen waren wiederum drei Viertel Bürger der heutigen Mitgliedsländer der Europäischen Union beziehungsweise der Schweiz.[11] Obwohl sich seitdem Zahl und Anteil der Ausländer stark erhöht haben, hat sich ihre Zusammensetzung bemerkenswert wenig verändert. Werden auch die Türken zu den Europäern gerechnet – immerhin streben sie in die EU –, kommen fast unverändert 85 Prozent der in Deutschland lebenden Ausländer aus Europa und Amerika. Nur fünfzehn Prozent stammen aus Asien, Afrika und anderen Teilen der Welt.[12]

In der öffentlichen Diskussion wird oft unterstellt, diese Art von Migration werde sich in Zukunft fortsetzen. Breite Bevölkerungskreise und viele Politiker gehen stillschweigend davon aus, dass die Mehrzahl der Zuwanderer auch künftig Europäer oder deren Abkömmlinge sein werden. Doch das ist im Blick auf Westeuropa wenig realistisch und im Blick auf Mittel- und Osteuropa nicht wünschenswert. Mehr noch, die Westeuropäer und namentlich die Deutschen sollten alles unternehmen, dass es nicht zu europäischen Ost-West-Wanderungen kommt.

Die Fakten: In der Westhälfte Europas ist der Wanderungssaldo mittlerweile ausgeglichen. Es gibt kaum noch Wanderungsgewinner oder -verlierer. Die wirtschaftlichen Unterschiede sind nicht mehr groß genug, um Menschen zu veranlassen, ihre angestammten Sprach- und Kulturräume sowie ihre sozialen Bindungen aufzugeben. Die Zeiten, in denen süditalienische, portugiesische oder griechische Arbeitskräfte dankbar gen Norden zogen, sind längst vorbei. Ganz anders ist das Verhältnis zwischen Westeuropa auf der einen und Mittel- und Osteuropa auf der anderen Seite. Hier ist das wirtschaftliche Gefälle heute steiler, als es jemals während des 20. Jahrhunderts im Westen war. 1998 war die pro Kopf erwirtschaftete Güter- und Dienstleistungsmenge in Westeuropa im Durchschnitt etwa siebenmal so groß wie in Mittel- und vierzehnmal so groß wie in Osteuropa.[13] Selbst wenn dem Umstand Rechnung getragen wird, dass in Mittel- und Osteuropa noch mehr in Schwarz- und Eigenarbeit erwirtschaftet wird als im Westen, ist ein derartiges Gefälle enorm.

Hieran wird sich kurz-, aber auch mittelfristig nicht viel ändern. Die Wirtschaftskraft der rund 53 Prozent der Europäer, die westlich von Oder und Neiße leben, ist elfmal so groß wie diejenige der anderen 47 Prozent. Pro Kopf erwirtschaften die Westeuropäer gut elfmal so viel wie die Mittel- und Osteuropäer. Ein solches Gefälle ist allemal groß genug, um über Sprach- und Kulturschranken hinweg und unter Preisgabe sozialer Bindungen Bevölkerungsströme in Gang zu setzen. Das gilt um so mehr, als mit der Aufnahme von zunächst zwölf mitteleuropäischen Staaten in die EU und der weiteren Liberalisierung des Güter- und Personenverkehrs mit Osteuropa noch bestehende Hemmnisse beseitigt oder zumindest spürbar abgebaut werden sollen.

Nicht wenige Deutsche und andere Westeuropäer erwarten hiervon eine nachhaltige Verminderung ihrer Bevölkerungsprobleme. Wurde nicht schon immer an mittel- und osteuropäischen Quellen gezapft, wenn hierzulande nicht genügend Arbeitskräfte zur Verfügung standen: Polen in Bergwerken und der Landwirtschaft oder Balten in Chemiefabriken? Warum also nicht gerissene Fäden wieder knüpfen, zumal ohnehin schon jedes Jahr Hunderttausende von Mittel- und Osteuropäern allein in Deutschland aushelfen? Und ist es nicht auch vernünftig, wenn sich in einer erweiterten EU die Menschen dort niederlassen, wo sie die günstigsten Lebensbedingungen antreffen? Wieso sollen sie sich an der Weichsel oder Memel abmühen, wenn am Rhein oder an der Seine alles viel einfacher geht und sie dort gebraucht werden? Ziehen nicht auch die Amerikaner auf ihrem weiten Kontinent immer an die attraktivsten Plätze, ohne ersichtlich Schaden zu nehmen?

Diese Argumentation besticht. Trotzdem ist sie angreifbar. Mit den gleichen Argumenten wird die Bevölkerungsbewegung von Ost- nach Westdeutschland befürwortet. Die Folgen dieser Bewegung können schon jetzt in den neuen Bundesländern besichtigt werden. Hält diese Bewegung noch zehn Jahre an, wird es für den Osten unmöglich sein, irgendwann aus eigener Kraft zum Westen aufzuschließen.

Gefahren der Ost-West-Wanderung

Seit der Antike, vor allem aber seit der Renaissance hat sich der Westen Europas dynamischer entwickelt als der Osten. Das gilt nicht zuletzt für die Bevölkerungszahlen. Ähnlich wie in der Wirtschaft besteht auch in der Besiedlungsdichte ein erhebliches West-Ost-Gefälle. Deutschland beispielsweise ist gegenwärtig doppelt so dicht besiedelt wie Polen oder Tschechien, viermal so dicht wie Weißrussland oder die Ukraine und fünfundzwanzigmal so dicht wie Russland.

Dieses Gefälle wird in den kommenden Jahren und Jahrzehnten auch ohne Ost-West-Wanderung steiler werden. Der Grund sind hohe Sterbeüberschüsse oder, umgekehrt, der Rückgang der Geburtenzahlen. Mit Ausnahme Polens und der Slowakei haben alle Länder Mittel- und Osteuropas seit nunmehr reichlich einem Jahrzehnt eine noch niedrigere Geburtenrate als Deutschland und die Europäische Union, und auch die Geburtenraten Polens und der Slowakei sind nicht höher als die niedrige deutsche. Mit den Geburtenraten Frankreichs oder Großbritanniens kann kein einziges mittel- oder osteuropäisches Land mithalten, obwohl auch sie nicht zur Bestandserhaltung ausreichen. Unter diesen Bedingungen bedeutet eine substanzielle Ost-West-Wanderung, dass sich die Zahl der Menschen östlich von Oder und Neiße binnen zwei Generationen halbiert.

Über die künftigen mittel- und osteuropäischen Geburtenraten kann ebenso wie über die westeuropäischen nur spekuliert werden. Vermutlich werden sie sich – ähnlich wie in den neuen Bundesländern – nach einer Phase der Selbstfindung und Konsolidierung wieder ein wenig erholen. Sie dürften jedoch in absehbarer Zeit keine bestandserhaltenden Höhen erreichen. Allenfalls dürften sie sich in zehn bis fünfzehn Jahren dem derzeitigen westeuropäischen Niveau annähern. In der Zwischenzeit wächst jedoch eine stark dezimierte Elterngeneration heran, so dass die künftigen Geburtenzahlen selbst dann auf einen weiteren deutlichen Rückgang programmiert sind, wenn die Geburtenraten wieder steigen sollten.

Zum existenzgefährdenden quantitativen Bevölkerungsrückgang kämen bei einer substanziellen Ost-West-Wanderung gravierende qualitative Veränderungen der Bevölkerungsstruktur. Da in der Regel überdurchschnittlich junge, flexible und motivierte Menschen in den Westen ziehen dürften, stiege das Durchschnittsalter der Mittel- und Osteuropäer noch schneller als ohnehin, und zugleich würden die Volkswirtschaften ihrer tüchtigsten Kräfte beraubt. Vor einem solchen Hintergrund würde die Verwirklichung des politischen Postulats der Herstellung und Gewährleistung ähnlicher Lebensbedingungen in Deutschland, der Europäischen Union und möglichst ganz Europa illusorisch. In der erweiterten EU wie in Europa insgesamt würde sich riesenhaft vergrößert wiederholen, was die neuen Bundesländer seit einiger Zeit schmerzhaft erfahren: Die wirtschaftliche Entwicklung würde nicht zuletzt gebremst, weil die Unternehmerischsten abwanderten.

Die deutsche Antwort auf diese Herausforderung ist Geld und noch einmal Geld. Die Menschen in den neuen Bundesländern sollen keinen wirtschaftlichen Grund mehr haben, in den Westen überzusiedeln. Das gleiche müsste sich im europäischen Maßstab wiederholen. Die Völker des Westens, allen voran die Deutschen, müssten viel Geld in die durch Abwanderung geschwächten Regionen Mittel- und Osteuropas pumpen, um sie über Wasser zu halten. Dann aber verlöre die ganze Wanderei ihren Sinn. Was nützte es dem Westen, wenn er im Osten die Löcher stopfen müsste, die durch eine Ost-West-Wanderung gerissen wurden?

Was aber passiert, wenn er die Löcher nicht stopft? Dann wird es keine funktionierende Europäische Union und kein stabiles, offenes Europa geben. Denn ein Land, ein Kontinent ist nur dann dauerhaft stabil, wenn die regionalen, wirtschaftlichen und sozialen Unterschiede nicht zu krass sind. Andernfalls können selbst Eiserne Vorhänge keine Stabilität gewährleisten. Deutsche und Europäer konnten das in ihrer jüngsten Geschichte hautnah erfahren.

Doch wann sind die Unterschiede zu krass? Auf diese Frage gibt es keine allgemeingültige Antwort. Aber es gibt gewisse Erfahrungssätze. Innerhalb eines Sprach- und Kulturkreises setzen sich Bevölkerungsteile in Bewegung, wenn das Wirtschaftsgefälle steiler als vier zu drei ist. Die noch immer nicht zum Stillstand gekommene Wanderung von den neuen in die alten Bundesländer zeigt das. Über Sprach- und Kulturkreise hinweg müssen stärkere wirtschaftliche Anreize wirksam werden. Im allgemeinen reicht aber auch hier ein Gefälle von zwei zu eins, soll heißen: Hat eine Bevölkerung doppelt so viele materielle Güter wie eine andere, machen sich Gruppen der Ärmeren auf den Weg, um am Wohlstand der Reichen teilzuhaben.

Europäer in einem Boot

Soll die Osterweiterung der EU gelingen und darüber hinaus ein offenes und zugleich stabiles Europa entstehen, darf die Binnenwanderung auf Dauer nicht stärker werden, als sie heute in Westeuropa ist. Die durch Abwanderung entstehenden Lücken lassen sich nämlich in keinem Land mehr durch internes Bevölkerungswachstum schließen. Sie klaffen auf Dauer, es sei denn, außereuropäische Zuwanderer strömen nach. Alle Europäer müssen deshalb dazu beitragen, den Wanderungssaldo für jedes Land möglichst ausgeglichen zu halten.

Dazu bedarf es einer erheblichen Abflachung des bestehenden Wirtschaftsgefälles. Was das praktisch heißt, wissen die Deutschen seit ihrer Wiedervereinigung nur allzu gut. Für die Ostdeutschen bedeutet es eine radikale Veränderung fast aller Lebens- und Wirtschaftsbereiche. Für die 67 Millionen Westdeutschen einschließlich der Westberliner bedeutet es im Wesentlichen, dass sie den fünfzehn Millionen Ostdeutschen jährlich etwa 75 Milliarden Euro, das sind knapp vier Prozent des westdeutschen Bruttoinlandsprodukts, für den Aufbau der neuen Bundesländer und den ostdeutschen Konsum zur Verfügung stellen. Auf diese Weise soll das Wirtschaftsgefälle, das 1990 bei drei zu eins lag, bis 2010 auf vier zu drei vermindert werden. Ob das gelingen wird, ist ungewiss. Gewiss ist hingegen, dass es nicht gelingen wird, wenn diese Anstrengungen erlahmen sollten.

Die Osterweiterung der EU wird auch den übrigen Westeuropäern Gelegenheit geben, diese Lektion zu lernen. Bisher war sie für sie mehr ein gedankliches Experiment. Das ändert sich jetzt. In wenigen Jahren werden den 377 Millionen Alt-EU-Bürgern 106 Millionen Neu-EU-Bürger gegenüberstehen. Ähnlich wie in Deutschland wird also auch hier das Zahlenverhältnis zwischen Alt- und Neubürgern bei etwa vier zu eins liegen. Anders als in Deutschland wird das Wirtschaftsgefälle aber nicht nur drei zu eins, sondern – je nach Berechnungsweise – bis zu sieben zu eins betragen, mithin mehr als doppelt so groß sein. Die zu lösende Aufgabe ist damit noch schwieriger als hierzulande, selbst wenn eine Verminderung des Wirtschaftsgefälles auf zwei zu eins voraussichtlich ausreichen wird, um die erweiterte EU zu stabilisieren. Doch damit ist es nicht getan. Auch den übrigen 271 Millionen Mittel- und Osteuropäern, die bis auf weiteres nicht der EU angehören, muss zumindest eine Perspektive eröffnet werden.

Scheitert Westeuropa bei der Bewältigung dieser historisch einzigartigen Herausforderung, könnte bei Öffnung der innereuropäischen Grenzen eine Völkerwanderung einsetzen, an der niemand, weder im Osten noch im Westen, gelegen sein kann. Es ist deshalb richtig, nicht zeitgleich mit der EU-Osterweiterung den Neubürgern völlige Freizügigkeit einzuräumen. Zwar braucht der Westen nicht zu fürchten, dass zuwandernde Mittel- und Osteuropäer den Ansässigen Arbeitsplätze, Wohnungen oder Krankenhausbetten streitig machen. Dieser latente Konflikt wird durch den zügigen Bevölkerungsschwund im Westen entschärft. Die neuen Mitgliedsländer müssen jedoch zunächst eine Chance haben, sich wirtschaftlich zu festigen. Das geht nur, wenn sie mit ihrer Aufnahme in die Europäische Union nicht sogleich die dynamischsten Bevölkerungsgruppen durch Abwanderung verlieren. Sollte das geschehen, würde die Wirtschaftskraft des Westens weiter gestärkt und die des Ostens nochmals geschwächt. Das steile wirtschaftliche Gefälle würde zementiert und Europa gefährlich destabilisiert. Über kurz oder lang müssten erneut Grenzen gezogen werden. Europa stünde wieder da, wo es schon einmal stand.

Die Hoffnung, das wirtschaftliche Ungleichgewicht könne durch Waren- oder Geldsendungen der Migranten an die Zurückgebliebenen zumindest gemildert werden, ist unbegründet. Kurzfristig kann so deren Mangel ein wenig überdeckt werden, doch mittel- und langfristig ist dies kein Ersatz für den Auf- und Ausbau der eigenen Volkswirtschaften. Deutschland ist nach dem Zweiten Weltkrieg auch nicht durch Carepakete und noch nicht einmal durch die Marshallplan-Hilfe wieder aufgebaut worden. Das waren hochwillkommene Gesten, mehr aber nicht. Und auch die privaten Milliardentransfers in die Türkei und das frühere Jugoslawien haben dort wirtschaftlich nur wenig bewegt.

Ebenso wenig fundiert ist die Annahme, viele Zuwanderer würden nach einigen Jahren, reich an Wissen und Erfahrungen und ausgestattet mit einigem Startkapital, in ihre Ursprungsländer zurückkehren und dort die Wirtschaft ankurbeln. In Einzelfällen mag das geschehen. Die meisten werden jedoch kaum Anlass haben, den Rückweg anzutreten. Arbeitsplätze und Wohnungen werden ihnen reichlich zur Verfügung stehen, ihre Kinder werden auf deutsche, französische oder niederländische Schulen gehen, und im Übrigen können sie problemlos ihre alte Heimat besuchen, wenn sie Lust darauf verspüren. Warum also sollten sie sich den Mühen der Reintegration unterziehen? Auch hier sind die Erfahrungen eindeutig. Schon nach einigen Jahren wird die alte Heimat den Ausgewanderten oft fremd.

Sowohl im eigenen als auch im Interesse Mittel- und Osteuropas sollten Deutsche und Westeuropäer deshalb darauf verzichten, ihre Bevölkerungsprobleme durch mittel- und osteuropäische Zuwanderer lösen zu wollen. Von den in jüngster Zeit in Wirtschaft und Politik erwogenen Maßnahmen, Mitteleuropäern die Übersiedlung nach Deutschland und damit nach Westeuropa besonders zu erleichtern, gehen falsche Signale aus. Sie sind Ausdruck einer extrem kurzsichtigen Politik. Sollte Deutschland diesen Kurs nicht unverzüglich wieder verlassen, wird es mehr verlieren als gewinnen. Der begehrliche Blick mancher Westeuropäer, namentlich Deutscher, auf die Bevölkerungen des Ostens geht fehl.

Die Europäer insgesamt müssen akzeptieren, dass es auf ihrem Kontinent keine sprudelnde Bevölkerungsquelle mehr gibt und es nur eine Frage der Zeit ist, bis auch in der Türkei das Bevölkerungswachstum zum Stillstand kommt. Sie müssen erkennen, dass Wanderungsbewegungen, seien es Binnen- oder Außenwanderungen, in einer zahlenmäßig abnehmenden Bevölkerung völlig anders wirken als in einer expandierenden. Und schließlich müssen sie begreifen, dass sie demographisch alle in einem Boot sitzen und ihre Probleme nur gemeinsam lösen können.

Aspekte außereuropäischer Zuwanderung

Während die ansässigen Bevölkerungen Europas, Nordamerikas und Australiens zahlenmäßig abnehmen oder ihr noch bestehendes Wachstum in absehbarer Zeit zum Stillstand kommen und dann ebenfalls in Abnahme umschlagen wird, verzeichnen große Teile Asiens, Lateinamerikas und Afrikas hohe Zuwachsraten, wobei 95 Prozent dieser Zuwächse in Entwicklungsländern anzutreffen sind. Dabei gilt im Allgemeinen: Je niedriger der Bildungs- und wirtschaftliche Entwicklungsstand, desto höher das Bevölkerungswachstum. Daraus folgt umgekehrt, dass mit der weltweiten Verbesserung des Bildungs- und Entwicklungsstandes das Wachstum der Weltbevölkerung allmählich seinem Ende entgegenstrebt. Die Anzeichen dafür mehren sich. Von wenigen Ausnahmen abgesehen, sinkt überall die Geburtenrate – gerade auch in den Entwicklungsländern. Die Vereinten Nationen gehen deshalb davon aus, dass gegen Mitte dieses Jahrhunderts auch weltweit das Bevölkerungswachstum zum Stillstand kommen wird und bereits um 2100 deutlich weniger Menschen die Erde besiedeln werden als um 2050.

Die intensiven Bemühungen von internationalen Organisationen, Staaten sowie öffentlichen und privaten Einrichtungen, die Zunahme der Weltbevölkerung, die sich von 1950 bis 2050 von 2,5 Milliarden auf voraussichtlich 9,4 Milliarden annähernd vervierfachen dürfte,[14] zu beenden, zeitigen also Erfolg. Allerdings nimmt durch die gleichen Bemühungen der alte Bevölkerungsteil noch weitaus stärker zu, als aufgrund der Zunahme der Lebenserwartung insbesondere älterer Menschen zu erwarten gewesen wäre. Schon in der zweiten Hälfte dieses Jahrhunderts dürfte die Weltbevölkerung einen ähnlichen Altersaufbau haben wie heute die Bevölkerung Deutschlands. Weltweit wird der Bevölkerungsanteil von über 59-Jährigen größer sein als der von unter 20-Jährigen. Die derzeitige Bevölkerungsentwicklung von Deutschen und

Europäern wird noch in diesem Jahrhundert zum Menschheitsschicksal werden. In zwei bis drei Generationen wird die Mehrzahl der Völker vor den gleichen Problemen stehen wie derzeit und in absehbarer Zukunft die Europäer.

Doch noch ist es nicht soweit. Für mehrere Jahrzehnte wird die Zahl der Erwerbsfähigen in Asien, Lateinamerika und Teilen Afrikas wahrscheinlich schneller steigen als die Zahl produktiver Beschäftigungsmöglichkeiten in diesen Regionen. Global betrachtet, wird es deshalb bis Mitte dieses Jahrhunderts und voraussichtlich auch noch darüber hinaus keinen Mangel an Arbeitskräften geben. Hinzu kommt, dass gerade zwischen den Regionen mit dem stärksten Bevölkerungsrückgang und dem stärksten Bevölkerungswachstum bis auf weiteres das steilste wirtschaftliche Gefälle besteht. Entsprechend groß ist der Anreiz für viele in den wirtschaftlich weniger entwickelten, aber bevölkerungsreichen Ländern, in die wirtschaftlich entwickelten Länder mit einer zahlenmäßig abnehmenden Erwerbsbevölkerung auszuwandern und dort einen Arbeitsplatz zu suchen. Der Zuwanderungsdruck aus außereuropäischen Ländern dürfte stark zunehmen. Hierauf können sich namentlich die Westeuropäer einstellen: An Zuwanderungswilligen wird es ihnen auf absehbare Zeit nicht fehlen.

Allerdings müssen sie sich auch darauf einstellen, dass sich diese Zuwanderer erheblich von den bisherigen unterscheiden. Bisher gehörten die Migranten zum großen Teil dem eigenen Kulturkreis an oder standen ihm zumindest nahe. Das erleichterte ihre Integration, auch wenn sie keineswegs immer geglückt ist. In weiten Bereichen kam es jedoch zu tragfähigen Verbindungen, sodass bei einem Teil der Zuwanderer, wenn überhaupt, nur noch bedingt von Ausländern gesprochen werden kann. Viele der so genannten Ausländer wurden spätestens in der zweiten Generation zum ununterscheidbaren Bestandteil der länger ansässigen Bevölkerung, wodurch sich der Begriff des Ausländeranteils nachhaltig relativierte.

Künftig geht es darum, das Zusammenleben mit Menschen

zu gestalten, die einen deutlich anderen kulturellen Hintergrund haben als die Ansässigen – die meisten der bisher Zugewanderten eingeschlossen. Das verändert sowohl die Voraussetzungen als auch die Folgen der Zuwanderung. Viele Erfahrungen, die in diesem Bereich bisher gesammelt wurden, verlieren ihre Gültigkeit. Insbesondere erlebt der Begriff der Multikultur einen tiefgreifenden Wandel. Stand er bisher vornehmlich für feinsinnige Differenzierungen von Speisen, Trachten und Gesängen, so berührt er nunmehr den Wesenskern der Gesellschaft: ihr Menschen- und Gesellschaftsbild, ihr Verständnis von Freiheit und Menschenwürde, ihre Vorstellung von Demokratie und Rechtsstaatlichkeit.

Besonders aufmerksam ist der Tatsache Rechnung zu tragen, dass hochgradig individualistische Gesellschaften wie die europäischen ihrem Wesen nach voluntaristisch sind, das heißt zu einem gut Teil nur vom Willen der Einzelnen zusammengehalten werden. Erlahmt dieser Wille aufgrund von Bindungen an unterschiedliche Kulturen oder wird er gar nicht erst aufgebracht, geht zwar nicht die Bevölkerung, aber der ihr vertraute Gesellschaftstyp zugrunde. Multikultur in diesem essenziellen Sinn befindet sich deshalb ständig in Gefahr, ihre materiellen Grundlagen zu zerstören.

Durch die außereuropäische Zuwanderung werden die Europäer merken, dass es etwas völlig anderes ist, ob Multikultur für die Eigenheiten von Österreichern, Niederländern, Portugiesen oder Litauern steht oder für die Wertewelten abendländischer, indischer oder afrikanischer Kulturen. Auch dürfte ihnen bewusst werden, wie kulturell homogen ihr Lebensraum bislang gewesen ist. Diese Homogenität wurde – von der Sprachenvielfalt abgesehen – seit dem 18. Jahrhundert durch die Formierung eifersüchtig miteinander konkurrierender und oft künstlich voneinander abgeschotteter Nationalstaaten verdunkelt. Mit deren Bedeutungsminderung, dem Wegfall der Binnengrenzen, vor allem aber dem tagtäglich zu erlebenden Kontrast von europäischem und nichteuropäischem Gedanken- und Kulturgut werden die Europäer erkennen, wie eng sie durch Kunst und Wissenschaft, Philosophie und selbst Politik seit vielen Jahrhunderten miteinander verbunden sind.

In dieser kulturellen Verbundenheit liegt ein wesentlicher Unterschied zu klassischen Einwanderungsländern wie den USA oder Australien, auf die im Hinblick auf Europas Zukunft häufig verwiesen wird. Zwar sind sie alle tiefgreifend von Europäern geprägt worden. Seit Beginn ihrer Staatswerdung standen sie aber auch unter teilweise massiven nichteuropäischen Einflüssen. Das hat – auf kleinstem gemeinsamen Nenner – zu einem gewissermaßen weltgängigen Kulturgemenge geführt, das von einer mehr oder minder einheitlichen Sprache und der Gewissheit zusammengehalten wird, dass es nur eine Lebensform gibt: den *American way of life.*

Die Europäer stehen auf einem anderen Boden. Ihre Kultur ist bei allen Gemeinsamkeiten außerordentlich vielfältig. Ihnen fehlt das Band einer einheitlichen Sprache; das Europäische Parlament in Straßburg ist ein Symbol des modernen Babel. Und nur bei der Lebensform gibt es spezifisch Europäisches, das aber nicht so eindeutig abgrenzbar ist wie die erstaunlich uniforme Lebensgestaltung in klassischen Einwanderungsländern. Sich in größerem Umfang nichteuropäischen Einflüssen zu öffnen bedeutet deshalb für Europäer etwas qualitativ anderes als beispielweise für US-Amerikaner oder Australier, wenngleich auch in deren Ländern die Entwicklung keineswegs überschaubar ist. Nach rund zweihundert Jahren befinden sich die Einwanderungsländer noch immer in einer bevölkerungspolitischen und kulturellen Experimentalphase. Ihr Ausgang ist offen. Bekannt ist jedoch, dass die bisherige Wegstrecke alles andere als eben war. Die internen Reibungen und Konflikte der verschiedenen Völker und Kulturen waren und sind zum Teil bis heute enorm. Als Schmelztiegel erscheinen diese Länder nur aus der Ferne. Aus der Nähe betrachtet, zeigen ihre Gesellschaften Risse, wie sie in Europa unbekannt sind.

Vom Geber- zum Nehmerland

Die Deutschen haben sich wie die meisten anderen Europäer bislang gesträubt, ihre Grenzen in größerem Umfang Zuwanderern, insbesondere aus außereuropäischen Ländern, zu öffnen. Dies fand in der Politik seinen Niederschlag. Bewirkt hat es indessen wenig. Nicht nur in Deutschland, sondern auch in der ganzen Europäischen Union nimmt der Zuwandereranteil kräftig zu. In Deutschland beispielsweise erhöhte sich allein in den neunziger Jahren die Zahl der Ausländer von 5,6 auf 7,1 Millionen, das heißt um 27 Prozent. Ihr Anteil an der Gesamtbevölkerung stieg in diesem Zeitraum trotz stark zunehmender Einbürgerungszahlen von 7,1 auf fast 9 Prozent. Dabei nahm der Anteil außereuropäischer Zuwanderer überproportional zu.

Bevölkerung und Politik beginnen sich auf die sich verändernde Wirklichkeit einzustellen. Nach und nach wird die Einwanderungsthematik enttabuisiert, und in allen politischen Lagern wird an Konzepten gearbeitet, in denen es nicht mehr um das Für und Wider der Zuwanderung geht, sondern nur noch um die Frage, ob Deutschland und die Europäische Union Zuwanderer künftig unter bestimmten Gesichtspunkten auswählen oder ihre Grenzen – kontingentiert oder nicht – allen öffnen sollen. Das Verhalten klassischer Einwanderungsländer ist in dieser Frage eindeutig. Wer Einlass begehrt, muss – von Asylsuchenden abgesehen – den Eid auf die Verfassung leisten, also bereit sein, sich in die Gesellschaft zu integrieren, und die Gewähr dafür bieten, den Wohlstand seiner neuen Heimat zu mehren, indem er Wissen, Arbeitskraft und möglichst auch Kapital einbringt. Kurz, er muss den Ansässigen von Vorteil sein und darf ihnen nicht zur Last fallen.

Dieser Maxime folgte in den sechziger und siebziger Jahren auch Deutschland. Die Italiener, Jugoslawen, Türken, Griechen oder Spanier, die als so genannte Gastarbeiter geholt wurden, mussten jung, gesund, arbeitsam und in der Regel ohne belastende Familienbindungen sein. Auch wurde darauf geachtet, dass sie auf freie Arbeitsplätze passten. Ein Jahrzehnt lang ging die Rechnung auf. Die Wirtschaft florierte, freie Stellen wurden besetzt, und die Sozialkassen nahmen weitaus mehr ein, als sie für die Zuwanderer ausgeben mussten. Mit dem Nachzug von Familienangehörigen änderte sich die Lage. Nunmehr wurden zusätzliche Wohnungen, Kindergärten, Schulen und Krankenhausbetten benötigt. Die ausländische Wohnbevölkerung hörte auf, Nettozahler zu sein. Allmählich entwickelte sie sich zu einem Bevölkerungsteil, der ebenso viel konsumierte wie produzierte. Auf mittlere Sicht dürfte Deutschland durch diese erste Zuwandererwelle pro Kopf weder wohlhabender noch ärmer geworden sein.

Das trifft auf die nachfolgenden Wellen nicht mehr zu. Wohl gibt es auch unter ihnen Individuen und Gruppen, die für Wirtschaft und Gesellschaft von großem Wert sind. Insgesamt hat die Zuwanderung seit den achtziger Jahren jedoch mehr den Zuwanderern als den Deutschen genutzt. Ökonomisch betrachtet, haben sie mehr konsumiert als produziert. Das zeigt die Entwicklung der ausländischen Erwerbstätigkeit. Stieg die Zahl der Ausländer in Deutschland in den neunziger Jahren insgesamt um 1,5 Millionen, so erhöhte sich die Zahl ausländischer Erwerbstätiger nur um 400000.[15] Dadurch sank die Erwerbstätigenquote der ausländischen Wohnbevölkerung innerhalb von neun Jahren von 46,3 auf 42 Prozent beziehungsweise von 62 auf 56,2 Prozent der ausländischen Erwerbsfähigen. Ende der neunziger Jahre ging von allen ausländischen Erwerbsfähigen nur noch gut die Hälfte einer Erwerbsarbeit nach. Beim deutschen Bevölkerungsteil lag dieser Anteil bei mehr als zwei Dritteln.

Dieser Einbruch der ausländischen Erwerbstätigenquote hat im Wesentlichen zwei Ursachen: Zum einen benötigte Deutschland in den zurückliegenden zwei Jahrzehnten keine zusätzlichen Arbeitskräfte. Die Quote der vorhandenen Erwerbsfähigen sowie deren Erwerbsneigung waren im historischen und internationalen Vergleich hoch. Zum anderen verfügten die Zuwanderer oft nicht über die Qualifikationen für einen produktiven Einsatz. Daher ist ihre Arbeitslosenrate seit langem doppelt so hoch wie die der Deutschen – jede fünfte ausländische Erwerbsperson findet keine Beschäftigung[16] –, und fast jeder vierte Sozialhilfeempfänger kommt aus ihren Reihen.[17]

Dem steht nicht entgegen, dass Gastwirte und Hoteliers, Winzer und Gemüsebauern und viele andere die Politiker drängen, ausländische Arbeitskräfte nach Deutschland einreisen zu lassen, weil sonst wichtige Leistungen nicht erbracht werden können. Jedes Jahr werden hierzulande viele hunderttausend Arbeitsplätze – zumeist zeitlich befristet – mit Erwerbspersonen besetzt, die aus Ländern außerhalb der EU stammen. Trotz des Millionenheers von Arbeitslosen finden sich in Deutschland und der Europäischen Union nicht genügend Kellner und Zimmermädchen, Traubenleser und Erdbeerpflücker. Ursache hierfür ist jedoch nicht ein Mangel an einheimischen Arbeitskräften und auch nicht deren Überqualifikation – viele deutsche Arbeitslose sind An- und Ungelernte –, sondern einzig und allein deren mangelnde Mobilität und Arbeitsbereitschaft. Das chronische Arbeitskräftedefizit in Teilbereichen der deutschen Volkswirtschaft ist eine der vielen Anomalien des deutschen Arbeitsmarktes, über die noch zu sprechen sein wird. Hier mag der Hinweis genügen, dass durch die erzwungene Anwerbung immer neuer ausländischer Arbeitskräfte die Arbeitslosenzahl in Deutschland und der EU und damit die Kosten des Sozialstaates unnötig hoch gehalten werden.

Von dieser Arbeitskräftemigration abgesehen, ist die Aufnahme von Zuwanderern seit geraumer Zeit in erster Linie Hilfe für wirtschaftlich Schwache, medizinisch Behandlungsbedürftige und ähnliche Personengruppen, die in ihren Heimatländern oft ein kärgliches Leben fristen müssten. Diese Hilfe bedarf keiner Rechtfertigung. Sie hat ihren eigenen

Wert. Doch ein Beitrag zur Lösung der anstehenden demographischen Probleme ist sie nicht.

In dieser wie in vielerlei anderer Hinsicht steht Deutschland vor einer folgenreichen Umorientierung. Bislang befand es sich in der recht angenehmen Position des Gebenden. Es nahm Bedürftige auf. Nun gerät es zunehmend in die missliche Position des Nehmenden. Die ansässige Bevölkerung erwartet, dass die Zuwanderer ihr helfen. Sie sollen immer größer werdende demographische Lücken verkleinern und den in nicht zu ferner Zukunft zu erwartenden Arbeitskräfteschwund mildern.

Lehren aus der bisherigen Zuwanderung

Die Zuwanderungskonzepte der Parteien und der gesellschaftlichen Organisationen, die sich dieser Thematik angenommen haben, spiegeln das wider. Nirgendwo geht es mehr darum, den Zuwanderern Gutes zu tun. Das ist allenfalls eine Nebenwirkung. Wird die verbale Schminke abgewischt, dann fragt Deutschland jetzt wie alle Einwanderungsländer: Was nutzt der Neuankömmling den Ansässigen? Und nur wenn der Nutzen hoch ist, hebt sich der Daumen.

Damit ändert sich die Stellung Deutschlands und bald auch ganz Europas in der Welt. Zum ersten Mal in ihrer Geschichte stehen dieses Land und dieser Kontinent in existentieller Abhängigkeit von der Fruchtbarkeit, dem Migrationswillen, den Qualifikationen, den kulturellen Prägungen und der Integrationsbereitschaft anderer Völker. Zwar hat es schon immer Wanderungen nach Deutschland und Europa gegeben, die dazu beitrugen, deren Bevölkerungen zu mehren. Doch waren beide nie wirklich auf sie angewiesen. Im 20. Jahrhundert beispielsweise wurden die hohen Menschenverluste des Ersten Weltkriegs von damals noch jungen Bevölkerungen schnell wieder ausgeglichen und die des Zweiten Weltkriegs zumindest in Deutschland durch den Flüchtlingsstrom aus den Gebieten östlich von Oder und Neiße mehr als kompensiert.

Auch in den sechziger und frühen siebziger Jahren war der breite Zustrom von Gastarbeitern nach Westdeutschland keineswegs eine bevölkerungspolitische Notwendigkeit, selbst wenn als eine demographische Spätfolge des Ersten und Zweiten Weltkriegs der erwerbsfähige Bevölkerungsteil damals abnahm. Ungleich bedeutsamer als diese Abnahme war für den Bedarf an Gastarbeitern der Rückgang der Erwerbsbeteiligung deutscher Erwerbsfähiger, vor allem aber der zügige Abbau der individuellen Arbeitszeit. Kürzere Wochenarbeitszeiten und längere Urlaube trugen zu 65 Prozent dazu bei, dass sich von 1961 bis 1973 das Arbeitsvolumen pro Kopf der Bevölkerung um rund ein Fünftel verminderte und immer mehr Arbeitsplätze nicht besetzt werden konnten. Zu 22 Prozent war die Verminderung des Arbeitsvolumens darauf zurückzuführen, dass Erwerbstätige früher in den Ruhestand gingen und vornehmlich Frauen ihre Erwerbsarbeit einschränkten. Der demographische Faktor war hingegen nur zu dreizehn Prozent an der Verminderung des Arbeitsvolumens beteiligt.[18]

Hätten die Deutschen die individuelle Arbeitszeit damals nur ein wenig langsamer zurückgeführt, hätten sie sowohl quantitativ als auch qualitativ alle Arbeitsplätze besetzen können. Aber sie wollten nicht. Sie zogen es vor, ihren soeben erlangten Wohlstand zu genießen und weniger attraktive Tätigkeiten anderen zu überlassen. Der Zustrom von Gastarbeitern war eine Zuwanderung de luxe, für die es keinen wirtschaftlichen und erst recht keinen demographischen Grund gab. Sie diente einzig der Steigerung des Wohlbefindens der Deutschen.

Dabei war von Anfang an absehbar, dass der Anteil Erwerbsfähiger an der Bevölkerung schon bald wieder ansteigen würde – die geburtenstarken Jahrgänge von Mitte der fünfziger Jahre saßen schon in der Schule – und mithin nur eine kurze Zeitspanne mit geringen Opfern zu überbrücken war.

Politik und Tarifparteien waren jedoch taub für solche demographischen Argumente. Lieber spannen sie das Garn, hohe Wachstumsraten hätten zusätzliche Arbeitsplätze entstehen lassen. Sie sahen nicht oder wollten nicht sehen, dass die Zunahme der Zahl der Arbeitsplätze ausschließlich auf der Verkürzung der individuellen Arbeitszeit beruhte.

Der Preis für diese Politik wurde in den siebziger Jahren in Form steigender Arbeitslosigkeit entrichtet. Der nun fällige Eintritt geburtenstarker Jahrgänge in den Arbeitsmarkt hätte durch eine planvolle Verminderung der individuellen Arbeitszeit wesentlich problemloser gestaltet werden können. Doch dieses Instrument war durch seine übermäßige Nutzung zur Unzeit stumpf geworden. Jetzt, da es hätte eingesetzt werden können, wurde es zur Seite gelegt. Die Geschichte der Gastarbeiter ist ein Musterbeispiel für den dilettantischen Umgang der Politik, aber auch der breiten Öffentlichkeit mit demographischen Herausforderungen. Allerdings ging es damals um vergleichsweise wenig. Jetzt steht sehr viel Grundsätzlicheres zur Entscheidung an. Zuwanderung hat für Deutschland und Europa einen fundamentalen Bedeutungswandel erfahren. Dieser Wandel hat wirtschaftliche, kulturelle und nicht zuletzt ethische Dimensionen.

Bedeutungswandel der Zuwanderung

In der Vergangenheit wirkte Zuwanderung nicht nur nach Deutschland und Europa, sondern überhaupt in der Regel trendverstärkend. Mehrheitlich junge Menschen strömten in gleichfalls junge, expandierende Bevölkerungen. Beispiele hierfür sind die großen Wanderungen nach Preußen und Russland im 17. und 18. Jahrhundert. Damals entstanden in preußischen Städten ganze Quartiere für Franzosen, Holländer und andere, und an der Wolga und anderswo besiedelten Deutsche weite Landstriche. Doch nirgendwo stopften diese

Zuwanderer Löcher, die zuvor von der ansässigen Bevölkerung gerissen worden waren. Vielmehr beschleunigten sie nur die Besiedelung von bis dahin schwach bevölkerten Gebieten.

Künftig wird das anders sein. Von nun an übernehmen Zuwanderer Funktionen, die bislang von der ansässigen Bevölkerung erfüllt worden sind. Wie die Ansässigen darauf reagieren werden, ist mangels einschlägiger Erfahrungen nicht vorhersehbar. Sie könnten die Zuwanderer als nützliche Lückenbüßer bereitwillig aufnehmen. Sie könnten sie aber auch mit eigenem Versagen und Verlust identifizieren, wenn diese beispielsweise altvertraute Kirchen, Plätze, Straßenzüge und ganze Stadtviertel nach ihren Vorstellungen und Bedürfnissen umgestalten. Dann dürfte offenbar werden, dass Menschen auf den Verlust von Vertrautem emotional anders reagieren als auf die Konfrontation mit Neuem.

Das bedeutet nicht, dass Zuwanderung nicht auch in einer zahlenmäßig abnehmenden und alternden Bevölkerung weitgehend problemlos verlaufen kann. Aber niemand sollte so tun, als sei das gewiss. Wir haben nicht die blasseste Ahnung davon, welche Folgen die künftige Zuwanderung auf die Psyche der Menschen haben wird. Mit nackten Zahlen wie zwanzigtausend hier oder hunderttausend da ist es nicht getan. Darüber hinaus machen Länder wie Deutschland, wenn sie die Zuwandererkarte ziehen, die Rechnung zumeist ohne den Wirt. Sie sehen die Weltbevölkerung als unerschöpfliches Reservoir an. Das aber ist sie nur quantitativ und für begrenzte Zeit. Qualitativ sind die Grenzen eng gezogen.

Damit ist eine weitere wirtschaftliche und zugleich ethische Dimension künftiger Zuwanderung angesprochen. Versuchten Deutsche und Europäer, vorzugsweise Menschen an sich zu ziehen, die ihnen besonders nützlich sind, beeinträchtigten sie die Entwicklungschancen aller Geber- und das heißt vor allem armer Länder. Denn jene hoch willkommenen, jungen, gebildeten, qualifizierten, flexiblen, arbeitsamen und unternehmerischen Menschen, die bereit und in der Lage sind, mehr als nur ihren eigenen und den Unterhalt ihrer Angehörigen zu erwirtschaften, sind auf der ganzen Welt rar. In den Entwicklungsländern, die am ehesten Menschen abgeben könnten, bilden sie sogar nur eine hauchdünne Schicht. Wird diese Schicht dezimiert, hat das fast immer schwerwiegende Folgen für das Gemeinwesen. Diese Erfahrung machten die Franzosen, als sie die Hugenotten, die Deutschen, als sie die Juden, die Russen, als sie die Deutschen vertrieben. Überall erlitt die wirtschaftliche und kulturelle Entwicklung herbe Rückschläge. In anderen Fällen verläuft diese Entwicklung weniger abrupt, dafür aber kontinuierlich, weil ständig ein Teil der Fähigsten abwandert. Das ist eines der zentralen Probleme der Entwicklungsländer. Ihre unzulänglichen wirtschaftlichen, sozialen, kulturellen und politischen Strukturen sind weitgehend auf den Mangel an qualifizierten Menschen zurückzuführen.

Von dort junge, produktive Bevölkerungsgruppen nach Deutschland und Europa zu holen oder Menschen aus diesen Ländern hier zu halten hieße, die Entwicklungsanstrengungen der zurückliegenden fünfzig Jahre zu einem erheblichen Teil wieder zunichte zu machen. Lange Zeit mühten sich die entwickelten Länder, die weniger entwickelten nicht zuletzt durch die Entfaltung von deren Humankapital, sprich durch Bildung und Ausbildung, zu fördern. Jetzt, wo diese Bemühungen langsam zu fruchten beginnen, würde die Abwerbung der Besten diesen Prozess konterkarieren.[19] Wieder einmal würden die Starken zu Kostgängern der Schwachen. Dabei sollten die Starken nicht vergessen, dass sie in historischen Phasen stark geworden sind, als die Besten gar nicht anders konnten, als entweder im eigenen Land oder in irgendwelchen Kolonien für das Mutterland zu wirken. Deutschland und Europa hätten wahrscheinlich nie den Platz errungen, den sie heute einnehmen, wenn vor zweihundert Jahren beispielsweise China in der Lage gewesen wäre, ihnen gegenüber die Politik zu betreiben, die Europäer und US-Amerikaner heute der Welt als Allgemeinwohl-verträglich anpreisen.

Gestehen wir es uns ein: Im Glitzer multikultureller Weltoffenheit werden in früh industrialisierten Ländern wie Deutschland nicht selten Verhaltensformen gepflegt, die nicht nur wirtschaftlich und sozial, sondern auch ethisch höchst fragwürdig sind. Mit Beginn der kolonialen Epoche nahmen die Starken den Schwachen Land. Dann beuteten sie ihre Bodenschätze und Energiequellen aus. Und jetzt beginnen sie, auf die qualifizierten Menschen zuzugreifen. Die Sequenz ist schlüssig: von der Agrar- über die Industrie- zur Wissensgesellschaft; vom Boden über den Rohstoff zum Menschen. Allein, sie ist und bleibt Ausdruck kolonialen Denkens und Handelns, heute vielleicht sogar in dessen perfidester Form.

Und warum das alles? Weil die Bevölkerungen der früh industrialisierten Länder die Fülle der Optionen individualistischer Wohlstandsgesellschaften ungeschmälert und in vollen Zügen genießen wollen. Deshalb überlassen viele die Lasten des Kinderhabens und -erziehens Müttern, Vätern und Völkern, die unter oft extrem schwierigen Bedingungen die nachwachsende Generation heranbilden. Wenn es dann so weit ist, holen sich die früh industrialisierten Länder die Besten. Vier Fünftel seiner Studienabsolventen, so klagte unlängst ein Professor der Universität Colombo, hätten innerhalb eines Jahres das Land verlassen. Sie bekämen im Ausland ein zehnmal so hohes Gehalt wie dort. Er gönne es ihnen. Wie aber solle dann Sri Lanka hochkommen? Die Antwort auf diese Frage fällt schwer.

Zuwanderung – kein Allheilmittel

Der Vorwurf neokolonialen Verhaltens, den beispielsweise Indien schon heute lautstark erhebt, lässt sich nur entkräften, wenn Deutschland, Europa und alle anderen früh industrialisierten Länder auf Auswahlkriterien weitgehend verzichten und ihre wachsenden Bevölkerungslücken mit den Benachteiligten oder allenfalls dem Bevölkerungsdurchschnitt jener Länder füllen, deren Bevölkerungszahlen explodieren. Das könnte diesen Ländern helfen. In gewisser Weise wäre es ein Zurückrollen der großen Auswandererwellen, die sich im Zuge der europäischen Bevölkerungsexplosion im 19. und frühen 20. Jahrhundert über die Welt ergossen. Damals verließen viele Millionen Briten, Deutsche, Italiener und andere einen Kontinent, der ihnen keine ausreichenden Perspektiven mehr bot. Jetzt könnten Inder, Pakistaner oder Filipinos ihr Glück hierzulande suchen. Damit enden allerdings auch die Parallelen.

Denn im Unterschied zu den europäischen Auswanderern müssten viele der asiatischen oder afrikanischen Zuwanderer erst ausgebildet und integriert werden, um in einer modernen Volkswirtschaft produktiv eingesetzt und der ihnen zugedachten Aufgabe gerecht werden zu können. Wenn aber die Zuwanderer mit erheblichem Aufwand zunächst qualifiziert werden müssen, könnten die Bevölkerungen Europas ebenso gut ihre eigenen Kinder großziehen. Im Zweifelsfall wäre das einfacher und weniger aufwendig. Der Zweck ihres derzeitigen Zeugungsverhaltens, die Verminderung der Kinderlast, würde ad absurdum geführt werden. Sie müssten für Zuwanderer leisten, was sie für eigene Kinder nicht zu leisten bereit waren. Was sie nicht individuell erbringen wollten, müssten sie kollektiv erbringen. Ob das die Bürde leichter macht, ist zweifelhaft. Nicht auszuschließen ist auch, dass dieser »Kinderersatz« zum Ziel von Aversionen, vielleicht sogar von Aggressionen wird.

Hinzu kommt die Frage, wie sich eine Gesellschaft entwickelt, in die jedes Jahr Hunderttausende von Menschen strömen, die oft gar nicht anders können, als vorübergehend oder auch für immer niedrigste Tätigkeiten zu verrichten. Neigt eine solche Gesellschaft nicht zwangsläufig zur Schichtenbildung, und fördert diese nicht Herrenallüren bei den einen und Knechtsverhalten bei den anderen? Die historischen und internationalen Erfahrungen, die es hierzu gibt, sind im Allgemeinen ernüchternd. Ein Blick auf die USA mag genügen. Trotz aller Anstrengungen hat dieses Land seine Schichtenprobleme bis heute nicht gelöst.

Beachtung verdient schließlich ein Szenario, in dem die Tatkräftigsten Deutschland und vielleicht auch Europa verlassen, weil aufgrund der demographischen Veränderungen, einschließlich des Zustroms wenig qualifizierter Zuwanderer, der Lebensstandard sinkt. Ein solches Szenario sollte nicht von vornherein als gänzlich unwahrscheinlich abgetan werden. Die dynamischsten und wohlhabendsten Bevölkerungsteile könnten sich durchaus in Regionen absetzen, in denen die demographischen Entwicklungen weniger weit fortgeschritten sind als in ihren Heimatländern. Im schlimmsten Fall könnten Leistungsträger aus- und wirtschaftlich Schwache zuwandern. Was das bedeutet, liegt auf der Hand.

Das alles zeigt, dass Zuwanderung keineswegs das nebenwirkungsfreie Allheilmittel ist, als das sie mitunter angepriesen wird. Vielmehr ist sie ein überaus heikles bevölkerungspolitisches Instrument, das meisterlich gehandhabt werden will, wenn es mehr Nutzen als Schaden stiften soll. Dies gilt besonders in Regionen, die wie fast alle europäischen Länder kulturell noch immer recht homogen sind. Dass Deutschland von einer solchen Meisterschaft weit entfernt ist, hat es in der Vergangenheit hinlänglich bewiesen.

Szenarien der Zuwanderung

Deutschland ist ein Einwanderungsland. Dreißig Jahre lang haben Politiker und Bevölkerung die Augen hiervor verschlossen. Jetzt ist es amtlich: Deutschland ist auf Zuwanderer angewiesen. Das ist zugleich das späte Eingeständnis, dass es zusammen mit allen anderen früh industrialisierten Ländern aufgrund der tief verinnerlichten Ideologie des Individualismus in eine bevölkerungspolitische Sackgasse geraten ist. Es ist biologisch ausgetrocknet. Plötzlich erweisen sich die mit viel Tremolo vorgetragenen Argumente, Deutschland und Europa müssten allein schon aus ökologischen Gründen von Bevölkerung entlastet werden und darüber hinaus sei es verantwortungslos, in eine so schlechte Welt Kinder zu setzen, als hohl und heuchlerisch. Kaum werden die ersten Bevölkerungslücken sichtbar, können ein paar hunderttausend Arbeitsplätze nicht besetzt werden und fangen die Sozialsysteme an zu knirschen, schon sind sich viele einig: Zuwanderer müssen her!

Dabei ist trotz zahlreicher Gremien, Kommissionen und gesetzgeberischer Aktivitäten ein konsensfähiges Konzept nach wie vor nicht in Sicht. Wie stets in solchen Fällen wird liebevoll an Details gefeilt und voller Hingabe darüber gestritten, ob beispielsweise auch solche Personen als Flüchtlinge zu behandeln seien, die von nichtstaatlichen Organen oder wegen ihres Geschlechts verfolgt werden. Längerfristige Entwicklungen geraten darüber aus dem Blick. Worauf gilt es sich einzustellen?

Am wahrscheinlichsten sind mittel- und langfristig Zuwanderer aus zumeist fernen Kulturen, die nur bedingt integrationsfähig und wohl auch -willig sind. Die in manchen Kreisen verbreitete Vorstellung von Deutschen mit gelber, brauner oder schwarzer Hautfarbe dürfte sich je länger, je mehr als Fiktion erweisen. Die Assimilation, die manchen vorschwebt, wird immer nur individuell zu verwirklichen sein, nie für Hunderttausende oder gar Millionen.

Sollte der positive Wanderungssaldo jahresdurchschnittlich hunderttausend Menschen betragen, stiege die Zuwandererzahl – mit Kindern und Kindeskindern – bis 2010 um etwa 1,8 Millionen und bis 2040 um insgesamt etwa sieben Millionen. Ein solcher Zustrom dürfte in der ansässigen Bevölkerung noch weitgehend aufgehen, auch wenn sich deren Struktur allmählich spürbar verändern würde.

Sollte der Wanderungssaldo hingegen auf jahresdurchschnittlich zweihunderttausend Menschen anschwellen, lägen die entsprechenden Zahlen bei annähernd drei Millionen in 2010 und 11,5 Millionen in 2040. Bei einer solchen Zuwanderung muss davon ausgegangen werden, dass sich im Lauf der Zeit ethnisch, kulturell und sprachlich eigenständige Gruppen bilden, die sich Integrationsbemühungen passiv, vielleicht aber auch aktiv widersetzen. Das gilt besonders, wenn sich ethnische Gruppen auf bestimmte Städte und Regionen konzentrieren. Dort kann es zur Absonderung kommen, bis hin zur Entstehung von Ghettos. Wie beständig diese sein werden, ist ungewiss. Im früheren Jugoslawien haben sie sich in Jahrhunderten nicht aufgelöst; dort findet man heute einen ethnischen Flickenteppich vor, der nach und nach von Zu- und Auswanderern geschneidert worden ist.

Sollte der Zuwandererstrom noch breiter werden und den Geburtenausfall in Deutschland in vollem Umfang ausgleichen, wäre er mit Sicherheit nicht mehr integrierbar. Die Gesellschaft würde multikulturell, und zwar in einer Weise, die die Vorstellungskraft der meisten sprengt. Eine so selbstverständliche Norm wie »Die Amts- und Gerichtssprache ist Deutsch« wäre beispielsweise obsolet. Dem ist auch nicht mit obligatorischem Deutschunterricht und dem Eid auf die Verfassung beizukommen. Solche Regelungen werden von einem gewissen Punkt an zur bloßen Formalität. Das lehren nicht zuletzt US-amerikanische Erfahrungen. Die Geschichte zeigt auch, dass solche Veränderungen mit erheblichen Konflikten einhergehen. Teile der ansässigen Bevölkerung nehmen sie nicht widerstandslos hin.

Sollte es den Westeuropäern nicht gelingen, Mittel- und Osteuropa in einem überschaubaren Zeitraum zu stabilisieren, könnte es aufgrund des starken gesamteuropäischen Bevölkerungsrückgangs und des gleichzeitigen starken Bevölkerungswachstums in Teilen Asiens allerdings auch zu ausgedehnten eurasischen Wanderungen kommen, die – bei allen historischen Unterschieden – den Völkerwanderungen des 4. bis 6. Jahrhunderts ähneln würden. Die Europäer blieben dann weitgehend unter sich, aber sie würden ihre östlichen Siedlungsgebiete – ähnlich wie die Deutschen nach dem Zweiten Weltkrieg – räumen. Polen, Litauer oder Letten könnten sich in großer Zahl in Deutschland niederlassen. Berlin könnte in zwei Generationen faktisch zu einer polnischen Stadt werden. In die Heimatländer der Zuwanderer könnten Russen, Ukrainer und andere einrücken, die ihrerseits durch Zuzügler aus noch östlicheren Regionen ersetzt werden. Wer solche Überlegungen als Hirngespinste abtut, kennt die Geschichte nicht.

Angetrieben von starkem Bevölkerungswachstum, strebten die Europäer im 18. und 19. Jahrhundert auf der Suche nach besseren Lebensbedingungen in alle Himmelsrichtungen, bis sie am äußersten Ostzipfel Asiens und am äußersten Westzipfel Amerikas wieder aufeinander trafen. Dabei benutzten sie keine Einbahnstraßen. Aufgrund der dramatischen Verschiebung der Bevölkerungsgewichte – der Anteil der Europäer an der Weltbevölkerung wird sich von 1900 bis 2050 von 25 auf acht Prozent vermindern – könnte in diesem Jahrhundert der Gegenverkehr einsetzen.

Wie alle historischen Erfahrungen belegen, sind solche Migrationen für die Beteiligten, die Migranten wie die Ansässigen, hart. Von der Zuwanderung der Europäer haben sich manche ansässigen Bevölkerungen bis heute nicht erholt. Ganze Kulturen gingen unter. Ähnliches kann und wird sich in immer neuer Gewandung wiederholen. Einschlägige Erfahrungen sollten deshalb nicht verdrängt werden. Vielmehr sollten in ihrem Licht Antworten auf die Frage gesucht werden, wie sich mit Bevölkerungsschwund, -alterung und -zuwanderung konstruktiv umgehen lässt.

Ein neuer Abschnitt der Geschichte

Bislang haben die Politik sowie Teile der Medien und Öffentlichkeit vorwiegend gezeigt, wie mit diesen demographischen Herausforderungen nicht umgegangen werden sollte oder, härter ausgedrückt, wie mit ihnen nicht umgegangen werden darf. Deutsche und Europäer sind auf die vor ihnen liegenden demographischen Umbrüche nicht vorbereitet. Namentlich die Zuwanderungsproblematik wurde in Deutschland vorzugsweise im Dunstkreis naiver Gefühlsduselei, dumpfer Ressentiments oder schlichter Blauäugigkeit behandelt. Erst in jüngster Zeit ist, zumindest im politischen Raum, eine gewisse Versachlichung zu beobachten. Doch noch immer dominieren auch hier Illusionen. Es ist höchste Zeit, die Zuwanderung mit all ihren Facetten, Chancen und Risiken auszuloten und dann mit klaren politischen Vorgaben zu organisieren. Die gesetzgeberischen Aktivitäten sind ermutigend, aber sie sind nur ein Schritt auf einem langen, mühsamen Weg. Viele weitere Schritte werden folgen müssen.

Deutschland und Europa stehen vor einem neuen, unvertrauten Abschnitt ihrer Geschichte. In den kommenden fünfzig Jahren werden von Bevölkerungsschwund, Alterung und außereuropäischen Zuwanderern ihre Gesellschaften tiefgreifender umgepflügt werden, als sie während des ganzen 20. Jahrhunderts umgepflügt worden sind. An die Stelle eines robusten demographischen Fundaments, auf dem Deutsche und Europäer ihre Volkswirtschaften, gesellschaftlichen Institutionen, politischen Strukturen und individuellen Lebensplanungen gründeten, wird ein fragiles Gebilde treten, dessen Tragfähigkeit davon abhängt, wie geschickt und klug die Lasten verteilt werden. Dies zu gewährleisten ist Aufgabe der Politik. Bisher hat sie sich fast blind auf die Stabilität des demographischen Fundaments verlassen. Nun muss sie die demographischen Voraussetzungen und Folgen ihres Handelns genau bedenken. Das hat sie nicht gelernt. Bevölkerungsentwicklung und -aufbau standen nicht auf dem Lehrplan. Dennoch dürfen keine Fehler gemacht werden. Anderenfalls drohen dem Gemeinwesen schwere Schäden.

Die Bevölkerungsentwicklung ist der Dreh- und Angelpunkt des 21. Jahrhunderts – in Deutschland, Europa und der Welt. Sie wird die jetzige und die kommende Generation auf das Äußerste beanspruchen. Zur gleichen Zeit, in der die Bevölkerungen Asiens und Afrikas explodieren, implodieren die Bevölkerungen der früh industrialisierten Länder vor allem in Europa und hier wiederum besonders in Deutschland und einigen seiner Nachbarländer. Diese Entwicklung wird alle anderen Probleme in den Schatten stellen. Die großen Themen, die uns derzeit umtreiben – Erwerbsarbeit, soziale Sicherheit, Staatsverschuldung, Wirtschaftswachstum –, werden schon bald in einem neuen Licht erscheinen. Sie werden durch die demographischen Herausforderungen relativiert werden. Dabei muss Deutschland ein besonderes Augenmerk auf sein West-Ost-Gefälle richten.

Dicht besiedelter Westen, dünn besiedelter Osten

Bei einer stabilen westdeutschen und steigenden ostdeutschen Geburtenrate, weiter zunehmender Lebenserwartung und einem weitgehend problemlos aufnehmbaren Zustrom von jährlich hunderttausend Zuwanderern nimmt die Bevölkerung Deutschlands bereits in den kommenden zehn Jahren um 1,3 Millionen Menschen ab. Allerdings erfolgt diese Abnahme regional unterschiedlich. Die Ostdeutschen, zu denen im folgenden auch alle Berliner gerechnet werden, sind weit überproportional von ihr betroffen. Während in Westdeutschland nur die Wachstumsgewinne der letzten Jahre ein wenig abschmelzen, setzt sich in Ostdeutschland der substanzielle Bevölkerungsschwund fort, der bereits vor einem halben Jahrhundert begonnen hat.

1950 hatte Ostdeutschland, einschließlich Berlins, rund 20,3 Millionen Einwohner. Das waren 30 Prozent der deutschen Bevölkerung. Als 1961 die Mauer gebaut wurde, waren es noch 19 Millionen, was einem Anteil von 27 Prozent entsprach. Bis 1989, dem Zeitpunkt des Mauerfalls, war die Bevölkerung weiter auf 18,5 Millionen geschrumpft. Da in der Zwischenzeit die westdeutsche Bevölkerung gewachsen war, betrug der Anteil der ostdeutschen nur noch 23 Prozent. Seit der Wiedervereinigung haben sich – bedingt durch einen steilen Geburtenrückgang und Abwanderungen – Bevölkerungszahl und -anteil weiter auf 17,2 Millionen beziehungsweise 21 Prozent vermindert. Damit hat Ostdeutschland seit 1950 weit mehr als ein Siebentel seiner Bevölkerung verloren. Dieser Trend wird sich künftig voraussichtlich fortsetzen.

Allein aufgrund des absehbaren Sterbeüberschusses wird sich die Bevölkerungszahl bis 2010 weiter um knapp eine halbe Million vermindern. Hinzu kommt die noch immer anhaltende innerdeutsche Ost-West-Wanderung, die so lange fortdauern wird, bis das kritische Gefälle bei den Wirtschafts- und Lebensbedingungen unterschritten ist. Das wird kaum vor 2010, möglicherweise aber auch noch später der Fall sein. Bis dahin könnten weitere Hunderttausende ihren Lebensmittelpunkt von den neuen in die alten Bundesländer verlegt haben. Schließlich ist zweifelhaft, ob von den hier unterstellten hunderttausend Zuwanderern im Jahr, dem heutigen Bevölkerungsanteil der Ostdeutschen entsprechend, ein Fünftel in die neuen Bundesländer zieht. Geschieht das nicht, wird die ostdeutsche Bevölkerung bis 2010 auf etwa 16,6 Millionen zurückgehen – zuzüglich der zu erwartenden innerdeutschen Wanderungsverluste.

Diese Entwicklung ist wahrscheinlich. Der Grund ist – scheinbar paradox – die geringe Besiedlungsdichte Ostdeutschlands. Gegenwärtig leben in Deutschland auf einem Quadratkilometer im Durchschnitt 230 Menschen, 261 in West- und 159 in Ostdeutschland. Von den Ostdeutschen lebt jeder fünfte in Berlin. Ohne diese Stadt sinkt die Besiedlungsdichte der neuen Bundesländer auf 129 pro Quadratkilometer, also die Hälfte der westdeutschen. Aber auch innerhalb Ostdeutschlands ist die Besiedlungsdichte sehr unterschiedlich. In Sachsen beispielsweise entspricht sie mit 245 Einwohnern pro Quadratkilometer annähernd dem westdeutschen Niveau. In Mecklenburg-Vorpommern und Brandenburg erreicht sie dagegen mit 82 Einwohnern pro Quadratkilometer nicht einmal ein Drittel dieses Niveaus. Der Nordosten, bestehend aus Berlin, Brandenburg, Mecklenburg-Vorpommern und Sachsen-Anhalt, ist die am dünnsten besiedelte Region Deutschlands. Und in allen neuen Bundesländern, Berlin eingeschlossen, leben weniger Menschen als in Nordrhein-Westfalen.

Dabei zeigen alle Migrationen der neueren Zeit, dass Menschen, anders als früher, vor allem dorthin ziehen, wo schon viele Menschen sind. In der Agrargesellschaft suchten sie die brachliegende Scholle, die sie am ehesten in dünn besiedelten Räumen fanden. In der modernen Industrie- und mehr noch der Dienstleistungsgesellschaft wird der Mensch als Anbieter und Nachfrager von Diensten gesucht. Der aber findet sich vor allem in urbanen Verdichtungsräumen. Hier entfaltet sich die Dienstleistungsgesellschaft am besten. Deshalb spricht vieles dafür, dass die Zuwanderung an den dünn besiedelten Regionen vorbeigehen und sich unmittelbar in die Verdichtungsräume ergießen wird. Die aber liegen zum größten Teil in Westdeutschland.

Vom Großraum Berlin und Teilen Sachsens abgesehen, wird der Westen auf absehbare Zeit daher nicht nur absolut, sondern auch anteilig weit mehr Zuwanderer anziehen als der Osten. Etwas anderes wäre nur zu erwarten, wenn die neuen Bundesländer alsbald eine wesentlich dynamischere Wirtschafts- und Arbeitsmarktentwicklung aufwiesen als die alten. Dafür gibt es jedoch keine Anzeichen. Durch die Zuwanderung dürfte also die ohnehin sehr ungleiche Bevölkerungsdichte Deutschlands noch ungleicher werden. Dies trifft ebenso auf Europa zu.

In Deutschland ist davon auszugehen, dass ohne nachhaltige politische Interventionen bis 2010 mehr als die Hälfte des deutschen Bevölkerungsschwundes zu Lasten der Ostdeutschen geht. Während die neuen Bundesländer – deutlich spürbar – weitere vier Prozent ihrer Bevölkerung verlieren dürften, wird der Rückgang der westdeutschen Bevölkerungszahl mit weniger als einem Prozent kaum wahrnehmbar sein. Sollte der Bevölkerungsrückgang die Lebensbedingungen in Ostdeutschland beeinträchtigen, könnte eine wiederauflebende Ost-West-Wanderung die Unterschiede der demographischen Trends sogar noch verstärken.

Wachsende Unterschiede zwischen West und Ost

Aussagen über Entwicklungen nach 2010 sind naturgemäß mit wachsenden Unsicherheiten behaftet. Sollten jedoch die Annahmen für Geburtenrate, Lebenserwartung und Zuwanderung über diesen Zeitpunkt hinaus die Wirklichkeit widerspiegeln, wird die Einwohnerzahl Deutschlands von 2010 bis 2040 um weitere zehn Millionen oder ein Achtel der derzeitigen Bevölkerung abnehmen. West- und Ostdeutschland werden von dieser Entwicklung wiederum höchst unterschiedlich betroffen sein. Je nachdem, wie die Zuwandererströme verlaufen, wird die westdeutsche Bevölkerungszahl zwischen einem Zehntel und knapp einem Achtel sinken. Ostdeutschland wird hingegen einen Bevölkerungsrückgang zwischen gut einem Sechstel und einem Viertel auf dann nur noch ungefähr dreizehn Millionen Menschen hinnehmen müssen. Ursächlich hierfür sind die hohen Geburtendefizite in der Zeit von 1990 bis voraussichtlich 2010. Entsprechend spärlich werden in Ostdeutschland die Elternjahrgänge in den zwanziger und dreißiger Jahren des 21. Jahrhunderts besetzt sein. Selbst bei einem Wiederanstieg der Geburtenrate ist deshalb ein erneuter Einbruch der Kinderzahlen programmiert.

Das Statistische Amt der Europäischen Union schätzt die Entwicklung ähnlich ein. Nach seinen Zahlen liegen von den zehn europäischen Regionen mit dem stärksten Bevölkerungsrückgang sechs in den neuen Bundesländern. In diesen Regionen, die den größeren Teil Ostdeutschlands umfassen, werde die Bevölkerung zwischen 1995 und 2025 um mehr als ein Sechstel abnehmen. Der westdeutsche Bevölkerungsrückgang werde demgegenüber bis 2025 nur mäßig sein.[20]

Nach heutigem Erkenntnisstand wird das eine Fünftel der Bevölkerung, das gegenwärtig in den neuen Bundesländern lebt, in den kommenden vierzig Jahren annähernd zwei Fünftel des Bevölkerungsschwundes in Deutschland zu tragen haben. Ohne deutliche Trendänderungen wird Ostdeutschland weit mehr als ein Viertel seiner Einwohner einbüßen. In Westdeutschland liegt der Anteil bei etwa einem Neuntel. Diese unterschiedlichen demographischen Trends werden die weitere Entwicklung West- und Ostdeutschlands nachhaltig beeinflussen. Durch sie könnte das wirtschaftliche Gefälle zwischen West und Ost mittelfristig sogar wieder zunehmen.

Der Osten altert schneller

Ähnlich unterschiedlich wie die Bevölkerungszahl entwickelt sich in West und Ost die Altersstruktur. Und wieder steht Ostdeutschland vor der größeren demographischen Herausforderung, denn hier schwindet der Anteil jüngerer und steigt der Anteil älterer Menschen noch schneller als im Westen.

In der zweiten Hälfte der neunziger Jahre war die Altersstruktur von West- und Ostdeutschen noch fast gleich. Jeweils etwas mehr als die Hälfte waren jünger, die übrigen älter als vierzig Jahre. Aber auch die Bevölkerungsanteile der unter 20-Jährigen, 20- bis 39-Jährigen, 40- bis 59-Jährigen, 60- bis 79-Jährigen und über 79-Jährigen wiesen nur geringe Unterschiede auf. Seitdem driften West- und Ostdeutsche auch in der Altersstruktur auseinander. Selbst wenn sich die Zuwanderer anteilig in den neuen Bundesländern niederließen, dürfte dort der Anteil der unter Vierzigjährigen schon bis 2030 auf rund ein Drittel zurückgehen. In Westdeutschland dürfte er dann noch bei über vierzig Prozent liegen. Entsprechend höher wird in Ostdeutschland der Anteil Älterer, namentlich der über 59- und selbst der über 79-Jährigen sein.

Schon in den kommenden zehn Jahren wird bei der Entwicklung des Kinder- und Jugendanteils ein markantes West-Ost-Gefälle sichtbar werden. In dieser Zeit wird sich die Zahl der bis zu Zwanzigjährigen voraussichtlich um 2,3 Millionen verringern. Ostdeutschland trägt jedoch mit einem Anteil von fast vierzig Prozent weit überproportional zu diesem Rückgang bei. In den neuen Bundesländern wird deshalb 2010 nur noch gut ein Siebentel der Bevölkerung dieser Altersgruppe angehören, wogegen es in den alten immerhin noch ein Fünftel sein wird. Allerdings wird dieses West-Ost-Gefälle in den dann folgenden dreißig Jahren wieder flacher werden – vorausgesetzt, die ostdeutsche Geburtenrate steigt bis 2010 auf westdeutsches Niveau. In diesem Fall werden um 2040 in Ostdeutschland knapp ein Siebentel und in Westdeutschland reichlich ein Sechstel jünger als zwanzig Jahre sein.

Verglichen mit dem Rückgang der Zahl von Kindern und Jugendlichen nimmt sich bis 2010 die Verminderung der Zahl der Erwerbsfähigen, der 20- bis 59-Jährigen, mit sechshunderttausend bescheiden aus. West und Ost gehen jedoch auch hier getrennte Wege. Nur in Westdeutschland geht nämlich diese Zahl zurück, und zwar um siebenhunderttausend. In Ostdeutschland steigt sie hingegen um hunderttausend an, da in den nächsten zehn Jahren die recht starken Geburtenjahrgänge aus den achtziger Jahren ins Erwerbsleben eintreten. In beiden Regionen verschieben sich allerdings gleichermaßen die Gewichte von der Altersgruppe der 20- bis 39-Jährigen hin zur Altersgruppe der 40- bis 59-Jährigen. Während die Zahl der Jüngeren um vier Millionen abnimmt, erhöht sich die Zahl der Älteren um 3,4 Millionen. Doch auch dieser Trend ist in Westdeutschland stärker als in Ostdeutschland. Nur die Westdeutschen können daher von dieser Entwicklung bis 2010 eine spürbare Entlastung des Arbeitsmarktes erwarten. Für die Ostdeutschen gilt das in sehr viel geringerem Maß. Mehr noch, in Westdeutschland herrscht aufgrund der demographischen Veränderungen in Teilbereichen der Wirtschaft schon jetzt Arbeitskräftemangel, der ostdeutsche Arbeitskräfte anzieht. Dadurch wird die Arbeitslosigkeit in Ostdeutschland ein wenig gemildert. Zugleich erfährt aber die jahrzehntelange Ost-West-Wanderung einen neuen Schub, und das Bevölkerungsungleichgewicht wird weiter vergrößert.

Die Zahl der über 59-Jährigen wird bis 2010 um 1,5 Millionen zunehmen, über eine Million Menschen werden dann älter als achtzig Jahre alt sein. Dabei steigt schon jetzt der Altenanteil in Ostdeutschland schneller als in Westdeutschland, auch wenn diese Entwicklung durch die niedrigere Lebenserwartung in den neuen Bundesländern vorerst noch gebremst verläuft. Mit der zu erwartenden Angleichung der Lebenserwartung in West und Ost – voraussichtlich in etwa fünfzehn Jahren – werden jedoch die unterschiedlichen Trends deutlich werden. Um 2040 dürften etwa 39 Prozent der ostdeutschen Bevölkerung älter als 59 Jahre sein. Im Westen wird dieser Anteil bei etwa 35 Prozent liegen.

Die nach der Wende geäußerte Hoffnung, im Zuge der Wiedervereinigung werde sich die deutsche Bevölkerung ein wenig verjüngen oder zumindest ihre Alterung verlangsamt werden, erfüllt sich – wenn überhaupt – in unerwarteter Weise. Verjüngt hat sich nur die westdeutsche Bevölkerung durch den starken Zustrom jüngerer Ostdeutscher. Umso mehr wurde der ostdeutsche Alterungsprozess beschleunigt. Auch diese Feststellung wird vom Statistischen Amt der Europäischen Union geteilt. Danach weist Deutschlands Nordosten innerhalb der EU nicht nur einen weit überdurchschnittlichen Bevölkerungsschwund auf. Zugleich ist dort das Durchschnittsalter der Bevölkerung besonders hoch, namentlich in Mecklenburg-Vorpommern.

Wo kommen die Berliner her?

Eine herausgehobene Rolle bei diesen Befunden spielt Berlin. Dabei geht es nicht um Berlin als Sitz von Verfassungsorganen, sondern um die Zusammenballung von 3,3 Millionen Menschen im demographisch und wirtschaftlich empfindlichsten Raum Deutschlands. Es geht um Berlin als Metropole.

Als nach dem Fall der Mauer neu über Berlin nachgedacht wurde, erblühte es in der Phantasie vieler als lebenspralle Riesenstadt. Bis 2010 sollte sie sechs, bis 2030 gar zehn Millionen Einwohner zählen. Auf dem Reißbrett entstanden für sie Wohnungen und Verkehrsflächen, Infrastruktureinrichtungen und Gewerbegebiete. Gefragt war der ganz große Wurf. Deutschland sollte endlich eine Kapitale bekommen, die neben den großen Kapitalen dieser Welt bestehen konnte. Wie ein mächtiger Pfeiler sollte sie die Brücke zwischen West- und Osteuropa, zwischen der Zehn-Millionen-Metropole Paris und der Zehn-Millionen-Metropole Moskau tragen.

Zwar sind inzwischen die kühnsten Träume ausgeträumt und die gigantischsten Pläne im Papierkorb gelandet. Aber der Wunsch nach einer großen Metropole lebt bei vielen fort. Offenbar merken sie nicht, wie tief dieser Wunsch in der Lebenswirklichkeit des 19. Jahrhunderts wurzelt und wie schwer er mit der Bevölkerungsentwicklung Deutschlands im Allgemeinen und der des deutschen Nordostens im Besonderen zu vereinbaren ist.

Als Riesenstädte wie London, Paris oder New York entstanden, vervielfachten sich die Bevölkerungszahlen innerhalb weniger Generationen. Die Menschen waren im Durchschnitt jung, und viele hatten – auf dem Lande brotlos geworden – gar keine andere Wahl, als in die aufstrebenden industriellen Zentren zu ziehen. Berlin gehörte von Anfang an nur bedingt dazu. Zum einen waren seine historischen, geographischen und logistischen Voraussetzungen nicht die besten. Zum anderen gab es in Deutschland – nicht anders als heute – viele konkurrierende Wirtschaftsstandorte. Deshalb erlangte Berlin erst recht spät auch größere wirtschaftliche Bedeutung. Zu einem mit anderen europäischen Metropolen vergleichbaren Schwergewicht entwickelte es sich aber nicht. Hierzu trugen sowohl seine tragische Geschichte während des größten Teils des 20. Jahrhunderts als auch die Dezentralisation Deutschlands bei. Ein wesentlicher Grund war zudem sein schwach entwickeltes Umland.

Der deutsche Nordosten war schon immer besonders dünn besiedelt. Während sich in Sachsen und im Westen die Menschen drängten, buhlten die preußischen Herrscher um Untertanen. »Menschen, vor allem Menschen«, war nicht nur ein Stoßgebet Friedrichs II. Auch seine Vorgänger und Nachfolger versuchten Zuwandererströme in ihr Land zu lenken. Die Besiedlung des Raums östlich der Elbe war eine ihrer größten Herausforderungen.[21] Das wirkt in die Gegenwart fort. In einem Kreisbogen von zweihundert Kilometern Durchmesser um Berlin herum gab es im Jahr 2000 nur zwei Städte mit mehr als hunderttausend Einwohnern – Potsdam mit 129 000 und Cottbus mit 109 000. Bei einem Durchmesser von dreihundert Kilometern kommt noch Magdeburg mit 232 000 Einwohnern hinzu, und Leipzig und Halle erscheinen am Horizont. Sonst aber findet man in diesem Fünftel Deutschlands, von wenigen Ausnahmen abgesehen, nur kleine Landstädte und bescheidene Dörfer. Mehr gaben in früheren Zeiten die kargen Böden nicht her, und später wurde das Bevölkerungswachstum weitgehend von Berlin aufgesogen.

Innerhalb der heutigen deutschen Grenzen blieb der Nordosten die am spärlichsten entwickelte Region. Anders als die meisten Metropolen hat Berlin – von einem schmalen Speckgürtel abgesehen – sein Umland kaum befruchtet. Dazu stand es stets auf zu schwachen Füßen. Die Hoffnung, dass dies nun anders werden könnte, ist trügerisch. Denn Stadt und Umland kränkeln weiter. Unbeantwortet ist vor allem die Frage: Wo kommen künftig die Berliner her? Aus sich selbst heraus kann die Stadt wie alle Großstädte früh industrialisierter Länder ihren Bevölkerungsbestand nicht halten, geschweige denn mehren. In der Vergangenheit speiste sie sich aus dem Bevölkerungswachstum Deutschlands, wobei sie vor allem Menschen aus dem Osten anzog. Doch dieses Wachstum ist mittlerweile nicht nur zu Ende gegangen. Es ist in Bevölkerungsschwund umgeschlagen. Berlin hat damit drei Optionen, von denen allerdings keine zur Herausbildung einer großen Metropole führt.

Optionen der Bundeshauptstadt

Die Stadt könnte, erstens, dem Bevölkerungstrend des übrigen Deutschland, insbesondere des Nordostens, folgen. Dann nähme die Zahl seiner Einwohner in den kommenden vierzig Jahren und darüber hinaus jährlich um durchschnittlich 15 000 Menschen ab, und zwar nicht, weil diese – wie zum Teil gegenwärtig – ins Umland zögen, sondern weil sie sterben würden. 15 000 Menschen weniger pro Jahr – das erscheint bei einer so großen Stadt zunächst nicht viel, wäre aber doch ein Aderlass, der bald spürbar würde. Ein solcher Schwund addierte sich in vierzig Jahren auf sechshunderttausend Menschen – die Einwohnerzahl von Frankfurt am Main oder Düsseldorf. Die Zahl der Berliner ginge auf 2,7 Millionen zurück, und gleichzeitig verminderte sich die Bevölkerungsdichte des heute bereits spärlich besiedelten Umlands um bis zu einem Viertel. Darüber hinaus würde Berlin – wie Deutschland insgesamt – von alten Menschen dominiert. Auch hier wäre die Hälfte der erwachsenen Bevölkerung um das Jahr 2040 annähernd sechzig Jahre und älter.

Die Stadt könnte sich, zweitens, gegenläufig zum allgemeinen deutschen Trend entwickeln. Dann müsste sie fortwährend junge Menschen an sich ziehen und so ihre sich lichtenden Reihen füllen. Allerdings fehlten diese Jungen dann in Wittenberge und Neuruppin, in Wismar und Schwerin und selbst in Dresden und Leipzig. Nicht nur der Nordosten, sondern Ostdeutschland insgesamt würde noch größere Bevölkerungsverluste erleiden, und das Durchschnittsalter stiege noch rascher, als es ohnehin der Fall sein wird. In einer Generation würde jeder vierte Ostdeutsche in Berlin leben. Die Entwicklung der neuen Bundesländer dürfte dadurch nachhaltig beeinträchtigt werden – es sei denn, in Berlin würde mehr Kreativität und Produktivität freigesetzt, als in den Ländern möglich gewesen wäre. Ob das gelingt, ist fraglich. Sollte es nicht gelingen, würde vor allem Ostdeutschland mit der Entwicklung einer Metropole ein Bärendienst erwiesen. Die künstlich jung gehaltene Stadt passte in diesen demographisch so sensiblen Raum wie die sprichwörtliche Faust aufs Auge.

Damit bleibt als dritte Option, dass die Stadt europäische und außereuropäische Bevölkerungsreservoirs anzapft. Einmal unterstellt, dass dies im gebotenen Umfang möglich ist, würde der Ausländeranteil in Berlin innerhalb einer Generation von derzeit gut einem Achtel auf über ein Drittel hochschnellen. Ob und wie eine solche Zuwanderung konfliktfrei gehandhabt werden kann, ist unklar. Wahrscheinlich würden sich ethnisch definierte Subkulturen bilden, die für sich eine Sonderbehandlung beanspruchen. Die Stadt würde den Deutschen zunehmend fremd werden, gleichzeitig aber zur Aufrechterhaltung ihrer Funktionsfähigkeit von ihnen immer größere Opfer verlangen. Über kurz oder lang dürfte die Bevölkerung fragen, wozu das Ganze gut sein soll. Damit es in Deutschland eine monumentale Kulisse für gesellschaftliche Ereignisse gibt? Das dürfte als Begründung nicht genügen.

Diese Optionen, die vermutlich in einer wie auch immer gearteten Verbindung realisiert werden, zeigen die Fallstricke einer Gesellschaft, die einen demographischen Umbruch in der sich abzeichnenden Größenordnung nicht wahrhaben will und sich mitunter wie eine alternde Diva verhält. Sie tut so, als bildeten noch immer Mittdreißiger den Altersscheitelpunkt der Bevölkerung, und nicht – wie schon in wenigen Jahrzehnten – Fünfzigjährige. Sie wähnt sich anhaltend durchpulst von vielen Kindern, Jugendlichen und jungen Erwachsenen und verdrängt, dass bald alte und sehr alte Menschen den Takt schlagen werden. Das Ironische hieran ist, dass jene Alten dieselben sind, die sich jetzt so jugendbeschwingt geben. Berlin könnte zum Symbol für die Verdrängung des demographischen Umbruchs werden.

Breite Schultern, schmale Schultern

Bevölkerungsschwund und -alterung sowie multikulturelle Durchdringung erfordern grundlegende Verhaltensänderungen, wenn sie nicht zur existenziellen Bedrohung werden sollen. Deutschland ist hiervon weit entfernt. Während in den USA und Kanada, in Großbritannien und Frankreich demographische Fragen einen hohen politischen Rang haben und einschlägige Publikationen Spitzenplätze auf den Bestsellerlisten einnehmen, wiegen sich die Deutschen noch immer in Illusionen. Zwar ist das Urvertrauen, das sie in den Bestand und die Vitalität ihres Volks haben, in jüngster Zeit ein wenig erschüttert worden. Zaghaft fragt der eine oder andere, wie es langfristig weitergehen soll. Dennoch werden demographische Probleme gerade auch von der Politik weiterhin so behandelt, als ginge es um Schicksale auf einem fernen Planeten.

Umso größer ist die Gefahr, dass die Bevölkerung in nicht zu ferner Zukunft schlagartig von der diffusen Angst gepackt wird: Wir werden weniger, der Altenanteil schwillt rapide an, und der Zuwandererdruck wächst. Niemand kann vorhersagen, wie sie sich dann verhalten wird, besonders wenn sie die Erkenntnis unvorbereitet trifft. Dazu fehlen die Erfahrungen. Im Vergleich zum Kommenden waren nämlich Bevölkerungsschwankungen, wie sie beispielsweise in Frankreich in der Vergangenheit zu beobachten waren, nur beiläufige Episoden. Was jetzt ansteht, kann ebenso zur kollektiven Resignation wie zu einem nationalistischen Aufbäumen führen, wobei Letzteres leicht chauvinistische, fremdenfeindliche Züge tragen kann. Dem ist durch eine umfassende, sachliche Aufklärung vorzubeugen.

Hierzu gehört die Vermittlung der Einsicht, dass die von der Gesellschaft tief verinnerlichte Gewissheit »Die Schultern der kommenden Generation sind breiter als die eigenen« nicht mehr gilt. Von der Tragweite dieser Veränderung haben die wenigsten eine Vorstellung. Solange jene Gewissheit galt, fiel es leicht, Lasten, die in der Gegenwart als zu drückend empfunden wurden, in die Zukunft zu verschieben. Getrost konnte man sich sagen: Mag doch die nächste oder übernächste Generation die Hypotheken bedienen, die Schulden des Staates abtragen, vernachlässigte Infrastrukturen instand setzen oder Umweltschäden beseitigen. Wir Heutigen sind dafür zu schwach. Was aber ist, wenn die Nachwachsenden noch schwächer sind? Dann entfällt das Fundament, auf dem viele der heutigen Denk- und Handlungsmuster ruhen. Auf dieses Fundament nicht mehr bauen zu können heißt, radikal umdenken zu müssen.

Dabei geht es nicht nur um Anpassungen in Teilbereichen.

In einer zahlenmäßig abnehmenden, stark alternden und multikulturellen Bevölkerung ändern sich nämlich nicht nur einige, sondern fast alle Aspekte des wirtschaftlichen, gesellschaftlichen und kulturellen Lebens. Eine solche Bevölkerung sieht, empfindet und handelt anders, sie hat andere Interessen und Bedürfnisse als die heutige. Ähnlich wie sich beim Individuum im Lauf des Lebens die Perspektiven verschieben, verschieben sie sich auch bei einer Bevölkerung, in der an die Stelle von Dreißig- und Vierzigjährigen massenhaft Fünfzig- und Sechzigjährige treten. Bei einem solchen Altersumbruch kann es gar nicht ausbleiben, dass eben nicht Dreißig- und Vierzigjährige, sondern Fünfzig- und Sechzigjährige gesellschaftsprägend wirken.

Nun steht außer Zweifel, dass sich zusammen mit dem Altersgefüge auch das Alter selbst verändert. Die durchschnittliche Lebenserwartung hat sich in den zurückliegenden zweihundert Jahren verdreifacht, in den zurückliegenden einhundert Jahren annähernd verdoppelt. Selbst wenn der wichtigste Grund hierfür der Rückgang der Säuglings- und Kindersterblichkeit war, käme heute kein Mensch mehr auf die Idee, einen Fünfzigjährigen als Greis zu bezeichnen, was zur Zeit Goethes durchaus üblich war. Und auch Siebzigjährige sind heute vom Greisenalter noch ein gutes Stück entfernt. Wie langjährige Untersuchungsreihen zeigen, weisen die derzeit Sechzigjährigen ganz ähnliche physische und psychische Befunde auf wie Fünfzigjährige vor 25 Jahren, und heute Siebzigjährige entsprechen den damals Sechzigjährigen. In weniger als einer Generation hat sich die Spanne aktiven Lebens um ein Jahrzehnt gestreckt. Schon deshalb sind viele der überkommenen Vorstellungen vom Alter revisionsbedürftig. Sie sind einer Bevölkerung anzupassen, die fast geschlossen das achtzigste und in großer Zahl das neunzigste Lebensjahr erreicht.

Folgen der Alterung

Dennoch wäre es lebensfremd, anzunehmen, dass sich in einer Bevölkerung, deren Altersscheitelpunkt sich von den Vierzig- zu den Fünfzigjährigen verlagert und die zu annähernd zwei Fünfteln aus über Sechzig-, Siebzig- und Achtzigjährigen besteht, keine altersgemäßen Sicht- und Handlungsweisen ausbreiten. Auch wenn sich die Älteren in Zukunft noch jugendlicher und lebenszugewandter verhalten werden als die Älteren heute, wird sich der wirtschaftliche und gesellschaftliche Wandel verlangsamen. Die Bereitschaft, Neues anzunehmen und auszuprobieren, wird in breiten Bevölkerungsschichten abebben. Die Jüngeren mögen noch so aufgeschlossen und experimentierfreudig sein – sie werden einfach nicht mehr genug Masse bilden, um die Bevölkerung insgesamt mitzureißen.

Trotz einer, gemessen am Lebensalter, bemerkenswert hohen Mobilität wird auch diese tendenziell abnehmen. Das gilt sowohl räumlich als auch funktional. Räumlich wird der stark steigende Anteil der über Fünfzigjährigen schon aufgrund seiner hohen Wohneigentumsquote und gefestigten sozialen Netze an den gewählten Plätzen verharren, und allmählich werden auch die Urlaubs- und Reiseziele näher rücken. Funktional wird die Neigung, an Vertrautem festzuhalten und nach Ruhe und Muße zu streben, zunehmen. Das bedeutet nicht, dass die Gesellschaft erstarren muss. Dazu sind und bleiben die Individualbiographien zu abwechslungs- und optionsreich. Aber ihre Schwingungen werden verhaltener werden.

Vermutlich wird auch die Frage nach dem Sinn des Lebens, auf die jede Gesellschaft eingehen muss, eine neue Antwort erheischen. Bisher besteht sie aus zwei Teilen. Ihr erster Teil lautet: Sicherung und Steigerung des Konsums. Zwar wird auch eine alternde Bevölkerung weiter lustvoll konsumieren. Das hat sie seit Generationen eingeübt, und sie kennt auch kaum andere Formen der Sinngebung. Deshalb wird ein hohes Konsumniveau noch lange das wichtigste individuelle und kollektive Ziel bleiben. Auch künftig wird seine Gefährdung – nicht anders als heute – Verdruss an Politik, Gesellschaft und vielleicht sogar am eigenen Leben hervorrufen. Die Alten werden sich hierin von den Jüngeren nur unwesentlich unterscheiden. Dennoch wird der Konsum in abnehmendem Maß sinnstiftend wirken. Wie alles nutzt auch er sich ab.

Um Lebenssinn zu stiften, muss er mehr Verlockung als Wirklichkeit sein. Menschen müssen in großer Zahl unerfüllte Wünsche haben, die sie dazu drängen, ihre Konsumfähigkeit zu steigern. Dem dienen Erwerbsarbeit, Karriere, Bildung von Vermögen und finanzielle Sicherheit durch staatliche Transfersysteme. Das alles gibt ihnen Orientierung. Haben sie aber erst einmal eine Fülle von Dienstleistungen genossen, die schönsten Urlaubsgebiete bereist, die lang ersehnten Häuser erworben sowie Schränke und Truhen gefüllt, wird die Verlockung zur Wirklichkeit und mitunter sogar zur Pflicht. Auch dann hat Konsum noch seine Reize. Doch ihm fehlt die ursprüngliche Strahlkraft. Seine sinnstiftende Wirkung wird in einer alternden Bevölkerung schwächer. Die Werbewirtschaft weiß das nur allzu gut.

Aber auch der zweite Teil der bisherigen Antwort auf die Sinnfrage verliert an Bedeutung: die Sorge um Kinder und Enkel. Mit dem steilen Anstieg des Anteils von Haushalten, die kein oder nur ein Kind haben, nimmt auch die Zahl der Menschen zu, die ohne Enkel bleiben. Vom Geburtsjahrgang 1960 wird, bei gleichbleibender Geburtenrate, ein Drittel enkellos sterben. Ein weiteres Achtel wird allenfalls ein Enkelkind haben. Bei den Jüngeren werden diese Anteile noch höher sein. Damit ist für annähernd die Hälfte der Bevölkerung so gut wie gewiss, dass sie in der nächsten, spätestens aber in der übernächsten Generation keine Nachkommen mehr haben wird. Hinzu kommt, dass ein Fünftel der Bevölkerung auch keine Geschwister hat. Noch größer ist der Anteil ohne Onkel oder Tante, Neffe oder Nichte, Cousin oder Cousine. Verwandtschaftliche Beziehungen schwinden rapide. Familie im engeren oder weiteren Verständnis kann daher vielen auch keinen Lebenssinn mehr geben.

Beide Trends, die abnehmende Sinnstiftung sowohl des Konsums als auch der eigenen Nachkommen und der Familie, lassen vermuten, dass Menschen künftig ihren Lebenssinn verstärkt in der Schaffung und Aufrechterhaltung frei gewählter Beziehungssysteme suchen, für die sie einen großen Teil ihrer Zeit und Kraft einsetzen. Eine materiell gut gestellte, oft kinderlose und alternde Bevölkerung wird ein großes Bedürfnis nach Sozialkontakten und Geborgenheit entwickeln. Zugleich wird sie in der Herstellung und Pflege solcher Kontakte geübt sein und sich insoweit von großen Teilen der heute alten Generation unterscheiden. Auch wenn es hierüber noch keine verlässlichen Erkenntnisse geben kann, ist doch vorstellbar, dass derartige Beziehungssysteme auf mittlere Sicht durchaus belastbar und zumindest in Teilbereichen ein Familienersatz sein können. Ob es darüber hinaus auch zu einer Renaissance der Kirchen oder ganz allgemein des Religiösen kommen wird, ist hingegen ungewiss. Die Diesseitigkeit der Gesellschaft ist weit fortgeschritten und dürfte ohne katastrophale Einbrüche weiter fortschreiten. Erwartungen an ein Jenseits werden auch künftig nur für eine Minderheit Sinn des Lebens sein.

Alt und reich

Neben diesen mehr klimatischen Veränderungen wird bald auch der Alltag ganz handfest den zahlenmäßigen Rückgang und die Alterung der Bevölkerung sowie ihre multikulturelle Durchdringung widerspiegeln. Immer häufiger werden sich Einkommenserzielung und Vermögensbildung auf den individuellen Lebenshorizont beschränken. In vielen Fällen gibt es keine Nachkommen mehr, für die es sich lohnt, etwas aufzubauen. Damit entfällt ein wichtiges Motiv beispielsweise für die Gründung und Fortführung von Familienunternehmen. Viele werden gar nicht erst entstehen, vorhandene werden untergehen.

Trotzdem wird Vermögensbildung für eine kinderarme Bevölkerung wichtiger. In gewissem Umfang tritt sie an die Stelle von Nachkommen. Was diese nicht mehr leisten können, kann teilweise durch Kapital geleistet werden. Das allerdings müssen die Menschen erst noch lernen. Bisher haben sie aus ihrer Kinderarmut gefolgert, auch ihre Vermögensbildung einschränken zu können. Parallel zum Rückgang der Geburtenrate sank die Sparquote. Jetzt wird ihnen von Jahr zu Jahr deutlicher werden, was schon die antiken Römer wussten: Namentlich kinderlose Alte müssen nicht nur, sie können sich auch ein gewisses Maß an menschlicher Zuwendung und sozialer Einbindung kaufen. Deshalb wird zumindest für die Dauer einer Generation der demographische Wandel die Vermögensbildung anschieben. Die 2001 vom Gesetzgeber beschlossene staatliche Förderung privater Vermögensbildung für Zwecke der Alterssicherung[22] ist eine Schwalbe, die zwar noch keinen Sommer macht, der aber weitere folgen werden. Eine kinderarme, alternde Bevölkerung ist kapitalintensiv, und sie muss kapitalintensiv sein, wenn sie nicht verarmen will.

Noch unmittelbarere Wirkungen hat die Bevölkerungsentwicklung für die Behausung. So wird von nun an auch ohne Zutun der Politiker die Wohneigentumsquote spürbar steigen. Worum jahrzehntelang hart gerungen wurde, fällt künftig vielen in den Schoß. Der Anteil junger, immobilienarmer Haushalte nimmt ab, der Anteil älterer, immobilienbesitzender zu. Eine Wohneigentumsquote von sechzig Prozent ist in nicht zu ferner Zukunft erreichbar.[23] Parallel hierzu wird die Zunahme der verfügbaren Wohnfläche beschleunigt. Auch hier sind selbst bei rückläufigen Bauaktivitäten binnen einer Generation durchschnittlich sechzig Quadratmeter pro Kopf der Bevölkerung keine Utopie mehr.

Diese Entwicklung wird erleichtert durch den allmählichen Rückgang der Baulandpreise – Vorboten hierfür gibt es bereits. Zugleich sinken die Immobilienpreise in weniger attraktiven Lagen. Auch dafür mehren sich die Anzeichen. Spätestens in den dreißiger, möglicherweise aber auch schon in den zwanziger Jahren des 21. Jahrhunderts werden sehr kleine oder ungünstig gelegene Orte aufgegeben werden. Um eine Mindestinfrastruktur aufrechtzuerhalten, werden in manchen Regionen die öffentlichen Zuschüsse für Schulen oder Feuerwehren sowie betriebswirtschaftlich unrentable Krankenhäuser, Kläranlagen und ähnliche Einrichtungen steigen müssen. Eine wachsende Zahl von Kindern wird nur in Internaten oder durch Fernunterricht beschult werden können.

Im stillsten Winkel der Republik

Als erstes wird wiederum der deutsche Nordosten diese Veränderungen erfahren. Die Politik muss unverzüglich entscheiden, wie es hier weitergehen soll. Geschieht nichts, entwickelt sich der Nordosten vielleicht zu einem landschaftlich reizvollen, artenreichen Biotop, das jedoch im Vergleich zum übrigen Deutschland wirtschaftlich und kulturell weit abgeschlagen ist und deshalb seine Bevölkerung mit noch größerer Geschwindigkeit verliert. Das kann politisch gewollt sein. Warum soll Deutschland nicht über einen ausgedehnten, von Menschen nur wenig beanspruchten Raum verfügen? Nur müssen die Konsequenzen gesehen werden. Solange in Deutschland der Grundsatz der Herstellung und Gewährleistung gleichwertiger Lebensbedingungen in allen Regionen gilt, würde dieser Raum zum Dauerempfänger hoher Transferleistungen. Er müsste vom Bund und den übrigen Ländern in erheblichem Umfang unterhalten werden.

Ist das nicht gewollt, müssen die Weichen grundlegend umgestellt werden. So müsste Berlin innerhalb weniger Jahrzehnte auf die Größenordnung des heutigen Hamburg zurückgeführt werden, während gleichzeitig in Mecklenburg-Vorpommern, Brandenburg und dem nördlichen Sachsen-Anhalt zehn bis zwölf unwiderstehlich attraktive mittelgroße Städte mit hundert- bis hundertfünfzigtausend Einwohnern geschaffen werden. Diese müssten sich durch ruhige Wohnviertel und leicht erreichbare Arbeitsplätze, mäßiges Verkehrsaufkommen und gute Bildungseinrichtungen, intakte soziale Infrastrukturen und ein reges kulturelles Leben auszeichnen. Es wären Städte, die zwar nicht die Faszination einer großen Metropole hätten, in denen sich aber gerade viele alte Menschen und eines Tages womöglich auch wieder ein paar mehr Kinder sicher und wohl fühlen würden. Keimzellen hierfür sind in Deutschlands Nordosten durchaus vorhanden. Sie konnten sich jedoch nie richtig entwickeln. Geschieht dies auch künftig nicht, wird sich die neue Bundeshauptstadt schon bald im stillsten Winkel dieser Republik wiederfinden. Die Musik wird woanders spielen.

Aber auch dort, wo die Musik spielt, werden innerhalb der kommenden dreißig Jahre demographisch bedingte Veränderungen spürbar werden. In den Ballungsgebieten wird eine Betriebsamkeit herrschen wie heute während der Hauptferienzeit. Der Verkehr wird lichter, Parkraum reichlicher vorhanden sein. Die Wucherungen der Städte können zurückgeschnitten, Bausünden der Vergangenheit durch ersatzlosen Abriss getilgt werden. Allerdings werden sich auch Stadtviertel bilden, in denen sich Zuwanderer konzentrieren und ihr eigenes Leben entfalten. Dadurch werden die Ballungsgebiete bunter, aber auch brüchiger. Auf dem Land können vermehrt Erholungs- und Naturschutzgebiete entstehen. Für Siedlungen, Verkehrswege und landwirtschaftliche Nutzflächen wird weniger Raum benötigt. Insgesamt können die Umweltbelastungen deutlich vermindert werden.

Interessen und Bedürfnisse im Wandel

Besonders große Anpassungsleistungen hat die Wirtschaft zu erbringen. Dinge des täglichen Bedarfs wie Brot, Butter oder Schnürsenkel werden weniger nachgefragt werden. Gelingt es nicht, diesen Nachfragerückgang durch die Vermarktung höherwertiger Produkte auszugleichen, werden Umsätze und vermutlich auch Gewinne sinken. Aber auch außerhalb des täglichen Bedarfs dürfte der Absatz von Waren schleppender werden. Immer weniger Haushalte benötigen eine Erstausstattung, immer weniger Jugendliche fragen ihr erstes Automobil nach. Ob diesen Ausfällen durch eine beschleunigte Produktentwicklung und noch raschere Modellwechsel begegnet werden kann, ist in einer Bevölkerung, die zur Hälfte aus über Fünfzigjährigen bestehen wird, zweifelhaft. Wahrscheinlich wird die demographische Entwicklung – im Gegensatz zur bisherigen Situation – wachstumsdämpfend wirken.

Nicht auszuschließen ist sogar, dass sich in einer stark alternden Bevölkerung Rolle und Bedeutung von Wirtschaftswachstum generell ändern werden. Dynamisches Wachstum ist ein Attribut von Jugend und jungen Völkern. Ursächlich hierfür ist nicht nur deren großer Bedarf an Gütern und Diensten. Es hat auch etwas mit ihrer Psyche zu tun. Wachstum ist nämlich nicht nur Wohlstandsmehrung. Es beseitigt auch vertraute Lebensbedingungen. Hiergegen leistet eine ältere Gesellschaft zäher Widerstand als eine jüngere. Das bremst Wachstum. Wenn sich Deutschland heute so schwer tut, seine oft antiquierten politischen, gesellschaftlichen und sozialen Strukturen zu reformieren, hat das sicher viele Gründe. Einer von ihnen ist jedoch seine Bevölkerungsentwicklung.

Schon jetzt lebt hierzulande eine im internationalen Vergleich recht betagte Bevölkerung.

Doch auch in einer zahlenmäßig abnehmenden und alternden Bevölkerung gibt es kräftig wachsende Wirtschaftsbereiche, vor allem, wenn diese Bevölkerung mehrheitlich recht wohlhabend ist. Besonders gefragt sind bestimmte Dienstleistungen, und zwar keineswegs nur qualifizierte, sondern gerade auch einfache. Auf Letztere sind besonders die vielen angewiesen, die außerhalb von Familienverbänden stehen. Denn ihre durch Eigeninitiative geschaffenen Beziehungssysteme dürften zwar vor Vereinsamung und sozialer Isolation schützen, aber nur bedingt für tägliche Einkäufe, Reinigungsarbeiten, Gartenpflege und Ähnliches taugen. Hierin unterscheiden sie sich vom Familienverband. Das lässt einen fast unüberschaubar großen und differenzierten Markt entstehen, der in zeitgemäßen Formen zurück auf die Hauswirtschaft verweist. Haus- und Marktwirtschaft werden sich auf das Engste miteinander verquicken und zu neuen Formen von Arbeit, einschließlich der Erwerbsarbeit, führen.

Von der Vielzahl der auf dem Markt nachgefragten Dienste werden Gesundheits- und Pflegedienste einen singulären Rang einnehmen. Diese Entwicklung ist in einer Bevölkerung zwangsläufig, die zum einen in körperlichem Wohlbefinden und körperlicher Attraktivität einen gut Teil ihres Daseinszwecks sieht und zum anderen binnen einer Generation zu einem Zehntel aus über Achtzigjährigen bestehen wird, von denen viele Hunderttausend älter als neunzig und viele Zehntausend älter als hundert Jahre sein werden und rund eine Million an Altersdemenz leidet. Je höher in einer solchen Bevölkerung der Versorgungsgrad mit materiellen Gütern gestiegen ist, desto mehr wird sie für derartige Dienste aufwenden. Den Bemühungen der Politik, die Kosten für Krankheit und Pflege zu »deckeln«, werden daher stets nur vorübergehende Erfolge beschieden sein.

Ein Grund dafür wird nicht zuletzt auch darin liegen, dass

immer mehr Gesundheits- und Pflegedienste, die bislang im Kreis der Familie erbracht wurden, künftig über den Markt abgewickelt werden müssen. Das folgt allein schon aus der Tatsache, dass immer weniger Menschen in einer Familie leben, die für solche Dienste bereit stünde. So werden gegenwärtig noch über siebzig Prozent aller Pflegefälle von der eigenen Familie versorgt.[24] Dieser Anteil wird sich aus demographischen Gründen in wenigen Jahrzehnten halbiert haben. Die deutliche Mehrheit der Pflege- und viele Millionen zusätzlicher Krankheitsfälle werden also künftig von Familienfremden zu betreuen sein, die teils in jenen selbst geschaffenen Beziehungssystemen zu finden sein werden, teils aber auch auf dem Markt rekrutiert werden müssen. Obwohl bereits jetzt ein Neuntel der Erwerbsbevölkerung in Gesundheits-, Heil- und Pflegeberufen tätig ist, könnte sich dieser Anteil in den kommenden dreißig Jahren verdoppeln. Damit wäre mehr als jeder fünfte Arbeitsplatz in diesem Bereich angesiedelt.

Steil wird auch der Stellenwert von Sicherheit steigen. Eine Bevölkerung, die zu einem Fünftel aus älteren und alten Frauen besteht, reagiert ungleich betroffener, wenn einer alten Frau die Handtasche entrissen wird, als eine Bevölkerung, in der alte Frauen eine Randgruppe bilden. Eine ältere Bevölkerung ist deliktsensibler und -gefährdeter. Straftaten, die von einer jungen Bevölkerung als Ärgernis angesehen werden, werden von einer alten als existenzielle Bedrohung empfunden – und mitunter sind sie es auch. Ein Staat, der dieses zunehmende Sicherheitsbedürfnis nicht zu befriedigen vermag, wird schonungsloser als bisher als Versager gebrandmarkt werden, gleichgültig, welche Verdienste er in anderen Bereichen vorweisen kann. Früher oder später werden die Bürger sein Gewaltmonopol in Frage stellen und ihre Sicherheit selbst organisieren. Die Deutschen sind wie viele andere Völker auf dem besten Weg dazu. Historisch gesehen ist das ein Rückschritt. Soll dieser Weg nicht weiter begangen werden, muss die Politik auch hier umsteuern.

Bevölkerungsentwicklung und Arbeitsmarkt

Auch Arbeitsmarkt und Erwerbsleben wird die Bevölkerungsentwicklung nachhaltig umgestalten. Ob die Menschen künftig gleich viel, mehr oder weniger arbeiten werden als gegenwärtig, hängt von mehreren Faktoren ab, die wirksam werden können oder auch nicht. Dass sie jedoch bis zu einem höheren Lebensalter arbeiten werden, kann als sicher angesehen werden. Zum einen hat das wirtschafts- und sozialpolitische Gründe, wie die Anpassung der Versorgungsphase an die zunehmende Lebenserwartung. Mindestens ebenso wichtig sind jedoch gesellschaftspolitische oder, genauer gesagt, sozialpsychologische Gründe.

Derzeit gehen von den 58-Jährigen noch 36 Prozent, den 60-Jährigen 16 Prozent, den 62-Jährigen zehn Prozent und den 64-Jährigen drei Prozent einer sozialversicherungspflichtigen Beschäftigung nach.[25] Der Anteil noch älterer Erwerbspersonen liegt im Promillebereich. Auch wenn dieser Rückzug aus dem Erwerbsleben nicht selten auf den subtilen und mitunter auch nicht so subtilen Druck von Unternehmen und Gesellschaft zurückzuführen ist, Arbeitsplätze für Jüngere zu räumen, entspricht er doch auch häufig dem ausdrücklichen Wunsch der Älteren. Viele glauben, einen Anspruch darauf zu haben, spätestens vom sechzigsten Lebensjahr an von Jüngeren versorgt zu werden. In einer Gesellschaft, in der die Zwanzig- bis Sechzigjährigen die deutliche Mehrheit bilden, mag das hinnehmbar sein. In einer Gesellschaft, in der die Zwanzig- bis Sechzigjährigen zu einer Minderheit geworden sind, ist es das nicht.

Sollten sich auch unter diesen Bedingungen die über 58- oder 60-Jährigen so massiv von der Erwerbsarbeit verabschieden wie heute, müssten die Jüngeren eine unzumutbar große Versorgungslast für eine Altengeneration schultern, die sie zum Teil nur als drohnenhaft empfinden dürften. Dass sie diese Last nicht bereitwillig auf sich nehmen werden, ist verständlich. Schon aus Gründen des gesellschaftlichen Zusammenhalts müssen sich deshalb auch über Sechzigjährige – gleichgültig ob sie hierauf wirtschaftlich angewiesen sind oder nicht – in beachtlicher Zahl an der Erwerbsarbeit beteiligen. Entsprechend könnte die Arbeitslast für Jüngere vermindert werden. Die Erwerbsarbeit, die bei den meisten Erwerbstätigen gegenwärtig auf weniger als die halbe Lebensspanne zusammengepresst ist, könnte zeitlich gestreckt und damit familien- und gesellschaftsverträglicher werden. Die Menschen hätten mehr Zeit für ihre Kinder und private Interessen, für kulturelle und soziale Belange, für nachbarschaftliche und politische Aktivitäten oder Ehrenämter. Das würde nicht nur den gesellschaftlichen Zusammenhalt stärken, sondern auch die Entstehung jener Beziehungssysteme fördern, auf die der Einzelne in einer kinderarmen, stark alternden Gesellschaft angewiesen ist. Ein mehr oder minder fragiler Arbeitsplatz reicht für die soziale Vernetzung nicht mehr aus.

Darüber hinaus könnte der Einzelne bei einer Verminderung der Wochen- und Jahresarbeitsstunden bei gleichzeitiger Verlängerung der Lebensarbeitszeit die Menge seiner Erwerbsarbeit individueller bemessen und leichter in sein Leben integrieren. Das gilt besonders für ältere Erwerbstätige. Auf diese Weise würden nicht nur die zum Teil künstlich starren Grenzen zwischen Erwerbsarbeit, anderen Arbeitsformen wie Hausarbeit oder Nachbarschaftshilfe sowie Freizeit durchlässiger. Ebenso verlören die Altersgrenzen an Bedeutung. Jeder würde arbeiten, so lange er dies will und vermag.

Die bessere Anpassung der Erwerbsarbeit an die Bedürfnisse, Wünsche und Möglichkeiten des Einzelnen wird gefördert durch das Schwinden industriell geprägter, kolonnenhaft organisierter Arbeitsformen. Diese Entwicklung ist im landwirtschaftlichen und güterproduzierenden Bereich weit fortgeschritten. Aber auch bei standardisierbaren Dienstleistungen greift sie um sich. Überall wird Arbeit durch Wissen und Kapital, das heißt durch Maschinen und Verfahren im weitesten Sinne ersetzt. Dadurch verlagert sich die Erwerbsarbeit zunehmend in den Bereich individueller, nicht automatisierbarer Dienstleistungen, in dem sie oft vom Einzelnen gestaltet werden kann.

Allerdings steigt durch diese sozial- wie gesellschaftspolitisch gebotene und für den Einzelnen wünschenswerte Streckung der Erwerbsarbeit über eine längere Lebensphase das Durchschnittsalter der Erwerbsbevölkerung noch schneller, als dies aufgrund der demographischen Entwicklung ohnehin der Fall gewesen wäre. In den kommenden zwanzig Jahren wird der Altersscheitelpunkt der Erwerbstätigen höchstwahrscheinlich von den Enddreißigern zu den Mittvierzigern wandern, und mindestens ein Drittel, möglicherweise – abhängig von der Erwerbsbeteiligung der über Sechzigjährigen – aber auch vierzig Prozent werden älter als fünfzig Jahre sein. Heute hat erst ein Viertel der Erwerbsbevölkerung das fünfzigste Lebensjahr überschritten, und der Anteil von über Sechzigjährigen ist gering.[26]

Die Wirtschaft ist auf diese Veränderungen kaum vorbereitet. Bisher trachtete sie häufig danach, sich von älteren Mitarbeitern zu trennen. Das wird ihr künftig schwer fallen. Sie wird lernen müssen, gerade ältere Beschäftigte erfolgreich am Produktionsprozess zu beteiligen. Nicht besser vorbereitet ist die Politik. Bis vor kurzem propagierte sie die »Rente ab 60« als ein Instrument des Arbeitsmarkts. Das war angesichts der bevorstehenden Verlängerung der Erwerbsphase bis tief in das siebente Lebensjahrzehnt hinein nicht nur unsensibel, sondern auch Ausdruck mangelnden Wirklichkeitssinns. Eine Bevölkerung kann nicht innerhalb weniger Jahre in die eine und dann in die entgegengesetzte Richtung geschickt werden. Richtungsänderungen, wie sie jetzt anstehen, sind vielmehr von langer Hand vorzubereiten und dann konsequent zu verfolgen.

Aber nicht nur auf dem Arbeitsmarkt sind weitreichende Entscheidungen zu treffen. Aufgrund der demographischen Entwicklung steht die Bevölkerung dieses Landes vor einer Wegscheide. Zahlenmäßige Abnahme, Alterung und Zuwanderung könnten die Menschen derart verunsichern, dass sie sich selbst unter Preisgabe individueller Freiheiten unter die Fittiche eines starken Staates zu flüchten suchen. Bei der Abwägung zwischen individueller Freiheit einerseits und staatlich organisierter, kollektiver Sicherheit andererseits könnten sie Letzterer den Vorzug geben. Sie könnten dem Staat bereitwillig noch mehr anvertrauen als bisher und darauf hoffen, dass er mit dem Anvertrauten pfleglich umgeht. In jedem Fall gilt die Gleichung: Sicherheit gegen Gehorsam. Das war schon immer so.

Der Weg zu diesem umfassend betreuenden Staat ist breit und eben und gerade in Deutschland seit langem vorgezeichnet. Der alternative Weg in eine Bürgergesellschaft ist steiniger und weniger vertraut. Allerdings sind nicht zuletzt aufgrund derselben Bevölkerungsentwicklung, die die Gefahr einer Ausweitung staatlicher Vormundschaft erhöht, die Chancen für eine solche Bürgergesellschaft so gut wie nie zuvor. Zwei besonders wichtige Voraussetzungen sind erfüllt: ein historisch einzigartiger Massenwohlstand und viel erwerbsarbeitsfreie, individuell verfügbare Zeit. Auch wenn die Schultern der nächsten Generation insgesamt schmaler sein werden – die Schultern vieler Einzelner sind breiter als je zuvor.

Damit ist nicht nur die wachsende Zahl großer Vermögen gemeint, sondern ebenso die große Zahl kleiner und mittlerer Vermögen, die häufig ausreichen, um über den eigenen Lebenskreis hinaus zu wirken. Das kann in unterschiedlichen Formen geschehen. Eine von ihnen ist die Stiftung. Entscheidend für eine Bürgergesellschaft ist, dass bereits durchschnittlich Wohlhabende so weit wie möglich auf Obhut und

Fürsorge des Staates verzichten und sich bewusst auf eigene Füße stellen. Bürgergesellschaft heißt aber auch, Bedürftige und gemeinwohlorientierte Institutionen am individuellen Wohlstand teilhaben zu lassen. Diese Kultur freiwilligen Teilens und großzügigen Mäzenatentums ist durch das generationenlange staatliche Zwangsteilen verkümmert. In einer Bürgergesellschaft muss sie wieder geweckt und gepflegt werden.

Ähnlich verhält es sich mit der individuell verfügbaren Zeit für bürgerschaftliches Engagement. An sich ist sie reichlich vorhanden. Doch auch hier bedarf es einer veränderten Kultur, um sie nutzbar zu machen. Obwohl die Menschen immer länger leben und weniger Zeit für Erwerbsarbeit benötigen, meinen viele, ihre Zeit werde knapper – Zeit für öffentliche und gemeinwohlorientierte Aufgaben, für andere und für sich selbst. Die großen Zeitgewinne wurden für den Konsum verbraucht, und sei es der Massenkonsum bunter, bewegter Bilder. Diese Präferenzen müssen geändert werden, um Zeit für bürgerschaftliche Aktivitäten zu gewinnen. Individuelle Wohlhabenheit und individuell verfügbare Zeit müssen sich mit bürgerschaftlicher Gesinnung verbinden, um zu einer Bürgergesellschaft zu gelangen. Diese Gesinnung wurde über lange Zeit vernachlässigt und in der sozialistischen Gesellschaftsordnung sogar geächtet. Deshalb muss sie nun von Politik, Medien und Bildungseinrichtungen besonders gefördert werden.

Letzteren kommt bei der Bewältigung des demographischen Umbruchs eine Schlüsselfunktion zu. Sie haben die Aufgabe, diesen Umbruch aktiv mitzugestalten. Das beginnt damit, dass sie nicht länger nur Einrichtungen vor allem für Kinder und Jugendliche sein können. Sie haben für alle Altersgruppen da zu sein und ihr Erscheinungsbild entsprechend zu ändern. Auch hier sind Altersgrenzen zu beseitigen. Das tradierte Rollenverständnis, wonach Ältere Jüngere lehren, ist überholt. Die Rollen werden immer öfter vertauscht werden. Zugleich sind die vermittelten Bildungsinhalte der veränderten Wirklichkeit anzupassen. Wenn die Bevölkerungsmehrheit diese Veränderungen bislang mehr ahnt als kennt, sind hierfür die Bildungseinrichtungen entscheidend mitverantwortlich. Sie haben nicht ausreichend vermittelt, auf welch dünnem Eis diese Gesellschaft steht.

Politik in der Verantwortung

Zu dem verhängnisvollen Trend, dem die Bevölkerungsentwicklung Deutschlands und anderer früh industrialisierter Länder seit einer Generation folgt, hat die Politik maßgeblich beigetragen. Sie hat nicht nur die frühzeitigen Warnungen der Experten in den Wind geschlagen, sondern, schlimmer noch, die Bevölkerung jahrelang in trügerischen Illusionen gewiegt. Bis in jüngste Zeit glaubte die Mehrheit, mit der Demographie sei alles in Ordnung. Erst jetzt beginnt sie langsam aufzuwachen. Desinformiert und politisch fehlgeleitet, ist die Bevölkerung in eine Falle gelaufen, der nur schwer und unter großen Opfern zu entkommen ist. Damit dies überhaupt gelingt, muss sie unverzüglich mit der sich rapide verändernden Wirklichkeit konfrontiert werden – je schonungsloser, desto besser. Nur so lassen sich in einem demokratischen Gemeinwesen die Kräfte aktivieren, die zur Bewältigung der Krise erforderlich sind. Für Rücksichtnahmen ist keine Zeit mehr.

Zugleich müssen schlüssige Strategien entwickelt werden. Erste Ansätze gibt es mittlerweile, aber sie reichen nicht aus. Vorrangig regelungsbedürftig ist die Zuwanderungsproblematik. Auch wenn sie aufgrund der Freizügigkeit innerhalb der Europäischen Union letztlich auf europäischer Ebene geregelt werden muss, enthebt das Deutschland nicht der Aufgabe, eigene Vorstellungen einzubringen. Deutschland kann und darf sich nicht hinter Brüssel verstecken.

Theoretisch haben Deutschland und die EU drei Optionen: Sie können eine betont restriktive Zuwanderungspolitik betreiben oder aber die Tore weit öffnen, wobei zu entscheiden wäre, ob die Zuwanderer bestimmten Kriterien genügen müssen oder auf derartige Beschränkungen verzichtet werden soll. Jede dieser Optionen hat in Politik und Bevölkerung Befürworter. Da sie jedoch einander ganz oder teilweise ausschließen, sind Entscheidungen unumgänglich.

Diese sollten zwei Maximen Rechnung tragen: Die Zuwanderung darf nicht zu einer zusätzlichen Belastung der ohnehin schwächer werdenden einheimischen Bevölkerung führen, das heißt, sie muss den Ansässigen nützlich sein und darf ihre Integrationsfähigkeit nicht überfordern. Zugleich darf sie aber auch nicht die Entwicklungschancen der abgebenden Länder beeinträchtigen. Das würde binnen kurzer Zeit auf die Aufnahmeländer zurückschlagen. Bei Beachtung dieser beiden Maximen werden die politischen Gestaltungsräume außerordentlich eng. Die Zuwanderungspolitik bewegt sich auf einem schmalen Grat. Von ihm nicht abzustürzen ist Deutschland bisher immer nur vorübergehend gelungen. Nachdem über viele Jahre in großer Zahl Menschen eingelassen wurden, die alles in allem eher belastend wirkten, zeichnen sich neuerdings Tendenzen ab, deutsche und europäische Interessen ohne Rücksicht auf andere, im allgemeinen wirtschaftlich schwache Länder durchzusetzen.

Sollte es so etwas wie ethisches und langfristig kluges Handeln in der Völkergemeinschaft geben, ist der von Wirtschaft und Politik propagierte Wettbewerb um die besten Köpfe nur dann vertretbar, wenn er nicht zu einem anhaltenden Aderlass der Schwächeren zugunsten der Stärkeren führt. Die USA haben gezeigt, wie es nicht geht. Nicht zuletzt die Europäer gehörten und gehören teilweise bis heute zu den Betroffenen. Lange litten sie unter einem empfindlichen *brain drain*. Sie sollten sich davor hüten, in diese Art von Wettbewerb mit Ländern einzutreten, die mühsam darum ringen, Anschluss an die früh industrialisierten Länder zu finden.

Umgekehrt können stark alternde und zahlenmäßig abnehmende Bevölkerungen den wirtschaftlich und sozial Schwachen dieser Welt aber auch nicht in größerem Umfang Zuflucht bieten. Das sollten jene beachten, die von quantitativen und qualitativen Restriktionen der Zuwanderung nichts wissen wollen. Sie können und sollten nur für sich selbst sprechen. Doch was sie postulieren, reicht in seinen Wirkungen weit über ihren eigenen Lebenshorizont hinaus. Sie befrachten künftige Generationen mit Lasten, die ihnen vernünftigerweise nicht zugemutet werden sollten.

Das steckt den Rahmen zukünftiger Zuwanderungspolitik ab: Im Jahresdurchschnitt etwa hunderttausend qualifizierte Zuwanderer nach Deutschland und höchstens vierhunderttausend in die EU – das dürften ungefähr die Grenzen dessen sein, was stark expandierende Bevölkerungen längerfristig ohne spürbare Nachteile abgeben und die Westeuropäer, allen voran die Deutschen, einigermaßen problemlos integrieren können. Wird die Zahl deutlich erhöht, müssen bei den Auswahlkriterien markante Abstriche vorgenommen werden. Die Bevölkerung bliebe dann zwar zahlenmäßig groß, aber ihr Lebensstandard würde auf unabsehbare Zeit sinken. Darüber hinaus nähme der Integrationsgrad der Zuwanderer ab. Binnen einer Generation wären die Menschen dieses Landes nicht *fast* überall Ausländer – worauf einige zu Recht hinweisen –, sondern *überall*. Diese Folgen sollten nicht aus dem Blick geraten.

Leben in einer schrumpfenden, alternden Bevölkerung

Wird die Zuwanderung auf die genannten Größenordnungen begrenzt, werden Bevölkerungsrückgang und Alterung in Deutschland und darüber hinaus rasch wahrnehmbar werden. Die Interessen und Bedürfnisse der Bevölkerung, ihr Arbeits- und Konsumverhalten, ihre Einkommens- und Vermögensverhältnisse werden sich erheblich ändern. An die Stelle ständiger Expansion wird in vielen Lebensbereichen kreativer Um- und mitunter auch Rückbau treten. Primär quantitatives Denken und Handeln wird durch qualitatives ersetzt.

Das wird sich in der Entwicklung des Lebensstandards niederschlagen. Er kann weiter steigen, aber mehr qualitativ als quantitativ. Ein wachsender Teil der Produktivitätsgewinne dient dazu, den demographisch bedingten Rückgang des Arbeitsvolumens auszugleichen. Andererseits lebt die Bevölkerung vermehrt in bereits Geschaffenem. Zusätzliches wird immer weniger benötigt. Die möglicherweise schwindende Innovationslust kann vermutlich durch die globale Vernetzung des aktiven Bevölkerungsteils kompensiert werden.

Bei gleichbleibender Geburtenrate ist die schwierigste Phase des demographischen Umbruchs nach etwa sechzig Jahren überwunden. In der 2. Hälfte des 21. Jahrhunderts wird die Bevölkerungsentwicklung wieder in ruhigeren Bahnen verlaufen. Der Bevölkerungsaufbau wird einem neuen Gleichgewicht zustreben, wobei er allmählich die Form einer Säule annehmen wird, die sich zur Basis hin verjüngt. Für zwei bis drei Generationen, also bis ins 22. Jahrhundert hinein, wird dieser Bevölkerungsaufbau eine gewisse Stabilität haben. Steigt jedoch auch dann die Geburtenrate nicht auf ein bestandserhaltendes Niveau, werden die Bevölkerungslücken so groß, dass sie in einer dicht bevölkerten Welt gegebenenfalls mit Gewalt von außen gefüllt werden. Diese Konsequenz muss klar gesehen und der Bevölkerung bewusst gemacht werden.

Politisch vordringlich ist jedoch, die den künftigen Generationen aufgebürdeten Lasten, vor allem die Staatsschulden, aber auch Infrastrukturmängel und Umweltbeeinträchtigungen, zügig zu verringern. Hier gilt der Grundsatz: Was der heute aktiven Generation nicht zuzumuten ist, ist der morgen aktiven erst recht nicht zuzumuten. Zugleich muss die Belastbarkeit der künftig Aktiven erhöht werden. Zu diesem Zweck muss die schwindende Zahl junger Menschen bestmöglich erzogen, ausgebildet und beruflich qualifiziert werden. Besonders Begabte sind bevorzugt zu fördern. Sie nämlich werden den empfindlichsten Engpass für künftige Entwicklungen bilden. Darüber hinaus muss ein Teil der Arbeits- und Freizeit der Erwerbsfähigen schrittweise für Aus- und Fortbildungsmaßnahmen verwendet werden. Hierbei hat die Wirtschaft mitzuwirken, etwa durch neuartige Entlohnungssysteme.

Neben der umfassenden Reform des gesamten Bildungs- und Ausbildungsbereichs muss die Produktivität der Volkswirtschaft beschleunigt vorangetrieben werden. Hierzu gehört die Steigerung ihrer Wissens- und Kapitalintensität sowie die zielstrebige und umfassende Integration der Zuwanderer. Zur Abpufferung der demographischen Umbrüche ist die Bildung privater Vermögen in breitesten Bevölkerungsschichten zu erleichtern. Insgesamt müssen sich Politik, Wirtschaft und Gesellschaft davon leiten lassen, dass sie von jetzt an auf einem zerbrechlichen demographischen Fundament ruhen. Vieles, was bislang selbstverständlich war, ist es nicht mehr. Insbesondere ist auf den Zusammenhalt einer Bevölkerung zu achten, in der sich Ältere und Jüngere in noch nie erlebten Proportionen gegenüberstehen. Zum ersten Mal in der Geschichte werden unter Vierzigjährige eine deutliche Minderheit bilden. Wesentlich für diesen Zusammenhalt sind nicht zuletzt die Entwicklung von Wirtschaft und Arbeitsmarkt sowie das Sozialgefüge.

Massenarmut bis Mitte des 20. Jahrhunderts

Niemand kann heute eine auch nur ungefähr zutreffende Vorstellung davon haben, wie es sich in Deutschland vor der großen Bevölkerungsexplosion gegen Ende des 18. Jahrhunderts lebte, als das Land erst ein Sechstel seiner gegenwärtigen Bevölkerungsdichte aufwies und jeder Zweite noch keine achtzehn Jahre alt war. Alle, die um 1950 schon bei wachem Bewusstsein waren, können sich hingegen an die Zeit vor der großen Wohlstandsexplosion erinnern, als die Erwerbsbevölkerung in einer 48-Stunden-Woche bei zwei Wochen Jahresurlaub einen Lebensstandard erwirtschaftete, der im Durchschnitt weit unterhalb des derzeitigen Sozialhilfeniveaus lag.

Die heute ältere Generation ist in ihrer großen Mehrheit noch unter wirtschaftlichen Bedingungen aufgewachsen, die nach geltenden Maßstäben nur als kümmerlich angesehen werden können. Millionen von Menschen litten existenzielle Not. In Deutschland war das zum Teil kriegsbedingt. Grundlegend besser waren die Verhältnisse aber auch in den meisten anderen Ländern nicht. Selbst in den reichsten waren nur Minderheiten nach heutigem Verständnis wohlhabend. Die Masse war arm. Um die Mitte des 20. Jahrhunderts galt für die Bevölkerung Deutschlands wie vieler anderer früh industrialisierter Länder noch immer, was der Soziologe Werner Sombart schon zum Jahrhundertbeginn festgestellt hatte: Sie bildete eine arme Bettelsuppe, auf der ein paar Fettaugen schwammen.[1]

Dabei hatte sich die Wirtschaft dank der zügig voranschreitenden Industrialisierung während des ganzen 19. Jahrhunderts dynamisch entwickelt. Das Einkommen aus Erwerbsarbeit, Unternehmertätigkeit und Vermögen, also das Volkseinkommen, dürfte sich in diesem Zeitraum real knapp versechsfacht haben. Da sich aber gleichzeitig die Bevölkerungszahl auf das Zweieinhalbfache erhöhte, blieb für den Einzelnen nicht viel von diesem Wachstum. Aus seiner Sicht stieg das Volkseinkommen in hundert Jahren nur auf gut das Doppelte.[2] Das entspricht einer durchschnittlichen jährlichen Wachstumsrate von 0,8 Prozent – ein Sechstel dessen, was in den neunziger Jahren in den Entwicklungsländern im Durchschnitt erzielt wurde.[3]

Noch schleppender verlief die Entwicklung in der ersten Hälfte des 20. Jahrhunderts. Bis zum Ersten Weltkrieg wurde das Wirtschaftswachstum in fast allen früh industrialisierten Ländern, einschließlich Deutschlands, durch ein ähnlich rasches Bevölkerungswachstum zum größten Teil wieder aufgezehrt. Wenn sich dennoch der Lebensstandard allmählich verbesserte, dann vor allem, weil sich im Lauf der Zeit ein wenig Vermögenssubstanz, zumeist in Form von Immobilien und Sachvermögen, angesammelt hatte. Die Verbesserungen wurden jedoch durch den Ersten Weltkrieg und seine Folgen weitgehend zunichte gemacht. 1925 war in Deutschland das reale Pro-Kopf-Volkseinkommen gegenüber 1900 um ein Achtel gesunken. Der Lebensstandard der meisten hatte sich verschlechtert.

Erst in den dreißiger Jahren beschleunigte sich die individuelle Vermögensbildung wieder, und das Volkseinkommen stieg spürbar an. 1939, bei Ausbruch des Zweiten Weltkriegs, war es pro Kopf gut ein Drittel höher als 1900. Der Bevölkerung kam diese Entwicklung jedoch nur in bescheidenem Umfang zugute. Die anschwellende Wirtschaftskraft diente zunehmend Rüstungszwecken. Die Nettoarbeitsentgelte beispielsweise hatten sich gegenüber 1925 nur um ein Fünftel erhöht.

1948, zum Zeitpunkt der Währungsreform, lag das Pro-Kopf-Volkseinkommen schätzungsweise wieder auf dem Niveau von 1925. Da aber im Gegensatz zu damals private Vermögen, namentlich Immobilien und Sachvermögen, sowie öffentliche Einrichtungen zum großen Teil vernichtet waren, war der Lebensstandard der großen Bevölkerungsmehrheit noch wesentlich niedriger als Mitte der zwanziger Jahre. Damit hatte sich in 150 Jahren oder rund sechs Generationen das reale Volkseinkommen pro Kopf und mit ihm der Lebensstandard der Mehrheit nur mäßig verändert. Noch immer beschlossen die meisten ihr Leben, wie sie es begonnen hatten – arm. Die Verbesserungen ihres wirtschaftlichen Status waren so geringfügig, dass sie vom Einzelnen kaum wahrgenommen wurden. Das gilt umso mehr, als die statistisch ausgewiesene Erhöhung des Volkseinkommens in erheblichem Umfang nur auf dem Papier stand. Im Zuge der Industrialisierung wurden nämlich immer mehr Güter und Dienste, die bis dahin in zumeist bäuerlicher Eigenarbeit erbracht worden waren, auf dem Markt erwirtschaftet. Dadurch wurden sie erfass- und messbar, ohne dass sich die wirtschaftliche Lage der Bevölkerung wirklich verbesserte.

Wohlstandsexplosion

Dieser Befund ist im Blick zu behalten, um Ausmaß und Wirkungen der Wohlstandsexplosion ermessen zu können, die Deutschland sowie weite Teile Europas und der Welt nach dem Zweiten Weltkrieg von Grund auf umgestaltete. Vielen Zeitzeugen erschien sie wie ein Wunder, und nach allen vorherigen Erfahrungen war sie das auch. Allerdings beschränkte sie sich nicht, wie noch immer manche glauben, auf Deutschland. In diesem kriegszerstörten Land wurden die Veränderungen nur besonders intensiv erlebt. Doch sie fand in allen früh industrialisierten Ländern statt, in einigen, wie Italien, sogar noch stärker als hierzulande. Selbst für die USA begann erst in dieser Zeit der eigentliche wirtschaftliche Aufstieg.

Über die Ursachen dieser Explosion ist viel gesagt, geschrieben und gerätselt worden. Deshalb mag hier die Bemerkung genügen, dass sie insbesondere in ihrer Bündelung ohne geschichtliche Parallele sind und, zumindest in den früh industrialisierten Ländern, vermutlich auch bleiben werden: ein riesiger, ungesättigter Bedarf an lebensnotwendigen oder wenigstens höchst begehrenswerten Gütern und Diensten, eine junge, gut qualifizierte und motivierte Erwerbsbevölkerung, die Wiedereröffnung kriegsbedingt verschlossener Märkte, eine Reihe wichtiger Innovationen, verbesserte Voraussetzungen der Kapitalbildung und des Kapitalflusses, vor allem aber eine außergewöhnliche Aufbruchsstimmung, wie sie nur unter bestimmten historischen Bedingungen, nicht zuletzt nach Kriegen, zu beobachten ist.

Zwei Ursachen sind jedoch gesondert zu erwähnen, weil sie in der Regel unbeachtet bleiben. Die eine war die veränderte Bevölkerungsentwicklung. War das Wirtschaftswachstum bis dahin durch ein fast ebenso dynamisches Bevölkerungswachstum zum erheblichen Teil wieder aufgezehrt worden, so näherten sich nun erstmals die Wachstumsraten der Volkswirtschaft insgesamt den Pro-Kopf-Wachstumsraten an. Dem Einzelnen kam die zunehmende Wirtschaftskraft unmittelbarer zugute als jemals zuvor, und er brauchte sie kaum mit anderen zu teilen. Hieran änderten auch der Nachkriegsbabyboom und die Zuwanderer, die ab 1960 nach Deutschland strömten, nur wenig. Während der ganzen zweiten Hälfte des 20. Jahrhunderts stieg die Bevölkerungszahl Deutschlands nur wenig stärker als zwischen 1900 und 1915.

Die zweite herauszuhebende Ursache war die bereits erwähnte Überführung von Schattenwirtschaft in Marktwirtschaft. Krieg und Nachkrieg hatten in weiten Teilen Europas, besonders aber in Deutschland, Teilbereiche der Wirtschaft zurückgleiten lassen in Eigenarbeit, hauswirtschaftliche Tätigkeit oder Nachbarschaftshilfe, aus denen sie im 19. Jahrhundert in die Marktwirtschaft aufgestiegen waren. Viele private

Haushalte waren – ähnlich wie in der agrarischen Gesellschaft des 19. Jahrhunderts – wieder ganz oder teilweise zu Selbstversorgern geworden, und die Tauschwirtschaft blühte. Unter Berücksichtigung der Reaktivierung dieser Bereiche für den Markt, die nicht immer gleichbedeutend war mit einer Verbesserung des Lebensstandards, nimmt sich die Wohlstandsexplosion der Nachkriegsjahre nicht ganz so spektakulär aus, wie die Zahlen nahe legen. Sie ist aber immer noch spektakulär genug.

Allein in den anderthalb Jahren von der Währungsreform im Juni 1948 bis zum Jahresende 1949 erhöhte sich in Westdeutschland das Volkseinkommen pro Kopf real um schätzungsweise ein Sechstel. Das war das Dreifache dessen, was auf ungefähr gleichem Niveau in den langen Friedensjahren von 1900 bis zum Ausbruch des Ersten Weltkriegs erreicht worden war. In den fünfziger Jahren stieg das reale Pro-Kopf-Einkommen rasant weiter. Was das Einkommen anging, veränderte sich in diesem einen Jahrzehnt für die Bevölkerung vieler Länder, insbesondere Deutschlands, fast ebenso viel wie in den vorangegangenen 150 Jahren, auch wenn noch einmal hervorzuheben ist, dass dieser Anstieg des Volkseinkommens nicht mit dem Anstieg des Lebensstandards gleichgesetzt werden kann. Letzterer verbesserte sich weniger dramatisch. Dennoch erhöhte er sich in historisch einzigartiger Weise.

Doch schon in den sechziger Jahren gingen die Wachstumsraten wieder zurück. Der Wirtschaftsmotor beschleunigte nicht mehr. Die Detonation vom Ende der vierziger Jahre verhallte, und ihre Schockwellen verebbten. Aber das Wachstum blieb hoch. In absoluten Zahlen stieg das Volkseinkommen pro Kopf real stärker als in den fünfziger Jahren, um insgesamt rund 4090 Euro im Geldwert des Jahres 2000. Nur mäßig abgeschwächt setzte sich dieser Trend bis in die erste Hälfte der siebziger Jahre fort. Entsprechend kräftig erhöhten sich die Einkommen und mit ihnen die Vermögen der Bevölkerung. Zwischen 1950 und 1975 stiegen die durchschnittlichen Nettoarbeitsentgelte auf mehr als das Dreifache. Die Bruttoarbeitsentgelte und die verfügbaren Einkommen der Haushalte erhöhten sich sogar auf annähernd das Vierfache, was im wesentlichen auf steigende Sozialtransfers und deren Finanzierung zurückzuführen war. So stieg die durchschnittliche Rente in der Arbeiterrentenversicherung – wiederum im Geldwert von 2000 – von durchschnittlich 125 Euro im Jahr 1950 auf 530 Euro im Jahr 1975. Sie erhöhte sich damit stärker als die Arbeitsentgelte.

Rückkehr zur Normalität

In den siebziger Jahren endete diese historisch einzigartige Periode stürmischen Wirtschaftswachstums in Deutschland, der Europäischen Union und anderen früh industrialisierten Regionen der Welt in einer spürbaren Rezession. Politik und Bevölkerung reagierten hierauf wie auf eine unverdiente Heimsuchung. Sie konnten kaum fassen, dass eine klar umrissene historische Phase ihren Abschluss gefunden hatte. Um das kaum Fassbare wenigstens begreiflich zu machen, wurden – wie oft in solchen Situationen – Verschwörungstheorien bemüht. Scheichs und Multis sollten durch eine perfide Erhöhung des Erdölpreises die westlichen Industrieländer ins Stolpern gebracht haben, und manche verinnerlichten diese Geschichte so sehr, dass sie sie auch heute noch gläubig nacherzählen. Sie haben sich offenbar nie die Frage gestellt, warum die Industrieländer nicht wieder Tritt fassten, nachdem der Ölpreis auf sein Ausgangsniveau und dann sogar weit darunter gefallen war. Der Preis für Erdöl konnte noch so tief sinken – zu den Wachstumsraten der fünfziger und sechziger Jahre kehrten die Industrieländer nie wieder zurück.

Doch die Politik beschränkte sich nicht auf trotziges Räsonieren. Zugleich stemmte sie sich mit allen Kräften gegen das Einschwenken der Wirtschaft auf einen ruhigeren und beständigeren Wachstumspfad. Unter den Wissenschaftlern fanden jene ein besonders lebhaftes Echo, die sich der Katastrophenstrategien eines John Maynard Keynes erinnerten, der in den dreißiger Jahren unter den Bedingungen einer lang anhaltenden, tiefen und weltweiten Depression dem Staat empfohlen hatte, sich von den Bürgern Geld zu borgen, es auszugeben und so die Wirtschaft anzukurbeln. Zwar konnte in den siebziger Jahren von einer solchen Depression keine Rede sein. Nur in einem einzigen Jahr, 1975, schrumpfte die Güter- und Dienstleistungsmenge. Ansonsten pendelten die Wachstumsraten um real 2,5 Prozent und erreichten einmal sogar 6 Prozent, immer pro Kopf einer zahlenmäßig wachsenden Bevölkerung. Ein derartiges Wachstum erschien vor dem Hintergrund vorangegangener Erfahrungen aber nicht ausreichend.

Der Staat sah sich bemüßigt, durch kreditfinanzierte Konjunkturprogramme die Wirtschaft anzuheizen. Wie viel oder ob er damit überhaupt etwas erreichte, ist bis heute umstritten. Gewiss ist, dass er nicht mehr als Strohfeuer entfachte. Die Wirtschaft reagierte nur kurzfristig. Als die Regierung zu Beginn der achtziger Jahre diesen Kampf gegen Windmühlenflügel aufgab, hatte sie mit ihrer keynesianischen Politik innerhalb von zehn Jahren den Wert der Mark um vierzig Prozent heruntergewirtschaftet und die Staatsschulden, gemessen am Bruttoinlandsprodukt, von 18,7 Prozent im Jahr 1971 auf 35,5 Prozent im Jahr 1981 annähernd verdoppelt. Dennoch hatte sich die Arbeitslosenquote von 0,9 Prozent auf 4,2 Prozent fast verfünffacht.[4] Helmut Schmidt hatte geglaubt, die Wahl zwischen fünf Prozent Arbeitslosen und fünf Prozent Inflation zu haben. Doch die hatte er nie.

Zur Wahl stand nur, das Ende atypischer Wachstumsbedingungen anzuerkennen oder den kostenintensiven und letztlich untauglichen Versuch zu unternehmen, dieses Ende hinauszuzögern. Entschuldigend ist anzumerken, dass sich fast alle Regierungen, gleichgültig welchem politischen Lager sie angehörten, ähnlich verhielten und sich auf diese Weise gegenseitig bestärkten. Hätten sie einfallsreicher und zugleich gelassener auf den Rückgang der Wachstumsraten reagiert, die Veränderungen im Bevölkerungsaufbau zur Kenntnis genommen und einen Taschenrechner zu Rate gezogen, wäre den früh industrialisierten Ländern einiges von dem erspart geblieben, worunter sie zum Teil heute noch leiden.

Mit Hilfe eines Taschenrechners wäre beispielsweise offenbar geworden, dass den Trends der unmittelbaren Nachkriegszeit keine Dauerhaftigkeit beschieden sein konnte. Denn wäre das Volkseinkommen im vierten Jahrhundertquartal mit den gleichen Raten wie im dritten gewachsen, betrüge es im heutigen Geldwert pro Kopf der Bevölkerung derzeit nicht 18 300 Euro, sondern 48 000 Euro, also das 2,6fache des tatsächlich Erwirtschafteten. Im Jahr 2001 hätten die Bruttoarbeitsentgelte der abhängig Beschäftigten bei durchschnittlich weit über 77 000 Euro und ihre Nettolöhne bei immerhin noch 49 000 Euro im Jahr und 4090 Euro im Monat gelegen. Unter Berücksichtigung von Transfereinkommen, wie Renten oder Kindergeld, sowie von Kapitaleinkommen, wie Sparzinsen, Dividenden und ähnlichem, stünden gegenwärtig jedem Einwohner Deutschlands im Durchschnitt 43 000 Euro im Jahr zur Verfügung, was sich bei einem dreiköpfigen Haushalt zu mehr als 10 225 Euro im Monat addieren würde.

Das alles ist zwar irgendwie vorstellbar und würde von vielen begrüßt werden. Aber wie realistisch ist es? Das Volkseinkommen hätte sich innerhalb von fünfzig Jahren pro Kopf vervierzehnfacht und damit stärker entwickelt als in der gesamten bekannten Menschheitsgeschichte. Wäre nur Deutschland auf diesem Wachstumspfad vorangeschritten, würde es den Rest der Welt heute turmhoch überragen. Mit einem Drittel der Bevölkerung und auf einem Sechsundzwanzigstel des Territoriums der USA würde ein Volkseinkommen erwirtschaftet, das bei etwa zwei Dritteln des US-amerikanischen läge. Und wären alle anderen früh industrialisierten Länder diesen Pfad mitgegangen, hätten sich entweder die Wirtschaftsstrukturen weltweit radikal verändern müssen, oder die Welt stünde jetzt vor gänzlich unlösbaren Umwelt- und Ressourcenproblemen.

Doch angenommen, alle diese Probleme wären lösbar gewesen: Irgendwann hätte der Trend brechen müssen. Würde nämlich die Wirtschaft auch in den nächsten fünfzig Jahren mit den westdeutschen Raten der fünfziger und sechziger Jahre des 20. Jahrhunderts wachsen, betrüge im Jahr 2050 das Volkseinkommen pro Kopf 665 000 Euro – im Geldwert von 2000. In der Lohntüte steckten im Durchschnitt 87 000 Euro im Monat, und jeder Bürger, vom Säugling bis zum Greis, könnte monatlich über gut 51 000 Euro verfügen, das heißt fast das Vierzigfache der heutigen Summe.

Alle diese Zahlen sind derart wirklichkeitsfern, dass sie getrost als Spielerei abgetan werden könnten, wenn sich nicht so viele in ihrem Gespinst verfangen hätten und sie das Fühlen, Denken und Handeln von Politik und Öffentlichkeit nicht so nachhaltig bestimmen würden. Noch immer wird den Wachstumsraten und Beschäftigungsbedingungen des dritten Jahrhundertquartals nachgetrauert, und zumindest in der Öffentlichkeit – am Stammtisch nimmt sich die Welt meist freundlicher aus – ist des Jammerns kein Ende. Mit Wachstumsraten, wie sie in den zurückliegenden 25 Jahren in Deutschland, Europa und weiten Teilen der Welt erzielt worden seien, könnten – so wird geklagt – die Arbeitslosigkeit nicht überwunden, die Völker nicht regiert und die Demokratie nicht gewährleistet werden. Die Bedingungen des dritten Jahrhundertquartals sind zum ehernen Maßstab für Erfolg oder Misserfolg geworden. Insbesondere die Deutschen ergehen sich gern in solchen Betrachtungen und sehen den wirtschaftlichen Niedergang ihres Landes zum Greifen nahe. »Vorsprung durch Panik«, spotten die Briten. Den Deutschen aber ist es bitterernst. Nur ändern wollen sie nichts. Jedenfalls nicht wirklich. Dazu haben sie sich im Bestehenden viel zu behaglich eingerichtet.

Reiche Deutsche

Die Oberflächlichkeit, vor allem aber die Folgenlosigkeit, mit der hierzulande Fragen von Wirtschaft und Beschäftigung oft behandelt werden, ist rational erstaunlich und emotional beklemmend. Gedankenlos werden Behauptungen aufgestellt, Theorien verkündet und Forderungen erhoben, die mit der Wirklichkeit unvereinbar sind. West- und Ostdeutsche unterscheiden sich hierin nur mäßig. Statt die Gegenwart anzunehmen, neigen beide dazu, ihre Vergangenheit zu verklären. Nicht wenige Ostdeutsche träumen noch immer von einem Arbeiter- und Bauernstaat, dessen wirtschaftliche und soziologische Wurzeln in Deutschland schon zu Beginn des 20. Jahrhunderts abgestorben und auch nicht wiederzubeleben waren. Und viele Westdeutsche haben sich mental in den sechziger und siebziger Jahren verankert, weshalb auch noch am Ende des 20. Jahrhunderts mit deren Beschwörung erfolgreich Wahlkämpfe bestritten werden konnten. Diese rückwärts gewandte Sichtweise ist ein gemeinsames Erbe der Deutschen, das ihnen oft genug den Blick nach vorn versperrt.

Die Zeit ist reif, einige Sachverhalte nüchtern zur Kenntnis zu nehmen, wobei ein unbefangener Blick auf das vierte Jahrhundertquartal durchaus hilfreich ist. Von 1975 bis 2000 nahm in Westdeutschland das reale Volkseinkommen pro Kopf jährlich um durchschnittlich knapp 1,8 Prozent zu. Damit wuchs es mehr als doppelt so schnell wie während des ganzen 19. Jahrhunderts[5] – dem Jahrhundert der Industrialisierung –, und das auf einem sechsmal so hohen Niveau. Im Geldwert von 2000 stiegen die verfügbaren Einkommen der privaten Haushalte pro Kopf von jährlich etwa 11040 Euro auf 16360 Euro. Allein dieser Zuwachs war höher als die Einkommen, die der Bevölkerung pro Kopf Ende der fünfziger Jahre zur Verfügung standen. Schwächer stiegen die Brutto- und noch schwächer die Nettoarbeitsentgelte. Doch umso reichlicher sprudelten Transfer- und Vermögenseinkommen.

Deutlich anders verlief die Entwicklung in Ostdeutschland. Von 1975 bis zur Wiedervereinigung wuchs die Wirtschaft extrem langsam. 1991 lag das ostdeutsche Pro-Kopf-Volkseinkommen bei einem Drittel des westdeutschen. Nur neun Jahre später, im Jahr 2000, hatte es jedoch bereits 61 Prozent erreicht. Noch geringer waren die Abstände bei Brutto- und Nettoarbeitsentgelten sowie den verfügbaren Einkommen der privaten Haushalte.

Diese Wirtschafts- und Einkommensentwicklung schlug sich in den privaten Vermögen und öffentlichen Einrichtungen nieder. Von 1950 bis 2000 versiebenfachten sich in Deutschland die realen Nettovermögen der privaten Haushalte von rund einer Billion Euro auf über 6,6 Billionen Euro,[6] wobei die Ostdeutschen trotz nach wie vor bestehender Unterschiede auch hier zügig aufholen. Während die Westdeutschen im statistischen Mittel pro Kopf über Vermögen in Höhe von etwa 93 000 Euro verfügen, liegt der ostdeutsche Vergleichswert bei knapp 36 000 Euro. 1990 lag er noch bei schätzungsweise 15 300 Euro.

Diese Vermögen bestehen im Westen gegenwärtig jeweils knapp zur Hälfte aus Immobilien sowie aus Geld- und Betriebsvermögen. Der Rest ist Sachvermögen, das sich aus Automobilen, Wohnungseinrichtungen und Ähnlichem zusammensetzt. Beim Sachvermögen haben die Ostdeutschen mit den Westdeutschen mittlerweile gleichgezogen. Beim Immobilienvermögen wird der Abstand rasch geringer. Nur beim Geld- und Betriebsvermögen liegen sie noch deutlich zurück. Dennoch hat sich der Anteil des Geldvermögens am Gesamtvermögensbestand der Deutschen von einem Viertel 1975 auf ein Drittel im Jahr 2000 erhöht – ein untrügliches Zeichen für den Rückgang dringend zu befriedigender Bedürfnisse. Die

Menschen müssen ihre Einkommen nicht mehr im Handumdrehen für Konsumzwecke oder Nutzvermögen wie Wohnungseinrichtungen oder ein Dach über dem Kopf ausgeben.

In die gleiche Richtung weist die sich ändernde Zusammensetzung des Warenkorbs. Um die Mitte des 19. Jahrhunderts gaben die privaten Haushalte ihr Einkommen fast vollständig für Lebensnotwendiges aus: Nahrung, Kleidung und Wohnung.[7] Bis 1900 war dieser Anteil auf drei Viertel, bis 1950 auf gut zwei Drittel und bis 2000 auf die Hälfte gesunken.[8] Entsprechend erhöhte sich der Einkommensanteil, der für Reisen, Kommunikation, Unterhaltung und Freizeitgestaltung zur Verfügung stand. In absoluten Zahlen haben sich im heutigen Geldwert die Mittel hierfür pro Kopf mit etwa 665 Euro im Monat seit 1900 verzehn- und seit 1950 mehr als versechsfacht.

Parallel dazu nahm die Versorgung der Bevölkerung mit öffentlichen Einrichtungen, wie Straßen, Schwimmbädern, Theatern, Museen und vielem anderen, ständig zu. Im Gegensatz zu manchen anderen früh industrialisierten Ländern muss in Deutschland nur ein recht geringer Teil der verfügbaren Einkommen und Vermögen für Bildung und Ausbildung, kulturelle Aktivitäten, Gesundheit und Alterssicherung, öffentliche Infrastruktureinrichtungen oder die allgemeine Wohlfahrt aufgewendet werden. Das ist die freundliche Kehrseite der hohen Abgabenlast: Nettoeinkommen und -vermögen können die privaten Haushalte im wesentlichen für individuelle Zwecke verwenden. Faktisch sind sie damit noch wohlhabender, als die statistischen Daten – besonders im internationalen Vergleich – zu erkennen geben.

Tatsache ist, dass Deutschland heute zu den reichsten Ländern der Welt zählt. Das betrifft nicht nur den materiellen Lebensstandard der Bevölkerung, sondern auch ihren Bildungs- und Gesundheitszustand sowie ihre Lebenserwartung. Weltweit gibt es nur eine Handvoll Länder, die es in allen diesen Bereichen mit Deutschland aufnehmen können. Das ist umso bemerkenswerter, als ein Fünftel der Bevölkerung, die Ostdeutschen, noch vor zehn Jahren im internationalen Vergleich nur einen mittleren Platz innehatte. Westdeutschland allein nähme heute – statistisch betrachtet – eine Spitzenstellung in der Welt ein.

Armut ist relativ

Was aber ist mit den Armen – hierzulande und in der weiten Welt? Diese Frage hat in unserer Gesellschaft einen hohen Stellenwert, der durch die Wohlstandsexplosion keineswegs relativiert wurde. Ständig wird Armut thematisiert und debattiert und in voluminösen Berichten abgehandelt. Die Politik und große Institutionen, allen voran die Kirchen und Wohlfahrtsverbände, haben sie zu einem ihrer zentralen Anliegen gemacht, und ihre Botschaft lautet: Die Zahl der Armen wächst, und Massenarmut ist eine reale Gefahr.

Dieser Botschaft liegen Zahlen zugrunde. Nach Angaben der Weltbank leben derzeit 29 Prozent der Weltbevölkerung in bitterer Armut. In Südasien und Schwarzafrika sollen es sogar rund vierzig Prozent sein.[9] Aber auch in der Europäischen Union sind laut Eurostat 26 Prozent der Bevölkerung als arm zu bezeichnen. Am ärmsten sind Briten und Iren, deren Armenanteil, der gleichen Quelle zufolge, bei 34 Prozent liegt. Da steht Deutschland mit nur 24 Prozent Armen noch vergleichsweise gut da. Nur in Italien und Griechenland sieht es noch besser aus. Dort ist nur jeder Fünfte arm.[10]

Das lässt aufhorchen. Offenkundig wird mit Armut ganz Unterschiedliches bezeichnet. In Indien oder Zaire steht sie für etwas anderes als in Deutschland oder Frankreich, aber auch dänische oder niederländische Armut unterscheidet sich erheblich von griechischer oder portugiesischer. Ähnliches gilt für den Armutsbegriff im Zeitablauf. Vor ein, zwei oder drei Generationen bedeutete Armut in Deutschland etwas grundlegend anderes als heute. Der Begriff steht also sowohl für unterschiedliche als auch für sich fortlaufend ändernde Sachverhalte. Wie ein Chamäleon passt er sich an Zeit und Raum an. Doch was Chamäleons nutzt, taugt nicht für Begriffe. Ein Begriff, der beliebige Inhalte transportiert, vermag keine Auskunft mehr zu geben.

Das war nicht immer so. Bis weit ins 20. Jahrhundert hinein bedeutete Armut in aller Regel existentielle Not. Der Begriff stand für Hunger, Kälte und Unbehaustheit. Dafür steht er mitunter auch heute noch, aber immer seltener und in keinem der früh industrialisierten Länder. In denen hungert und friert niemand mehr und ist niemand obdachlos – es sei denn, er will es so. Und selbst dann unternimmt die Gesellschaft alles, um ihn aus seiner Not zu drängen. Existenzielle Not ist ihr unerträglich. So sollte vor einiger Zeit ein Deutscher aus Schweden ausgewiesen werden, weil er das von ihm als zu hoch empfundene soziale Mindestniveau nicht akzeptierte. Es bedurfte eines speziellen Gnadenakts, damit er bescheidener weiterleben konnte, als die Gesellschaft für angemessen hielt.

Von Not sind die Menschen in den früh industrialisierten Ländern weit entfernt. Hier gilt als arm, wer einen überdurchschnittlichen Anteil seines Einkommens für lebensnotwendige Güter, insbesondere Nahrungsmittel, ausgibt. Arm ist auch, wer – regional und im Zeitablauf veränderlich – nur zwischen vierzig und sechzig Prozent des Durchschnittseinkommens erzielt oder zum einkommensschwächsten Fünftel, Viertel oder Drittel der Bevölkerung gehört. Und arm ist schließlich derjenige, der sich subjektiv arm fühlt. Theoretisch kann das auch der Millionär im Kreis von Multimillionären sein.

Alle diese Armutsdefinitionen sind im Gebrauch. Arm sein bedeutet danach, weniger als der Durchschnitt des jeweiligen gesellschaftlichen Bezugssystems zu besitzen. Dieses System ist in Deutschland ein anderes als in Frankreich, in Garmisch ein anderes als in Flensburg. Steigt – wie in Deutschland – das absolute Wohlstandsniveau für wirtschaftlich Starke und Schwache gleichermaßen auf das Vielfache, vermindert sich der Armenanteil dadurch nicht. Dieser sinkt nur, wenn die Einkommens- und Vermögensverteilung ausgeglichener wird. Armut steht in den früh industrialisierten Ländern ausschließlich für Ungleichheit, nicht für Bedürftigkeit oder gar Not.

Das hat zur Folge, dass Armut unter Umständen besonders rasch schwindet, wenn der Lebensstandard sinkt – vorausgesetzt, derjenige der Stärkeren sinkt noch schneller als jener der Schwächeren. Wo die große Mehrheit wirtschaftlich schwach ist, gibt es keine Armut mehr. Das illustrierte die frühere DDR. Formal gab es dort nur wenige Arme. Gemessen an westdeutschen Standards waren hingegen fast alle arm. Denn solange die DDR bestand, hatte der ostdeutsche Durchschnittshaushalt keine höhere Kaufkraft als der westdeutsche Sozialhilfehaushalt. Die Zahl derer, die als arm angesehen wurden, nahm in Ostdeutschland erst zu, als nach der Wiedervereinigung die Einkommen stiegen. Zwar stiegen auch die Einkommen der wirtschaftlich Schwächeren, aber sie stiegen weniger schnell als die Einkommen der Stärkeren. Trotzdem ist aufgrund der noch immer niedrigeren Einkommen der Armenanteil in Ostdeutschland gegenwärtig niedriger als in Westdeutschland, in Griechenland niedriger als in Dänemark.[11]

Gesagt wird Armut, gemeint ist Gleichheit

Der Armutsbegriff hat sich vom absoluten Wohlstandsniveau gelöst. Im Geldwert von 2000 kann beispielsweise ein einzelner Sozialhilfeempfänger heute ebenso viel ausgeben wie ein durchschnittlicher Vier-Personen-Arbeitnehmerhaushalt 1950 – etwa 610 Euro im Monat. Oder: Einem vierköpfigen Sozialhilfehaushalt steht heute ebenso viel zur Verfügung wie einem durchschnittlichen Vier-Personen-Arbeitnehmerhaushalt 1965. So gesehen, ist die große Mehrheit der heute über 40-Jährigen in Haushalten aufgewachsen, die nach der jetzt üblichen Terminologie Armenhaushalte waren, nur mit dem Unterschied, dass vor 35 Jahren diese »Armenhaushalte« Häuser und Eigentumswohnungen erwarben und jene Vermögen bildeten, deren Milliardenbeträge nun zur Vererbung anstehen.

Würde heute eine ähnliche Vermögensbildung von Sozialhilfehaushalten erwartet, würde unfehlbar der Vorwurf kaltherzigen Zynismus erhoben. Wie soll ein Haushalt, der nach eigenem Bekunden nur ausnahmsweise modische Markenartikel erwerben und allenfalls bescheidene Geburtstagsgeschenke machen kann, Vermögen bilden? Er ist doch kraft Definition arm und damit zur Vermögensbildung unfähig. Sollte er es dennoch versuchen, würde er unverzüglich mit einer Minderung der Sozialhilfeleistungen bestraft. Auf diese Weise wurden binnen weniger Jahrzehnte ganz normale Durchschnittshaushalte, die ihre Kinder großzogen, Reihenhäuschen abbezahlten, Kleinwagen polierten und Urlaubsreisen unternahmen, kurz, ein rundum mündiges Leben führten, zu umfassend betreuungs- und lenkungsbedürftigen Armenhaushalten herabgestuft. Nichts kann das Widersinnige dieser Entwicklung schlaglichtartiger beleuchten als die Tatsache, dass die steigende wirtschaftliche Leistungsfähigkeit der Haushalte deren Stellung gegenüber dem Staat und dessen Wohlfahrtseinrichtungen nicht etwa gestärkt, sondern geschwächt hat. Der Anteil angeblich betreuungsbedürftiger Armer wächst.

Wie willkürlich die ganze Armutsdebatte ist, verdeutlicht auch ein Blick über die Grenzen. Obwohl Deutschlands östliche Nachbarn schon in einigen Jahren Mitglieder der Europäischen Union sein werden, scheint es nur wenige zu stören, dass dort Ingenieure, Ärzte oder Universitätsprofessoren Einkommen erzielen, deren Kaufkraft nicht höher ist als diejenige deutscher Sozialhilfeempfänger. Aber auch innerhalb der bestehenden Union ist das Gefälle beträchtlich. Der portugiesische Durchschnittshaushalt hat weniger, der spanische nur wenig mehr als der ärmste in Deutschland.[12] Kein Wunder also, wenn Menschen nach Deutschland und in die EU drängen, um hier »arm« sein zu können. Für sie bedeutet diese Art von Armut einen steilen wirtschaftlichen Aufstieg. Nicht von ungefähr ist heute knapp jeder vierte Sozialhilfeempfänger Ausländer.[13]

Die Völker der Europäischen Union wie anderer früh industrialisierter Länder kann es mit Genugtuung erfüllen, in ihren Ländern Not und Bedürftigkeit – von kleinen Resten abgesehen – überwunden zu haben. Die Deutschen haben sich dabei besonders hervorgetan. Von allen EU-Mitgliedern behandeln nur Dänen und Luxemburger ihre wirtschaftlich Schwachen noch großzügiger. Alle anderen halten sie knapper. In Deutschland erhält ein Vier-Personen-Sozialhilfehaushalt rund 73 Prozent des Erwerbseinkommens eines durchschnittlichen Vier-Personen-Arbeiterhaushaltes.[14] In Großbritannien liegt dieser Anteil bei nur 68, in Frankreich bei 56 und in Italien bei 48 Prozent. Selbst die wohlhabenden US-Amerikaner begrenzen ihre Zuwendungen auf 45 Prozent.

Dieser Befund legt nahe, in Deutschland und weiten Teilen der Europäischen Union auf den Begriff der Armut für die Beschreibung hier herrschender Zustände zu verzichten. Das wäre ein Akt der sozialen Hygiene und Gerechtigkeit denen gegenüber, die in unserer eigenen Geschichte Not gelitten haben und in anderen Weltregionen heute noch Not leiden. Wenn sich der Nachfahre eines schlesischen Webers aus dem 19. Jahrhundert oder der spanische Cousin eines philippinischen Reisbauern noch immer als arm bezeichnet, ist das eine Missachtung derer, die nicht zuletzt durch ihre Not den heutigen hohen Lebensstandard in den früh industrialisierten Ländern ermöglicht haben. Hier genießen die wirtschaftlich Schwächsten inzwischen einen Wohlstand, von dem ihre Vorfahren nicht zu träumen wagten und der für viele Zeitgenossen noch immer eine Art Fata Morgana darstellt. Wenn in den früh industrialisierten Ländern heute zum Kampf gegen heimische Armut aufgerufen wird, geht es in Wirklichkeit nicht um Armut, sondern um materielle Gleichheit. Die Sinnhaftigkeit dieses Unterfangens kann bezweifelt werden. Aber es ist legitim. Doch sollte das Ziel dann auch zutreffend benannt werden. Von Armut zu sprechen und materielle Gleichheit zu meinen, ist begriffliche Falschmünzerei, die den gesellschaftlichen Diskurs in die Irre führt.

Wachsende Kluft zwischen Arm und Reich

Anders als in den früh industrialisierten Ländern herrscht in weiten Teilen der Welt ganz ohne Zweifel noch wirkliche Not, auch wenn niemand, wie oft behauptet wird, von einem US-Dollar oder weniger am Tag sein Leben fristen muss. Was mit diesem Dollar zum Ausdruck gebracht wird, ist nur die Spitze eines ökonomischen Eisbergs, der zum größten Teil unsichtbar bleibt. Gerade in den ärmeren Ländern leben die Menschen von Eigenarbeit und Tauschgeschäften, die in keine volkswirtschaftliche Gesamtrechnung eingehen. Gingen sie in diese Rechnungen ein, würde deutlich, dass selbst den Ärmsten der Armen ein Mehrfaches dessen zur Verfügung steht, was ihnen die offizielle Statistik zubilligt. Dennoch leiden viele unbestreitbar existenzielle Not.

Doch diese Not ist heute zumeist geringer als noch vor wenigen Jahrzehnten. Die Wohlstandsexplosion, die sich nach dem Zweiten Weltkrieg in den früh industrialisierten Ländern ereignete, hat nicht nur deren Entwicklung, sondern auch die der übrigen Welt kraftvoll angeschoben. Allein zwischen 1950 und 2000 hat sich der Wert der weltweit erzeugten Güter und Dienste, das Weltsozialprodukt, trotz des starken Bevölkerungswachstums pro Kopf real verdreifacht. An diesem Weltsozialprodukt hatten die früh industrialisierten Länder 1950 einen Anteil von 84 Prozent und 1975 von 82 Prozent; gegenwärtig liegt er nur noch bei 72 Prozent. Im vierten Jahrhundertquartal begannen also die Nachzügler deutlich aufzuholen. Ihr Sozialprodukt ist heute real fast elfmal so groß wie vor fünfzig Jahren und pro Kopf immerhin noch viermal so groß.[15] Das entspricht einer durchschnittlichen Wachstumsrate von jährlich fünf Prozent beziehungsweise von knapp drei Prozent pro Kopf. Die Wirtschaft der Entwicklungsländer ist damit im zurückliegenden halben Jahrhundert pro Kopf dreieinhalbmal so schnell gewachsen wie die deutsche während der Industrialisierung im 19. Jahrhundert.

Zwar ist ein beachtlicher Teil dieses Wachstums ebenso wie in Europa während des 19. Jahrhunderts und nach dem Zweiten Weltkrieg auf die zunehmende Monetarisierung der Volkswirtschaften zurückzuführen und deshalb die Verbesserung der Lebensbedingungen geringer zu veranschlagen, aber dennoch hat sich der Wohlstand der Weltbevölkerung substanziell erhöht. Das zeigen nicht nur die Wirtschaftsdaten. Noch aussagekräftiger sind der allgemein bessere Bildungs- und Gesundheitszustand und vor allem die deutliche Zunahme der Lebenserwartung. Diese ist heute in den Entwicklungsländern so hoch wie in Deutschland um 1940.[16] Wirtschaftlich liegen sie etwas weiter zurück. Doch abgesehen von den zwölf ärmsten Ländern, von denen elf in Schwarzafrika liegen, ist auch hier ein Niveau erreicht, das dem Niveau der Deutschen und Westeuropäer in der zweiten Hälfte des 19. Jahrhunderts entspricht.[17] Wir brauchen also in unserer eigenen Geschichte gar nicht weit zurückzugehen, um dort anzukommen, wo sich das Gros der Weltbevölkerung gegenwärtig befindet. Was aber bedeutet das für die Beantwortung der Armutsfrage?

Relativ ist der Abstand zwischen Reich und Arm in den zurückliegenden fünfzig Jahren nur wenig geringer geworden. Absolut haben die Armen aber pro Kopf viermal so viel wie damals. Ihr Lebensstandard ist heute weithin beträchtlich höher als vor ein oder zwei Generationen. Dem steht nicht entgegen, dass sich der absolute Abstand zu den Reichen vergrößert hat. 1950 standen den Bevölkerungen der früh industrialisierten Länder im Geldwert von 1997 4500 US-Dollar pro Kopf und Jahr mehr zur Verfügung als den Bevölkerungen der spät industrialisierten Länder. Heute liegt die Differenz bei 17000 US-Dollar, also knapp dem Vierfachen. Doch was folgt daraus?

Lebten die Bevölkerungen der spät industrialisierten Länder in einer Welt für sich, wäre ihre Wohlstandsentwicklung außerordentlich eindrucksvoll. Sie könnte bestaunt werden wie die der Europäer im 19. Jahrhundert. Nur im Vergleich zu den früh industrialisierten Ländern liegen sie zurück. Im gängigen Sprachgebrauch sind sie sogar ärmer geworden, weil die absoluten Unterschiede gewachsen sind. Das könnte auch, muss aber nicht der Trend der Zukunft sein. Zwei ähnlich einsichtige Szenarien stehen einander gegenüber:

Im ersten Szenario führen in den früh industrialisierten Ländern die starke Alterung und zahlenmäßige Abnahme der Bevölkerungen zum raschen Rückgang der relativen Wachstumsraten. In den spät industrialisierten Ländern bleiben diese hingegen wegen der wesentlich jüngeren und bis auf weiteres expandierenden Bevölkerungen hoch. Der Lebensstandard nähert sich dadurch weltweit an. Das Gefälle zwischen Reich und Arm wird flacher. Die Folge ist ein Rückgang der Migrationsströme.

Im zweiten Szenario ziehen die früh industrialisierten Länder die besten Köpfe aus der ganzen Welt an, was ihrer wirtschaftlichen Entwicklung Schubkraft verleiht, während diejenige der spät industrialisierten Länder gedämpft wird. Dadurch vergrößert sich der Abstand zwischen Arm und Reich weiter. Die politischen und militärischen Spannungen wachsen, die Migrationsströme schwellen an, die Gefahr von Konflikten nimmt zu. Entsprechend steigt in den früh industrialisierten Ländern der Aufwand für die Bewältigung solcher Konflikte. Vernünftig wäre es, solchen Entwicklungen vorzubeugen. Ob der Weg der Vernunft beschritten wird, ist jedoch zweifelhaft.

Arbeit, Arbeit, Arbeit

Doch vorerst beschäftigen die Bevölkerungen der früh industrialisierten Länder weniger grundsätzliche Fragen. Ihnen geht es nicht mehr vorrangig um die Erhaltung und Mehrung ihres Wohlstands, sondern um die Überwindung von Arbeitslosigkeit. Diese ist seit Mitte der siebziger Jahre in Westdeutschland und der Europäischen Union und seit dem Fall der Mauer auch in Ostdeutschland sowie Mittel- und Osteuropa das alles beherrschende Thema – jedenfalls in der veröffentlichten Meinung. Aus Letzterer gewinnt man den Eindruck, als würde die Mehrheit der Erwerbsbevölkerung ständig um Arbeitsplätze barmen und nur eine Minderheit sei auskömmlich beschäftigt. Das öffentliche Bewusstsein spiegelt das wider. Ende der neunziger Jahre machte sich in Deutschland mehr als die Hälfte der Bevölkerung große Sorgen um die Arbeitslosigkeit, und 84 Prozent glaubten, dass von ihrem Rückgang die Zukunft des Landes abhinge.[18] Weder dem Nachwachsen künftiger Generationen noch der Entfaltung von Bildung und Wissenschaft sowie Kunst und Kultur, noch der Gesundung der Umwelt wird von der Bevölkerung ähnliche Bedeutung beigemessen.

Die Politik trägt dem Rechnung und heizt damit die Stimmung an. Unverdrossen plakatiert sie »Arbeit, Arbeit, Arbeit«, preist Arbeitsplätze als die schönsten Plätze im Land, schmiedet Bündnisse für Arbeit und geißelt die Arbeitslosigkeit als die schlimmste Heimsuchung der Deutschen und Europäer. Martialisch bläst sie zum Kampf gegen die Arbeitslosigkeit und für mehr Beschäftigung. Dabei entgeht ihr, wie vergangenheitsbezogen das alles ist. Denn ebenso tiefgreifend, wie sich der Bevölkerungsaufbau und der materielle Wohlstand verändert haben, haben sich Erwerbsarbeit und Arbeitslosigkeit gewandelt. Sie sind nicht mehr, was sie noch vor 25 Jahren waren. Doch die Politik und große gesellschaftliche Institutionen wie die Gewerkschaften haben hiervon kaum Notiz genommen. Sie handeln noch immer so, als gelte es, die Schlachten des 19. Jahrhunderts zu schlagen.

Das macht die ganze Arbeitsmarktdiskussion wirklichkeitsfern. Unüberhörbar schwingen in ihr Massenpsychosen, ja Massenhysterie mit. Rational ist sie nur noch bedingt nachvollziehbar. Der berühmte Mann auf der Straße empfindet offenbar ähnlich. Lenkt er den Blick auf seine individuelle Situation, ist er plötzlich viel gelassener. Da sehen nur noch sechs Prozent in West- und zwanzig Prozent in Ostdeutschland ihren Arbeitsplatz gefährdet, und 25 Prozent meinen, im Fall eines Arbeitsplatzverlustes leicht eine neue Stelle finden zu können.[19] Die Fakten geben ihnen Recht. Längere Arbeitslosigkeit ist ein Schicksal, das in den meisten früh industrialisierten Ländern nur wenige trifft und das keineswegs wahllos zuschlägt.

Politik und Öffentlichkeit wären gut beraten, wenn sie nicht ständig um die Arbeitslosigkeit kreisten, sondern sich auch einmal mit der Erwerbssituation befassten. Dann würden sie sehen, dass noch nie zuvor die Erwerbsbevölkerungen Deutschlands und Europas über so viele produktive, gut bezahlte, gesellschaftlich angesehene, sichere und sinnstiftende Arbeitsplätze verfügten wie gegenwärtig und sich die Erwerbsarbeit im historischen und internationalen Vergleich hierzulande und in vielen Nachbarländern auf einem Gipfelpunkt befindet. Damit ist nicht gesagt, dass im Bereich der Erwerbsarbeit nichts zu verbessern ist. Alles Menschenwerk ist verbesserungsfähig, folglich auch die menschliche Arbeit. Aber es trägt nachhaltig zum inneren Gleichgewicht einer

Gesellschaft bei, wenn sie an ihre Aufgaben realistische Maßstäbe anlegt und nicht irgendwelche Luftschlösser zu bauen versucht. Solche Maßstäbe liefert der Blick zurück und über die eigenen Grenzen hinaus. Dies vermag zwar den hier und jetzt Arbeitslosen keinen Trost zu spenden. Aber es hilft, die Einsicht in das zu schärfen, was Menschen vermögen.

In der vorindustriellen Phase im 18. Jahrhundert gab es nur nach verlustreichen Kriegen oder Epidemien Arbeit für alle. Für die übrige Zeit wird der Anteil der Bevölkerung ohne halbwegs verlässliche Subsistenzgrundlage auf vierzig bis sechzig Prozent beziffert.[20] Bis zu einem Fünftel der Haushalte lebte von Almosen oder Betteln. Um 1800 erhielt beispielsweise in Berlin ein Drittel der größtenteils erwerbsfähigen und -willigen Bevölkerung – der Bevölkerungsteil der nicht mehr erwerbsfähigen Alten spielte zahlenmäßig noch keine Rolle – Armenunterstützung.[21]

In der ersten Hälfte des 19. Jahrhunderts hatten ein bis zwei Drittel der Erwerbsbevölkerung kein regelmäßiges und gesichertes Einkommen. Arbeitslosenquoten von zehn bis fünfzehn Prozent waren die Norm.[22] Etwa alle zehn Jahre versanken weite Teile Europas in tiefe Krisen, die einhergingen mit Massenarbeitslosigkeit. Sie trug maßgeblich zu den breiten Auswandererströmen bei, die damals Deutschland und Europa verließen. Erst in der zweiten Hälfte des 19. Jahrhunderts verbesserte sich die Beschäftigungslage so weit, dass keine Massenarbeitslosigkeit mehr auftrat. Arbeitslosigkeit als solche blieb aber allgegenwärtig.

Dabei war bis weit ins 20. Jahrhundert hinein die Mehrzahl der Arbeitsplätze nicht erst aus heutiger Sicht von geringer Qualität. Gute Arbeit war immer rar. Entsprechend groß waren die Anstrengungen der Menschen, eine solche Arbeit zu finden. Viele Tätigkeiten waren so unproduktiv und schlecht bezahlt, dass sie die Arbeitenden nicht hinreichend ernährten. Selbst anstrengende und schwierige Tätigkeiten warfen oft nur ein Existenzminimum ab. Der Kapitalismus, so klagten die Kathedersozialisten im 19. Jahrhundert, könne noch nicht einmal die Arbeitskräfte am Leben erhalten, die er für die Produktion benötige. Schwere Berufskrankheiten und ein arbeitsbedingter früher Tod waren bis weit ins 20. Jahrhundert verbreitet. Nach dem gesellschaftlichen Ansehen eines Arbeitsplatzes, Arbeitsplatzsicherheit oder gar dem durch Arbeit vermittelten Lebenssinn fragte die große Mehrzahl der Beschäftigten nicht.

Vollbeschäftigung gab es in der ersten Hälfte des 20. Jahrhunderts in Deutschland und weiten Teilen Europas wiederum nur in den Kriegsjahren von 1915 bis 1918 und von 1939 bis 1945 – was für eine Vollbeschäftigung! Erst in der zweiten Hälfte änderte sich die Lage, wenn auch nur scheinbar. In Westdeutschland und dem größeren Teil Westeuropas gab es rund zwölf Jahre lang, von Anfang der sechziger bis in die frühen siebziger Jahre, Arbeit für alle, in Ostdeutschland sowie Mittel- und Osteuropa sogar fast vierzig Jahre lang von 1950 bis Ende der achtziger Jahre. Doch weder die eine noch die andere Vollbeschäftigungsphase taugt als arbeitsmarktpolitisches Leitbild.

Vollbeschäftigung im Westen

Die zwölfjährige Vollbeschäftigungsphase in Westdeutschland hatte soziokulturelle, demographische und ökonomische Gründe, und zwar – entgegen einem verbreiteten Irrtum – in dieser Reihenfolge. Weit an der Spitze stand der außergewöhnlich starke Rückgang der individuellen Arbeitszeit. Sie verminderte sich allein von Mitte der fünfziger bis Anfang der sechziger Jahre um ein Neuntel von 2360 auf 2100 Jahresarbeitsstunden pro Erwerbstätigen. Das war der stärkste Rückgang während der zweiten Hälfte des 20. Jahrhunderts. Er entsprach dem Arbeitseinsatz von rund 2,9 Millionen Erwerbstätigen. Zwar verlangsamte sich dieser Trend mit Beginn der sechziger Jahre, aber sein Schub wirkte noch während des ganzen Jahrzehnts fort.

Parallel dazu verminderte sich die Erwerbsbeteiligung der Erwerbsfähigen von 71 auf 69 Prozent. Vor allem jüngere und ältere Männer standen dem Arbeitsmarkt nicht mehr im bisherigen Umfang zur Verfügung. Die jüngeren durchliefen längere Ausbildungsgänge, die älteren genossen einen früheren Ruhestand. Aber auch Frauen, vor allem verheiratete, zogen sich von der Erwerbsarbeit in die Familie zurück – Nebenwirkung des gleichzeitigen Babybooms. Dabei wurden sowohl die Verminderung der individuellen Arbeitszeit als auch der Abbau der Erwerbsbeteiligung als sozialer Fortschritt angesehen, der zum Teil hart erkämpft wurde.

Verstärkt wurden die Beschäftigungswirkungen dieser soziokulturellen Verhaltensänderungen durch Verschiebungen im Bevölkerungsaufbau. Wegen der Millionen von Kriegstoten des Zweiten Weltkriegs und der Geburtenausfälle infolge des Ersten Weltkriegs war in den sechziger Jahren der Erwerbsfähigenanteil auf einen Tiefpunkt gesunken, über den auch Zuwanderer, so genannte Gastarbeiter, nur teilweise hinweghalfen. Einschließlich dieser Gastarbeiter lag der Erwerbsfähigenanteil zu Beginn der siebziger Jahre nur noch bei knapp 64 Prozent. Am Anfang jenes Jahrzehnts waren es noch reichlich 68 Prozent gewesen. Die westdeutsche Vollbeschäftigungsphase kann damit zum Teil auch als Nachbeben der beiden vorangegangenen Kriege angesehen werden.

Allerdings hätten die soziokulturellen und demographischen Veränderungen keine Vollbeschäftigung bewirkt, wenn nicht zugleich die Nachfrage nach Arbeitskräften hoch gewesen wäre. Wohl war das stärkste Wirtschaftswachstum in den sechziger Jahren bereits vorüber, aber es gab in Deutschland noch viel zu tun. Der Bedarf an lebensnotwendigen oder zumindest sehr erstrebenswerten Gütern war nach wie vor ungesättigt. Die sechziger Jahre waren die Zeit intensiver Bau-, zumal Wohnungsbauaktivitäten und der Massenmotorisierung, einschließlich der Schaffung autogerechter Städte und endloser Straßenkilometer. Wohnung und Auto trugen damals zu mehr als der Hälfte zum Wirtschaftswachstum bei. Daneben wirkten sich die Remonetarisierung von Eigenarbeit und hauswirtschaftlichen Tätigkeiten, die Wiedereröffnung ausländischer Märkte und die massive Unterbewertung der Mark weiterhin positiv auf die Beschäftigungssituation aus. Zudem kam ein tiefgreifender Wertewandel zum Tragen, durch den der Konsum materieller Güter einen hohen Stellenwert erlangte.

Dies alles zusammen ließ die Wirtschaft brummen. Dennoch entstand dadurch keine zusätzliche Arbeit. Das Arbeitsvolumen, gemessen in effektiv geleisteten Arbeitsstunden, ging, einem jahrzehntelangen stabilen Trend folgend, auch in der Phase der Vollbeschäftigung ständig zurück. Von 1960 bis 1972 verminderte es sich pro Erwerbstätigen um rund ein Achtel von 2154 auf 1900 Jahresarbeitsstunden, pro Kopf der Bevölkerung sogar um ein Fünftel von über 1000 auf reichlich 800 Stunden im Jahr. Zwar hat hierzu auch der Rückgang des Arbeitskräfteangebots beigetragen. Aber auch ohne diesen Rückgang wäre mit größter Wahrscheinlichkeit der Jahrhunderttrend der Schrumpfung des Arbeitsvolumens nicht angehalten oder gar umgekehrt worden.

Die Vollbeschäftigung der sechziger Jahre ist somit das Ergebnis zweier unterschiedlicher Entwicklungsgeschwindigkeiten: Das Arbeitskräfteangebot sank aufgrund soziokultureller und demographischer Veränderungen schneller als die Nachfrage nach Arbeitsleistungen. Aber auch Letztere ging zurück. Diese Einsicht ist wesentlich für die gesamte Beschäftigungsdebatte, in der bis heute häufig davon ausgegangen wird, eine boomende Volkswirtschaft ließe mit einer gewissen Automatik das Arbeitsvolumen anschwellen. Die einzige westdeutsche Vollbeschäftigungsphase liefert hierfür nicht den geringsten Anhaltspunkt.

Hinzu kommt, dass viele der damaligen Arbeitsplätze so

beschaffen waren, dass die heutige Erwerbsbevölkerung einen weiten Bogen um sie machen würde. Im industriellen Bereich wurden den Menschen auch noch in den sechziger Jahren oft enorme Strapazen zugemutet, und im Agrar- und Dienstleistungsbereich gab es ein Heer von Arbeitskräften, die als Knechte und Mägde, Tankstellenbedienstete und Hausgehilfinnen oft einfachste, schlecht bezahlte Tätigkeiten verrichteten. Darüber hinaus gab es viele Selbständige, die mit kleinen Ladengeschäften und Handwerksbetrieben eher bescheidene Existenzen fristeten. Überschlägig übte im dritten Jahrhundertquartal mindestens ein Viertel der Erwerbsbevölkerung solche aus heutiger Sicht unattraktiven Tätigkeiten aus. Aus der Nähe betrachtet, war die Qualität des Arbeitsmarkts, gerade auch während der Zeit der Vollbeschäftigung, keineswegs so gut, wie sie uns jetzt mitunter erscheinen mag.

Als in den siebziger Jahren die Arbeitslosigkeit wieder stieg, wurde hierfür fast ausschließlich die abflachende Wachstumsdynamik verantwortlich gemacht und gefolgert, mit der Wiedererlangung dieser Dynamik könne auch die Vollbeschäftigung wiederhergestellt werden. Auf die höchst nachteiligen Folgen dieser Politik wurde bereits hingewiesen, ebenso auf die Tatsache, dass sie die Beschäftigungssituation kurzfristig kaum verbesserte und mittel- und langfristig sogar verschlechterte. Ihr Mangel war, dass sie die Umkehr der Wirkungen jener Faktoren übersehen hatte, die in den sechziger Jahren zur Vollbeschäftigung geführt hatten: Die Verringerung der individuellen Arbeitszeit verlangsamte sich, die Erwerbsbeteiligung, namentlich von Frauen, nahm wieder zu, und der Erwerbsfähigenanteil stieg stark an. Damit erhöhte sich das Arbeitskräfteangebot, während die Arbeitskräftenachfrage oder, genauer gesagt, das nachgefragte Arbeitsvolumen weiter auf abschüssiger Bahn blieb. Hierdurch öffnete sich eine Schere, die sich bis heute nicht geschlossen hat.

Welche Lehren lassen sich hieraus für die Gegenwart ziehen? Im Grunde nur eine sehr banale: Sinkt das Angebot an

Arbeitskräften schneller als die Nachfrage, ist das gut für die Beschäftigung. Das wussten auch schon die Gelehrten und Gewerkschaftsführer, die im 19. Jahrhundert die Arbeiter aufriefen, sich rar zu machen und weniger Kinder in die Welt zu setzen. Und genau das war die Beschäftigungspolitik, die die deutschen Gewerkschaften und große Teile der Politik bis in die jüngste Zeit verfolgt haben. Deshalb forderten sie die 37-, 35-, 32- und 30-Stunden-Woche, die Rente mit 60, 57 und 55 Jahren, Bildungsurlaub, mehr Erholungsurlaub und anderes mehr. Immer ging es um die Verknappung der Zahl der Arbeitskräfte beziehungsweise der von ihnen erbrachten Arbeitsmenge.

Mittlerweile wächst allerdings die Einsicht, dass diese Strategie, die den Westdeutschen zwölf Jahre lang Vollbeschäftigung brachte, in eine Sackgasse geführt hat. Denn anders als in den sechziger Jahren schwinden jetzt mit dem Arbeitsvolumen auch die Arbeitseinkommen. Das war weder gewollt noch vorhergesehen. Die Beschäftigten gehen den bisherigen Weg nicht mehr mit. Was aber dann? Können vielleicht aus den vierzig Jahren Vollbeschäftigung in der früheren DDR Lehren gezogen werden?

Vollbeschäftigung im Osten

Die anhaltende Vollbeschäftigung in der früheren DDR hat einen anderen Hintergrund als die westdeutsche. Nur im Bereich des Bevölkerungsaufbaus gab es zwischen Ost und West Übereinstimmungen. Hinzu kamen wirtschaftliche, ideologische und machtpolitische Gründe, für die es in Westdeutschland keine Entsprechung gab. Beim Bevölkerungsaufbau hatte die DDR in den sechziger und frühen siebziger Jahren den gleichen kriegsbedingten Einbruch des Erwerbsfähigenanteils zu verkraften wie Westdeutschland. Doch lag aufgrund der lebhaften Ost-West-Wanderung der ostdeutsche Erwerbsfähigenanteil schon 1950 unter dem westdeutschen. Bis zum Mauerbau, 1961, vergrößerte sich der Abstand auf vier Prozent. Dieser Abstand wurde bis zur Wiedervereinigung nur verringert, aber nie beseitigt. In der DDR war der Anteil Erwerbsfähiger an der Bevölkerung stets kleiner als in Westdeutschland, was ihre formale Vollbeschäftigungspolitik zweifellos erleichtert hat.

In wirtschaftlicher Hinsicht sah sich die DDR-Führung veranlasst, den chronischen Kapital- und im Lauf der Zeit auch zunehmenden Wissensmangel durch den verstärkten Einsatz von Arbeitskräften auszugleichen. Allerdings ist damit nicht zu erklären, warum in Ostdeutschland annähernd neunzig Prozent und nicht wie in anderen entwickelten Industrieländern sechzig bis siebzig Prozent der 15- bis 65-Jährigen einer Erwerbsarbeit nachgingen. Die extrem hohe Erwerbstätigenquote der DDR war nämlich, wirtschaftlich betrachtet, kontraproduktiv. Sie bedeutete die Integration vieler gering qualifizierter und motivierter Arbeitskräfte in die Erwerbsbevölkerung und eine Verzettelung der ohnehin schwachen Kapitalausstattung pro Arbeitsplatz. Dadurch sanken Produktivität und Wettbewerbsfähigkeit. Die Betriebsleitungen wussten, dass viele ihrer Mitarbeiter nur zum Schein beschäftigt waren. Aber die DDR-Führung nahm das in Kauf. In erster Linie verfolgte sie nämlich mit ihrer Vollbeschäftigungspolitik nicht wirtschaftliche, sondern ideologische, vor allem aber machtpolitische Ziele.

Ideologisch war die DDR durchdrungen vom Marxismus-Leninismus, der unter anderem lehrt, dass nur die Arbeit den Menschen zum Menschen mache. Dabei wurde Arbeit fast ausschließlich als Erwerbsarbeit interpretiert, so dass möglichst jeder an ihr beteiligt werden musste, um sein Menschsein entfalten zu können. Mitunter war das ganz aufrichtig gemeint. Doch die Ideologie ging auf im Machtkalkül.

Machtpolitisch ging es darum, durch die Einbeziehung möglichst aller 15- bis 64-Jährigen in ein staatlich geplantes, gesteuertes und überwachtes Organisationsgefüge die Bevölkerung fest im Griff zu halten. Die Erwerbsarbeit eignete sich hierfür bestens. Sie ließ nicht nur existenzielle wirtschaftliche und soziale Abhängigkeiten entstehen, sondern bot auch umfassende Kontrollmöglichkeiten, die leicht ins Private ausgedehnt werden konnten. Darüber hinaus war sie ein gesellschaftlich gefälliges Herrschaftsinstrument. Wer konnte schon etwas gegen die Allgegenwart von Erwerbsarbeit einwenden? Die DDR-Führung schmückte sich sogar mit ihr, und der Westen war einfältig genug, diesen Schmuck zu bestaunen. Aus kritischer Distanz wäre ihm nicht entgangen, dass in der DDR die Erwerbsarbeit – neben den Bildungseinrichtungen vom Kindergarten bis zur Universität – das wichtigste Instrument war, mit dem das Regime vierzig Jahre lang seine Macht ausübte.

Diese Befrachtung der Erwerbsarbeit mit Funktionen politischer Steuerung und Kontrolle minderte ihre Effizienz. Das wirtschaftliche Ergebnis des hohen Arbeitseinsatzes war nicht zuletzt deshalb bescheiden. Dadurch geriet die DDR-Führung in eine Zwickmühle. Solange sie die Erwerbsarbeit als machtpolitisches Steuerungs- und Kontrollinstrument benutzte, verursachte sie Wohlstandseinbußen, gegen die über kurz oder lang die Bevölkerung aufbegehren musste. Verzichtete sie jedoch darauf, über Erwerbsarbeit Macht auszuüben, schwächte sie die Grundlagen ihrer autoritären Herrschaft. Aus dieser Zwickmühle fand sie keinen Ausweg. Bis zum Schluss hielt sie an der Erwerbsarbeit als ihrem wichtigsten Herrschaftsinstrument fest und ging damit den Weg aller autoritären Regime. Sie alle führen das Volk an der kurzen Leine staatlich organisierter Vollbeschäftigung. Daher ist diese in autoritären Staaten weitaus verlässlicher anzutreffen als in freiheitlich-demokratischen Gemeinwesen. Sie ist geradezu ein Wesensmerkmal von Diktaturen. Schon um des Machterhalts willen wollen die Herrschenden, dass alle in die von ihnen organisierte Erwerbsarbeit einbezogen sind, unabhängig davon, ob sie wirtschaftlich sinnvoll ist oder nicht. Die Bevölkerung wird beschäftigt. Aber sie zahlt dafür mit der Freiheit, nach ihren individuellen Vorstellungen lernen, arbeiten, konsumieren, investieren und leben zu können.

Deshalb entbehrt es nicht einer gewissen Tragik, dass viele Ost- und manche Westdeutsche das Ende der ostdeutschen Vollbeschäftigung 1990 ausschließlich als Verlust erlebten. Gewiss konnte die Schließung eines Betriebes oder der Wegfall von Arbeitsplätzen für die Betroffenen hart sein. Darüber darf jedoch nicht aus dem Blick geraten, dass das Ende der machtpolitisch motivierten Vollbeschäftigung zugleich das Ende eines staatlichen Allmachtanspruchs und den Wiedergewinn unterdrückter Freiheiten markierte. Die Ostdeutschen ergriffen diese Freiheiten mit beiden Händen. Sie ließen sich nicht mehr vorschreiben, wer eine höhere Schule oder Universität besuchen durfte oder in welchem Betrieb und zu welchen Bedingungen sie eine Arbeit aufnahmen. Vor allem aber ließen sie sich nicht mehr vorschreiben, was und wie sie konsumierten. Die Ausübung dieser Freiheiten hat Arbeitsplätze gekostet. Das ist die Kehrseite. Was aber wäre die Alternative? Sollen diese und andere Freiheiten um der Vollbeschäftigung willen wieder beseitigt werden? Dagegen würde die Mehrheit der Ostdeutschen mit Sicherheit aufbegehren.

Wirtschaftswachstum ohne Arbeitszuwachs

Die bisherigen Vollbeschäftigungsphasen in Deutschland verlieren ihren Glanz, wenn der Blick auf ihre Ursachen fällt: Kriegsvorbereitungen, Kriege, Nachkriegsnot, die gewaltsame Dezimierung jugendlicher Jahrgänge, autoritäre Herrschaftsstrukturen. Anleihen aus der Geschichte helfen deshalb bei der Bewältigung der gegenwärtigen Herausforderungen nicht weiter. Sie können allenfalls zeigen, wie es nicht geht und nicht gehen darf. Sollen Erwerbsarbeit und Beschäftigung nicht bloß wie Korken auf demographischen, machtpolitischen und konjunkturellen Wellen schaukeln, müssen Wirtschaft, Politik und Gesellschaft stabilen, langfristigen Entwicklungen Rechnung tragen und Antworten auf einige grundlegende Fragen geben. Beides ist in der deutschen Beschäftigungsdebatte bislang vernachlässigt worden. Andere Länder sind hier weiter.

In Deutschland nährt sich diese Debatte noch immer von Glaubensbekenntnissen, die einer sachlichen Nachprüfung nicht standhalten. Das bei weitem wichtigste dieser Bekenntnisse ist: Wirtschaftswachstum schafft Arbeit. Und da Arbeit, namentlich Erwerbsarbeit, als ein hohes gesellschaftliches Gut angesehen wird, knallen Politiker, Gewerkschafter und Unternehmer fortwährend mit der Wachstumspeitsche. Durch Wachstum, so die Losung, zu mehr Arbeit. Die Hartnäckigkeit, mit der dieser Losung gefolgt wird, ist bemerkenswert, zumal sie offenkundig der Lebenswirklichkeit widerspricht.

Zwar folgt die Arbeitsmenge den Wachstumsraten, als sei sie an einer Schnur gezogen. Dies bedeutet in der Regel jedoch nur, dass sich bei starkem Wachstum ihr Rückgang verlangsamt und bei schwachem beschleunigt. Eine absolute Zunahme der Arbeitsmenge ist die Ausnahme. Am Trend ändert sich durch Wirtschaftswachstum nichts. Der kennt nur eine Richtung: abwärts. Das Beispiel Deutschlands steht für andere. Hier versechsfachte sich im 20. Jahrhundert das reale Pro-Kopf-Volkseinkommen,[23] und zugleich halbierte sich die Arbeitsmenge, gemessen in effektiv geleisteten Arbeitsstunden sowohl pro Kopf der Bevölkerung als auch pro Erwerbstätigen.[24] Das heißt, ein in der Geschichte einzigartiges Wirtschaftswachstum vermochte die Arbeitsmenge noch nicht einmal konstant zu halten, geschweige denn zu vergrößern.

Dieser Befund wird noch eindeutiger, wenn man das 20. Jahrhundert in Perioden gliedert. In der ersten Jahrhunderthälfte wuchs das Volkseinkommen pro Kopf um insgesamt fünfzehn Prozent. Werden kriegsbedingte Verwerfungen geglättet, verminderte sich das Arbeitsvolumen im gleichen Zeitraum und ebenfalls pro Kopf um ein Viertel. Da in der zweiten Jahrhunderthälfte die durchschnittlichen Wachstumsraten zwölfmal so hoch waren wie in der ersten, stieg das Pro-Kopf-Volkseinkommen in diesem Zeitraum um spektakuläre 436 Prozent. Dennoch verminderte sich das Arbeitsvolumen weiter um annähernd ein Drittel. Auch ein sehr hohes Wirtschaftswachstum reichte also nicht aus, um die Abnahme des Arbeitsvolumens auch nur zu verlangsamen.

Vollends paradox wird das Bild, wenn die zweite Hälfte des 20. Jahrhunderts in die einzigartig dynamische Phase von 1950 bis 1975 und die erheblich ruhigere von 1976 bis 2000 aufgeteilt wird. Zwischen 1950 und 1975 stieg das Pro-Kopf-Volkseinkommen real auf annähernd das Vierfache, während das Pro-Kopf-Arbeitsvolumen um ein Viertel abnahm. Von 1976 bis 2000 stieg das Pro-Kopf-Volkseinkommen hingegen nur noch um 43 Prozent, und das Arbeitsvolumen sank lediglich um ein Zehntel. Damit war in der Phase des höchsten Wirtschaftswachstums zugleich der stärkste Rückgang der Arbeitsmenge zu verzeichnen, während der Abschmelzprozess mit abflauender Wirtschaftsdynamik nachließ.

Dieser Befund stellt alles auf den Kopf, was zum Thema Wirtschaftswachstum und Erwerbsarbeit landläufig zu vernehmen ist. Bei einem 25-jährigen jahresdurchschnittlichen Wachstum von real 5,4 Prozent schrumpfte das Arbeitsvolumen pro Kopf der westdeutschen Bevölkerung jährlich um gut ein Prozent. Da darf wohl gefragt werden, wie viel Wachstum denn von Nöten ist, um unter den konkreten Bedingungen Deutschlands die Arbeitsmenge stabil zu halten oder gar anschwellen zu lassen. Im dritten Jahrhundertquartal hätte es jährlich annähernd bei sieben Prozent liegen müssen, was einer Verdoppelung der Güter- und Dienstleistungsmenge in zehn Jahren und deren Zunahme auf mehr als das Fünffache in 25 Jahren entspricht.

Daraus darf nun nicht gefolgert werden, das Wachstum der Wirtschaft beeinflusse die Arbeitsmenge grundsätzlich negativ. Eine solche Schlussfolgerung ließe sich leicht widerlegen. Doch die Selbstverständlichkeit, mit der in der öffentlichen Diskussion Wirtschaftswachstum und Arbeitsmenge gleichgesetzt werden, entbehrt der empirischen Fundierung. Internationale und historische Vergleiche liefern Belege für alle Varianten: Wirtschaftswachstum, -stillstand und -rückgang können jeweils einhergehen mit steigendem, gleichbleibendem oder sinkendem Arbeitsvolumen. Die Empirie legt nahe, dass Wirtschaftswachstum weder eine hinreichende noch eine notwendige Voraussetzung für mehr Erwerbsarbeit ist. Das Arbeitsvolumen wird von anderem bestimmt.

Diese Erfahrung macht seit der Wiedervereinigung auch die ostdeutsche Bevölkerung. Als sich ihre Volkswirtschaft kaum vom Fleck bewegte, schien es Arbeit im Überfluss zu geben. Als jedoch die Wirtschaft Fahrt aufnahm, wurde sie knapp. Von 1990 bis 2000 wuchs das ostdeutsche Volkseinkommen real um über sechzig Prozent pro Kopf. Das war der höchste Zuwachs, der jemals in diesem Raum erzielt worden ist. Trotzdem verminderte sich die Arbeitsmenge um etwa ein Drittel – gleichfalls der stärkste Rückgang, der, von der Weltwirtschaftskrise abgesehen, jemals zu verzeichnen war. Die hohe Wirtschaftsdynamik brachte Wohlstand, aber keine zusätzliche Arbeit. Diese Feststellung ist durchaus verallgemeinerungsfähig.

Wissen und Kapital – Motoren der Wohlstandsmehrung

Von den knapp siebenhunderttausend Stunden, die derzeit ein Menschenleben im statistischen Mittel in Deutschland währt, bringen Erwerbstätige rund sechzigtausend Stunden mit Erwerbsarbeit zu. Das sind acht Prozent ihres Lebens. Noch vor hundert Jahren lag dieser Anteil bei zwanzig Prozent. Dennoch erwirtschaftete ein Erwerbstätiger im Jahr 2000 im Vergleich zu 1900 gut die sechsfache Menge an Gütern und Diensten. Pro Arbeitsstunde produzierte er sogar das Zwölffache.[25]

Dabei ereignete sich der entscheidende Produktivitätsschub wiederum in der zweiten Jahrhunderthälfte. Von 1950 bis 2000 erhöhte sich in Westdeutschland die Wirtschaftsleistung pro Erwerbstätigen auf das Fünffache und pro Arbeitsstunde auf das 7,6fache. Ähnlich verlief die Entwicklung in allen anderen früh industrialisierten Ländern. Überall stieg dank einer historisch einzigartigen Erhöhung des Einsatzes von Wissen und Kapital die Produktivität. Nur in wenigen Ländern, wie den USA, wurden zugleich auch noch zusätzliche Arbeitsstunden pro Kopf der Bevölkerung erbracht. In der Regel ging der Arbeitseinsatz deutlich zurück. Wissen und Kapital ist es zuzuschreiben, dass die Erwerbsbevölkerungen heute in kürzerer Zeit ein Vielfaches der früheren Güter- und Dienstleistungsmenge erwirtschaften.

Besonders hoch ist der Wissens- und Kapitaleinsatz in Deutschland, insbesondere in Westdeutschland. Hier stieg das verwendete Kapital – im gleichen Geldwert – von 1950 bis 2000 pro Erwerbstätigen auf das Fünffache und pro Erwerbstätigenstunde auf das Siebenfache. Im Jahr 2000 kam auf jeden Erwerbstätigen in Deutschland ein Kapitalstock – Fabrikgebäude, Maschinen, Patente, Lizenzen und so weiter – von durchschnittlich 260 000 Euro.[26] Kaum ein anderes Land hat einen ähnlich hohen Kapitaleinsatz. In den meisten Ländern ist er sogar deutlich niedriger.

Aufgrund dieser hohen Kapitalintensität werden in Deutschland Güter und Dienste mit einer im internationalen Vergleich besonders geringen Arbeitsmenge erwirtschaftet. Nirgends werden mit so wenig Arbeit so große Werte geschaffen. Zwar ist in Ländern wie der Schweiz, Japan oder den USA das Pro-Kopf-Bruttoinlandsprodukt größer als hierzulande, aber dieses Mehr ist hart erarbeitet. 1998 war nach

OECD-Angaben die in der Schweiz erbrachte Arbeitsmenge pro Kopf der Bevölkerung um 22 Prozent, in Japan und den USA sogar um vierzig Prozent höher als in Deutschland.[27] Das war vor allem in Japan und den USA weit mehr als das zusätzlich erwirtschaftete Bruttoinlandsprodukt. Mit seiner Stundenproduktivität lag Deutschland weit vorn. Doch im Grundsatz wenden alle früh industrialisierten Länder das gleiche Rezept an: viel Kapital, noch mehr Wissen und immer weniger Arbeit.

Was aber ist dieses Wissen und Kapital, das sich in der technischen Entwicklung und vielen anderen Formen des Fortschritts niederschlägt und dadurch die Produktivität steigert? Beide sind die Früchte bereits erbrachter Arbeit, wobei der Zeitpunkt ihrer Erbringung Tage, Jahre und Jahrhunderte zurückliegen kann. Das heutige Wissen wurde über sehr lange Zeiträume hinweg angesammelt. In dieser Hinsicht stehen wir auf den Schultern ungezählter Generationen, auch wenn erst in neuer und neuester Zeit jene Wissensexplosion stattgefunden hat, die die Produktivität in früher unvorstellbare Höhen katapultiert hat. Über einen wesentlich kürzeren Zeitraum erstreckt sich die Bildung von Kapital. Aber auch hier haben Generationen Stein auf Stein gefügt. So gesehen, ruhen entwickelte Volkswirtschaften auf Arbeit, die bereits erbracht worden ist, und von der Verfügbarkeit dieser Arbeit hängt ihre Produktivität ab.

Hieraus ergeben sich weitreichende Konsequenzen für das Verständnis von Arbeit und die ihr zugewiesene Rolle in Wirtschaft und Gesellschaft. Der scheinbar so bündige Arbeitsbegriff zerfällt. Arbeit manifestiert sich in unterschiedlichen Formen, und jede dieser Formen hat ihre eigene Funktion und Wirksamkeit. Die größte Wohlstandsmehrung bewirkt Arbeit – mittelbar – als Wissen. Daneben ist sie – ebenfalls mittelbar – als Kapital in den Vordergrund gerückt. In ihrer Gestalt als Erwerbsarbeit erfährt sie dagegen eine Bedeutungsminderung, zumindest soweit es um die Bereitstellung von Gütern und Diensten geht. Zugleich gehen die Formen der Arbeit untereinander Verbindungen ein. So wird Wissen häufig durch Erwerbsarbeit produktiv. Zwingend oder gar ausschließlich ist diese Verbindung jedoch nicht. Immer häufiger verschmelzen auch Wissen und Kapital. Ein Symbol dafür ist die Maschine im weitesten Sinne. Wohl geht in sie stets auch Erwerbsarbeit ein, doch das in ihr verschmolzene Wissen und Kapital entfaltet eine eigene produktive Existenz. Eine weiterentwickelte Maschine oder ein neues Produktionsverfahren erhöht in der Regel die Wertschöpfung. Die Menschen, die diese Maschine erdacht haben oder anwenden, treten häufig hinter dem Werk zurück.

Diese von der unmittelbaren Erwerbsarbeit weitgehend abgelöste Wertschöpfung durch Wissen und Kapital ist das Spezifikum entwickelter Volkswirtschaften. Mit ihr steht und fällt die Wohlhabenheit des Gemeinwesens. Das zeigt erneut ein Blick in die Geschichte und über die Grenzen. Früher lebten Völker in großer Dürftigkeit, nicht weil sie wenig, sondern weil sie wissens- und kapitalarm arbeiteten. Und auch gegenwärtig gibt es viele Länder, in denen die Menschen mehr und härter arbeiten als in Deutschland oder einem sonstigen früh industrialisierten Land. Aufgrund ihres Wissens- und Kapitalmangels sind jedoch die Ergebnisse ihrer Arbeit bescheiden. Abgeschwächt lässt sich das auch in Deutschland beobachten. Quantität und Qualität der von West- und Ostdeutschen individuell erbrachten Arbeit unterscheiden sich nur wenig. Doch können sich die Westdeutschen auf einen wesentlich größeren Wissens- und Kapitalstock stützen. Das macht ihre Arbeit produktiver und lässt sie wohlhabender sein.

Wenn überhaupt, wird allenfalls die relative Höhe des Lohns von der individuell erbrachten Arbeitsleistung bestimmt. Ein Erwerbstätiger, der besonders qualifiziert, geschickt und fleißig ist, verdient vielleicht doppelt so viel wie einer, der geringere Fähigkeiten hat. Ob dieses Doppelte aber viel oder wenig ist, ob es dreihundert oder dreitausend Euro sind, hängt nicht so sehr von seinem Geschick und Fleiß ab, sondern von der Wissens- und Kapitalintensität seines Arbeitsplatzes im Besonderen und der Volkswirtschaft im Allgemeinen. Wissen und Kapital bestimmen die absolute Höhe des Arbeitseinkommens.

Damit wird das hehre Postulat »gleicher Lohn für gleiche Arbeit« zur hohlen Phrase. Denn was bedeutet »gleiche Arbeit« in einer Volkswirtschaft, in der bei gleichem geistigen, körperlichen und zeitlichen Aufwand die eine Arbeitskraft aufgrund höheren Wissens- und Kapitaleinsatzes mehr erwirtschaftet als eine andere, deren Arbeitsplatz spärlicher ausgestattet ist? Was soll für die Entlohnung der beiden maßgeblich sein? Der gleiche individuelle Arbeitsaufwand ohne Rücksicht auf das ungleiche Ergebnis oder das Ergebnis, unabhängig vom geleisteten Aufwand? Diese Fragen beschäftigten die Gesellschaft schon in der Antike. Entzweit haben sie sie aber erst, als mit Beginn der Industrialisierung selbst tüchtige Bauern und Handwerker verarmten, weil sie mit dem wissens- und kapitalgetriebenen Produktivitätsfortschritt auf großen Höfen und in Manufakturen nicht mithalten konnten.

Auf der einen Seite stehen die wirtschaftlich Denkenden. Für sie kann es gleichen Lohn nur für das gleiche Arbeitsergebnis geben. Ob der eine dafür größere Mühen als ein anderer auf sich genommen hat, ist unerheblich. Das ist das Gesetz des Marktes. Betriebe oder Volkswirtschaften, die einem anderen Gesetz folgen – so ihre durch lange Erfahrungen untermauerte Botschaft –, sind zum Scheitern verurteilt. Auf der anderen Seite stehen die sozial Gesonnenen. Aus ihrer Sicht muss das Arbeitsergebnis hinter den individuellen Anstrengungen zurücktreten. Waren die Anstrengungen gleich, hat auch der Lohn gleich zu sein. Mitunter wird diese Auffassung ein wenig mit ökonomischen Argumenten garniert. Letztlich geht es jedoch nicht um das wirtschaftlich Richtige, sondern um soziale Gerechtigkeit. Das Gebot der Gerechtigkeit wird trotzig dem Gesetz des Marktes entgegengestellt.

Diese beiden Sichtweisen trennt eine Mauer, in die auch die soziale Marktwirtschaft nicht mehr als ein Fenster gebrochen hat, durch das von der jeweils eigenen Seite die andere betrachtet werden kann. Ob diese Mauer jemals abgetragen werden wird, ist zweifelhaft. Im Grunde geht es nämlich um nichts Geringeres als um die zu keiner Zeit befriedigend beantwortete Frage nach dem gerechten Lohn, die sich mit steigendem Einsatz von Wissen und Kapital im Wertschöpfungsprozess immer schärfer stellt. Denn in wissens- und kapitalintensiven Volkswirtschaften hängt der Lohn recht willkürlich von der funktionalen und oft auch bloß räumlichen Nähe ab, in der Erwerbsarbeit zu Wissen und Kapital angesiedelt ist. Je größer die Nähe, desto höher der Lohn. Dabei ist zwischen zwei Formen des Wissens- und Kapitaleinsatzes zu unterscheiden, einer vertikalen und einer horizontalen.

Füllhörner des Wohlstands

Vertikal finden sich in wissens- und kapitalintensiven Volkswirtschaften Wirtschaftsbereiche, die nicht selten klein, aber äußerst produktiv sind. Typischerweise wird in diesen Bereichen mit einem weit überdurchschnittlichen Einsatz von Wissen und Kapital der Stand der Erkenntnis vorangetrieben. Deshalb entstehen hier Güter und Dienste, die nicht zuletzt im internationalen Wettbewerb höchst profitabel vermarktet werden können. Diese Wirtschaftsbereiche spielen in einer

Volkswirtschaft eine ähnliche Rolle wie Masten in einem Zirkuszelt. Von der Höhe und Tragfähigkeit der Masten hängt ab, wie hoch das Zeltdach gezogen werden kann. Ähnlich bestimmen jene äußerst produktiven und innovativen Bereiche das Niveau der gesamten Volkswirtschaft. Entwickeln sie sich kraftvoll, steigt der Lebensstandard breiter Schichten. Sie sind wie Füllhörner, aus denen sich in Kaskaden der Wohlstand über die Bevölkerung ergießt. Sprudeln sie, geht es allen gut, selbst wenn viele wenig arbeiten. Fehlen sie hingegen oder trocknen sie aus, leben die Menschen – weitgehend unabhängig von ihrem individuellen Arbeitseinsatz – bescheiden.

Horizontal manifestiert sich die Wissens- und Kapitalintensität in der Versorgung der Bevölkerung mit produktiven Gütern. Deutschland, insbesondere Westdeutschland, ist hierfür ein eindrucksvolles Beispiel. Nicht nur seine Produktionsstätten sind hervorragend ausgerüstet, auch die privaten Haushalte verfügen über ausgefeilte und kostspielige Ausstattungen. So unterscheidet sich das Werkzeug von Hobbyhandwerkern oft kaum von dem ihrer professionellen Kollegen; ebenso sind in deutsche Küchen gewaltige Milliardenbeträge investiert. Beides, die vertikale wie die horizontale Wissens- und Kapitalintensität, schlägt sich nieder in einer hohen Produktivität von Erwerbs-, Eigen- und Schwarzarbeit.

Doch diese ist den meisten in gewisser Weise nur geliehen. Gleichnishaft ist ihnen anstelle der Schaufel, derer sie sich früher bedienten, ein Bagger an die Hand gegeben worden, mit dem sie das Vielfache leisten. Aber es ist nicht wirklich ihre Leistung. Sie können allenfalls geltend machen, dass sie zur Führung des Baggers spezielle Kenntnisse und Fertigkeiten erwerben mussten. Dem wiederum könnte entgegengehalten werden, dass sie sich nunmehr körperlich weniger anzustrengen brauchten. Auf all das kommt es jedoch letztlich nicht an. Wesentlich ist, dass sie dank dieser Leihgabe ein erheblich höheres Arbeitseinkommen als zuvor erzielen können. In ihren Lohn geht ein Teil der Wertschöpfung eines Geräts oder Verfahrens ein, das sie weder erdacht noch finanziert haben. Sie haben das Glück, ernten zu können, obwohl sie nicht gesät haben. Wer noch immer nur eine Schaufel hat, dem bleibt dieses Glück versagt.

Wohlstand aus zweiter Hand

Dieser Sachverhalt wird in der öffentlichen Diskussion, aber auch in der privaten Reflektion beharrlich verdrängt. Die meisten schmeicheln sich, ihren Wohlstand selbst erarbeitet und mithin redlich verdient zu haben. Dass sie in Wirklichkeit wie ein Boot in einer Schleuse aufsteigen, in die Wasser einströmt, wollen sie nicht sehen. Und noch weniger wollen sie wahrhaben, dass diese Wasserflut einer kleinen Minderheit zuzuschreiben ist: Erfindern, Innovatoren und Investoren, also forschenden und unternehmerisch handelnden Menschen.

Trotz des Verdrängens plagt viele aber auch ein Missbehagen bei der Vorstellung, glückliche Umstände seien die Hauptquelle ihres Wohlstands. Das stört ihr Gerechtigkeitsempfinden. Wohl nicht zuletzt deshalb unterstützt die Bevölkerungsmehrheit die gewerkschaftliche Forderung, die ostdeutschen Löhne auf westdeutsches Niveau anzuheben, selbst wenn die ostdeutsche Produktivität erheblich niedriger ist. Dass die Ostdeutschen dabei auch an ihr eigenes Portemonnaie und die Westdeutschen an die Sicherung ihres hohen Einkommensniveaus denken, liegt auf der Hand. Doch hinter diesen handfesten Motivationen verbirgt sich Grundsätzlicheres.

West- und Ostdeutsche mühen sich individuell gleich. Das genügt aus der Sicht der meisten. Was können schließlich die Ostdeutschen dafür, dass bei ihnen erst wenige Füllhörner sprudeln und ein Teil ihrer Arbeitsplätze schlechter ausgestattet ist als in Westdeutschland? Oder umgekehrt: Was ist so verdienstvoll daran, dass die Westdeutschen dank eines immensen Wissens- und Kapitalstocks, an dem viele gar nicht mitgewirkt haben, mehr zu erwirtschaften vermögen? Ist es gerecht, sie dafür mit klingender Münze zu entlohnen, die Ostdeutschen aber mit niedrigeren Löhnen abzuspeisen? Die Bevölkerungsmehrheit beantwortet letztere Frage mit einem klaren Nein. An den Früchten des volkswirtschaftlichen Wissens- und Kapitalstocks teilzuhaben ist für sie so etwas wie ein Menschenrecht, von dem niemand, jedenfalls wenn er sich innerhalb der nationalen Grenzen aufhält, ausgeschlossen werden darf.

Diese nationale Begrenzung der Teilhabe an den Früchten des Wissens- und Kapitalstocks ist vor allem den Völkern wichtig, die über viel Wissen und Kapital verfügen. Denn sie wissen oder ahnen zumindest, dass sie sich in ihrer Arbeit von vielen ihrer ärmeren Nachbarn nur wenig unterscheiden. Politiker und Professoren, Lehrer und Polizisten, Schauspieler und Musiker, Busfahrer und Köche, Bademeister und Masseure und viele andere leisten beispielsweise in Deutschland und Polen so Unähnliches nicht. Aber nur westlich der Oder erzielen sie damit Einkommen, die ihnen schöne Wohnungen, Autos und Urlaubsreisen ermöglichen. Auf der östlichen Seite erwirtschaften sie kaum mehr als ein Existenzminimum. Oder warum kann für einen Haarschnitt in Düsseldorf mit Erfolg das Zehnfache verlangt werden wie in Danzig? Die immer gleiche Antwort: Weil in der einen Volkswirtschaft viel und in der anderen wenig Wissen und Kapital die Produktivität antreiben. Doch die Glücklichen, in deren Volkswirtschaft viel Wissen und Kapital ihre Wirkungen entfalten, tun sich schwer, dieses Glück zu teilen. So weit reicht die internationale Solidarität der arbeitenden Menschen im Allgemeinen nicht.

Das zeigt jedoch zugleich, dass der Wohlstand der Massen in wissens- und kapitalintensiven Volkswirtschaften mehr oder minder abgeleitet, also ein Wohlstand aus zweiter Hand ist. Ohne die Produktivität des Wissens- und Kapitalstocks würden viele nur einen Bruchteil ihrer Einkommen erzielen und kaum Vermögen bilden können. Nichts oder nur wenig zu diesem Stock beizutragen bedeutet folglich, zum Teil von den Leistungen anderer zu leben. Der individuelle Lebensstandard ist höher als die eigene Wertschöpfung. Die materielle Leistungsbilanz ist defizitär. Das zu verkennen macht den Wohlstand vieler so prekär. Sie sehen nicht seine eigentlichen Quellen und laufen deshalb Gefahr, sie zu verschütten.

Wissen und Kapital in einer alternden Bevölkerung

Seit Ende des Zweiten Weltkriegs hat sich die Erwerbsbevölkerung daran gewöhnt, dass ihre Stundenlöhne in schöner Regelmäßigkeit steigen. Fällt ein Anstieg einmal gering oder sogar ganz aus, reagieren viele ungehalten. Sie sehen darin die Verletzung eines Gewohnheitsrechts und selbst des ungeschriebenen allgemeinen Gesellschaftsvertrags. Bis zur Systemfrage ist es nicht weit: Was taugen Marktwirtschaft und Demokratie, wenn Lohnerhöhungen ausbleiben und der Wohlstand nicht zunimmt? Zwischen materiellem Wohlergehen und der Zustimmung zur politischen Ordnung besteht gerade in Deutschland ein beängstigend enger Zusammenhang. Nicht wenige wollen ihre freiheitlich-demokratische Gesinnung auf dem Lohnzettel und später dem Rentenbescheid honoriert sehen.

Dabei sind der Mehrheit die Grundlagen ihres Wohlergehens ziemlich gleichgültig. Um sie mag sich kümmern, wer will – im Zweifelsfall der Staat. Der Einzelne sieht sich nur selten in der Verantwortung. Die Frage nach seinem eigenen Beitrag zur Steigerung der Produktivität wird als irrelevant und demagogisch zurückgewiesen. Wirtschaft und Wohlstand haben ganz einfach zu wachsen. Tun sie das nicht, haben die Unternehmer oder der Staat oder beide versagt. Faktisch setzt die Bevölkerung blind darauf, dass die Leistungskraft von Wissen und Kapital ständig steigt – bedingungslos und unerschöpflich. In einer Arbeitnehmergesellschaft, die sich mit der Rolle von Wissen und Kapital bei der Wertschöpfung nie ernsthaft befasst hat, kann diese Haltung kaum überraschen. Doch sie ist riskant. Erstens bedürfen Entstehung, Formierung und Nutzung von Wissen und Kapital immer und überall größter Aufmerksamkeit. Zweitens müssen sich in demokratisch verfassten Gemeinwesen hieran möglichst alle beteiligen, wenn die gesellschaftliche Ungleichheit nicht zunehmen und die Demokratie keinen Schaden nehmen soll. Und drittens ist eine Bevölkerung, die wie die deutsche zahlenmäßig abnimmt und stark altert, in höchstem Maß auf einen intakten Wissens- und Kapitalstock angewiesen, sonst verarmt sie.

Vor allem letzterer Aspekt wird künftig immer bedeutsamer werden. Um bei sinkendem Erwerbsfähigenanteil einen positiven Wachstumstrend aufrechtzuerhalten, muss der wissens- und kapitalintensive Anteil an der Wertschöpfung trotz seines bereits erreichten hohen Niveaus weiter ausgebaut werden. Voraussetzung hierfür ist, dass die gegenwärtig erwerbsfähigen Generationen gewissermaßen auf Vorrat arbeiten. Das ist möglich, indem sie die nachwachsende, zahlenmäßig kleinere Generation in die Lage versetzen, so viel Wissen zu produzieren, aufzunehmen und umzusetzen, wie eine hoch leistungsfähige Volkswirtschaft benötigt. Ferner müssen sie ausreichend Kapital bilden, damit die schwindende Zahl von Arbeitskräften durch Maschinen im weitesten Sinne ersetzt werden kann. Andernfalls wird von jetzt an ein regionaler und sektoraler und in nicht sehr ferner Zukunft genereller Arbeitskräftemangel zum Dauerzustand werden, der durch die Erhöhung der Frauenerwerbsquote, Zuwanderung und dergleichen allenfalls gemildert, nicht aber behoben werden kann.

Wissen und Kapital gehören damit zu den wichtigsten Instrumenten bei der Bewältigung der demographischen Herausforderung. Aber werden sie den Aufgaben gewachsen sein? Zweifel hieran sind geboten. Eindrucksvoll ist der vorhandene Wissens- und Kapitalstock nur unter den bisherigen demographischen Bedingungen. Da genügte er, um Deutschland und die Europäische Union, wenn auch nicht immer glanzvoll, so doch respektabel in der Spitzenliga der Volkswirtschaften mitspielen zu lassen. In zwanzig bis dreißig Jahren benötigt der drastisch schrumpfende Anteil Erwerbsfähiger jedoch wesentlich ergiebigere Wissens- und Kapitalquellen, wenn die Wirtschaft weiter florieren soll. Was dieser Ausbau des Wissens- und Kapitalstocks bedeutet, können sich wiederum viele kaum vorstellen. Verlangt ist auch hier eine nachhaltige Veränderung tief verinnerlichter und lieb gewonnener Verhaltensweisen.

Angst vor Eliten

Um Wissen als Frucht menschlicher Arbeit ernten zu können, müssen zunächst Menschen qualifiziert und motiviert werden, diese Arbeit zu erbringen. In der Vergangenheit hat Deutschland auf diesem Gebiet Hervorragendes geleistet. Seine Schulen, Hochschulen und Universitäten sowie sein System der Berufsbildung hatten für viele Länder Modellcharakter. Die Zahl der Nobelpreisträger und großen Erfinder war, gemessen an seiner Bevölkerung, außerordentlich hoch. Das aber ist Geschichte. Jetzt sind Deutschlands Bildungseinrichtungen – von stets vorhandenen Ausnahmen abgesehen – im Vergleich zu ähnlich entwickelten Ländern nur noch Durchschnitt und mitunter noch nicht einmal das. In ihrem gegenwärtigen Zustand dürften sie schwerlich die geistigen Kräfte freisetzen, die eine stark alternde Gesellschaft braucht, um ihren Lebensstandard aufrechtzuerhalten.

Unter den Ursachen für diese Entwicklung ist die deutsche Nachkriegsphobie gegenüber Eliten besonders auffällig. Diese Phobie kam nicht von ungefähr. Die Deutschen waren von ihren Eliten und denen, die sie dafür hielten, bitter enttäuscht worden. Politisch hatten die Eliten generationenlang auf erschreckende Weise versagt. Sie hatten zu verantworten, dass Deutschland – beginnend mit 1914 – immer tiefer ins Chaos stürzte. Bis heute gibt es für dieses Versagen keine Entschuldigung und erst recht keine Rechtfertigung. Dennoch haben die Deutschen, wie öfter in ihrer Geschichte, auch hier das Kind mit dem Bad ausgeschüttet. Ihre verständliche Enttäuschung schlug um in einen kruden Egalitarismus. Nachdem »die da oben« so eklatant gescheitert waren, sollte es überhaupt kein oben oder unten mehr geben. Dieses Denken sparte auch Begabungs- und Leistungsunterschiede nicht aus. Sie wurden allenfalls noch bei Sportlern und Künstlern toleriert. In allen anderen Lebensbereichen, insbesondere in den Bildungseinrichtungen und der Arbeitswelt, sollten alle gleich sein. Während Franzosen, Briten und Amerikaner ihre Talente nach Kräften förderten, waren in Deutschland Begabungs- und Leistungsunterschiede verdächtig.

Das DDR-Regime tat sich hierbei mit seinem archaischen Arbeiter- und Bauernkult und der unverhohlenen Bekämpfung der Intelligenz besonders hervor. Erst als Wirtschaft und Gemeinwesen am Mangel an Ideen und qualifizierten Leistungen zusammenzubrechen drohten, wurde ihr ein gewisser Freiraum eingeräumt. Da aber war es zu spät. Die Löcher, die gerissen worden waren, ließen sich nicht mehr stopfen. Die geringe Zahl hochqualifizierter Wissensträger gehört zu den schwersten Hypotheken, die die DDR hinterlassen hat. Aber auch in Westdeutschland war und ist die gezielte Förderung überdurchschnittlicher Begabungen keineswegs der Normalfall. Das bildungspolitische Ziel war lange Zeit, nicht schöne Blumen blühen zu lassen, sondern die Grashalme gleich lang zu schneiden. Unterschiede zwischen den Menschen wurden entweder geleugnet oder ausschließlich auf die Gunst oder Ungunst gesellschaftlicher Einflüsse zurückgeführt. Das Milieu war für alles verantwortlich, der Einzelne für nichts.

Mittlerweile sind einige der lange herrschenden Lehren als ideologischer Mumpitz entlarvt worden. Das Klima ist milder geworden. Aber bis in die achtziger Jahre hinein wollte der ehemalige Bundeskanzler Willy Brandt den Elitebegriff nicht in den Mund nehmen, und der DGB machte seinen ganzen Einfluss geltend, um eine Elitediskussion im Keim zu ersticken. Der damalige Außenminister Hans-Dietrich Genscher entschuldigte sich dafür, in einem unbedachten Moment von Eliten gesprochen zu haben, und Hans-Jochen Vogel, seinerzeit SPD-Vorsitzender, rechnete es sich als Beweis persönlichen Mutes an, die Notwendigkeit von Eliten nicht zu bestreiten. Heute werden nicht mehr nur Stabhochspringer und Konzertpianisten, sondern auch Wissenschaftler, Unternehmer, Freiberufler, Handwerker und gelegentlich sogar Politiker von der Bevölkerung gewürdigt, wenn sie weit Überdurchschnittliches für das Gemeinwesen leisten. Eliten sind wieder im Kommen. Doch ihre jahrzehntelange gesellschaftliche Ächtung hat Spuren hinterlassen, die vor allem im Bildungssystem noch lange sichtbar bleiben werden.

Im Gegensatz zu anderen Lebensbereichen hat der Egalitarismus den Bildungsbereich nicht nur ideologisch überwölbt, sondern auch seine Strukturen verändert, mit der Folge, dass sie heute die Identifizierung und differenzierte Behandlung unterschiedlicher Begabungen erschweren. Insbesondere die gezielte Förderung potenzieller Wissens- und Könnenseliten ist trotz gegenteiliger politischer Bekundungen und aufmunternder Worte von Festtagsrednern in der Lebenswirklichkeit die Ausnahme. Gerade im Bildungsbereich ist die Orientierung am Mittelmaß noch gang und gäbe. Nicht dem Tüchtigsten wird nachgeeifert; im breiten Strom zu schwimmen reicht völlig aus – oft ist es dem Fortkommen sogar dienlicher.

Diese Prägung wirkt über die Schulzeit hinaus. Zwar gibt es allenthalben Menschen, die bewundernswerte Leistungen vollbringen. Doch viele kokettieren bloß damit. Kaum verdichtet sich der Arbeitsanfall, wird über Leistungsdruck und -stress gestöhnt. Das Ersuchen, anlässlich einer Großveranstaltung wie der EXPO die Ladengeschäfte länger offen zu halten, wurde keineswegs nur von einzelnen Verkäufern und Verkäuferinnen als Zumutung, ja Unverschämtheit empfunden. Das war Stress, gegen den sie sich zur Wehr setzten. Leistungsdruck wird abgelehnt. Schon der Begriff ist negativ besetzt. Nur das Notwendige zu tun und sich dabei kein Bein auszureißen ist eine weit verbreitete Verhaltensweise.

Mittelmaß als Leitbild

Dass sich diese Gesellschaft mit dem Prädikat »Leistungsgesellschaft« schmückt, gehört zu ihren großen Selbsttäuschungen. Nochmals: In dieser Gesellschaft wird viel geleistet. Aber endloser Leerlauf und chronische Unterforderung sind in Schule und Arbeitswelt mindestens ebenso präsent wie das Gegenteil, wahrscheinlich sogar präsenter. Die Öffentlichkeit nimmt dies nur nicht zur Kenntnis. Leerlauf lärmt nicht. Unterforderte begehren selten auf. Menschen, die unter Leistungsdruck ächzen – das ist ein Thema, das bewegt. Menschen, vor allem junge, die aufgrund ständiger Unterforderung frustriert sind, sich langweilen und sich nicht ihren Fähigkeiten entsprechend entwickeln, beschäftigen hingegen allenfalls ihr unmittelbares Umfeld – und die Psychologen.

Die verbreitete Über- und Unterforderung von Schülern, Studenten und Erwerbstätigen ist nicht nur, aber auch Ausdruck einer egalitären Gesellschaft, die unvermeidlich dazu neigt, das Mittelmaß zur Norm zu machen. Hierzu bedient sie sich vieler Instrumente – subtiler und weniger subtiler. Besonders wichtig ist ihr Zeugnis- und Bewertungssystem, das darauf abzielt, Stärken und Schwächen der Individuen zu verschleiern; Starke und Schwache werden der Mitte einverleibt. Zwar findet dieses System nicht den Beifall aller, aber der meisten. Trotz gewisser klimatischer Veränderungen sind große Bevölkerungsteile nicht gewillt, Leistungsunterschiede sichtbar werden zu lassen und anzuerkennen.

Im internationalen Vergleich erhalten deutsche Schüler mittlerweile miserable Noten. Beim weltweit größten Schülerleistungstest »PISA«[28] landeten sie in allen Leistungskategorien – Lesen, Rechnen und Naturwissenschaft – auf einem hinteren Platz. Kann es da richtig sein, der Misere vor allem mit mehr Geld beikommen zu wollen? Bildungspolitiker und Lehrerverbände scheinen das zu meinen. Wie aber kommt es dann, dass Länder, die pro Schüler weit weniger aufwenden, bessere oder zumindest keine schlechteren Ergebnisse erzielen als Deutschland? Nichts gegen mehr Geld im Bildungsbereich! Es darf jedoch kein Alibi für ein verfehltes Bildungskonzept sein. Mit bloßem Geldmangel ist nämlich nicht zu erklären, dass ein Viertel der Hauptschüler – häufig aufgrund mangelhafter Sprachkenntnisse – keinen Abschluss erlangt[29] und sich nur ein Fünftel der Hauptschulabsolventen angemessen auf die berufliche Ausbildung vorbereitet fühlt.

Dieses Gefühl scheint nicht zu trügen. Jedenfalls klagen Berufsschullehrer und Ausbilder unwidersprochen über krasse Wissensdefizite der Auszubildenden. Ein Großteil ihrer Zeit werde benötigt, um Lese- und Schreibfähigkeiten zu verbessern und die Grundrechenarten zu üben. Jugendlichen müsse vermittelt werden, was früher Kinder lernten. Das aber heißt, dass sich viele junge Menschen auf Schulen herumquälen, deren Abschluss sie nicht schaffen, obwohl das Niveau dieser Schulen bereits so weit abgesenkt worden ist, dass alle, die es können, einen weiten Bogen um sie machen, und alle, die es nicht können, nicht ihren Fähigkeiten gemäß qualifiziert und häufig in ihrer Entwicklung behindert werden.

An den weiterführenden Schulen sind die Verhältnisse

nicht grundlegend anders. Derzeit erlangen knapp vierzig Prozent der 18- bis 21-Jährigen die Hoch- beziehungsweise Fachhochschulreife.[30] Das ist das Achtfache von 1950 und das Dreifache von 1970 – zweifellos ein bildungspolitischer Erfolg. Doch dieser hat einen bitteren Beigeschmack. Der enorm gestiegene Aufwand steht in keinem Verhältnis zu den zusätzlich vermittelten Qualifikationen. Regional sind diese sogar gesunken. Abiturienten wissen weniger als vormals Realschüler, diese können nicht mehr, was früher Hauptschüler konnten.[31] Der Grund: Wieder quälen sich Millionen von Jugendlichen durch eine Schulform, die ihnen nicht gemäß ist, wird das Niveau gesenkt, um möglichst vielen einen Abschluss zu ermöglichen, bleiben Begabungen, die in jeder Gesellschaft knapp sind, unentdeckt und ungefördert.

Hochschulen haben deshalb ähnliche Probleme wie Berufsschulen. Ein Teil der Studenten muss zunächst in Vorsemestern zur Hochschulreife gebracht werden. Nicht wenige schaffen das aber nie. Fehlgeleitet durch allzu nachsichtige weiterführende Schulen haben sie einen Ausbildungsweg gewählt, der nicht der ihre ist. Nach einer Umfrage unter deutschen Hochschullehrern sind nur dreißig Prozent der Studenten wirklich studierfähig.[32] Knapp ein Drittel der Studienanfanger erlangt keinen Abschluss.[33] Allerdings sind das nicht immer die Schwächsten. Auch gut Qualifizierte werden mitunter des langatmigen Hochschulbetriebs überdrüssig und gehen ihren Weg auf eigene Faust – nicht selten mit Erfolg. Bei den Verbleibenden fällt es dann schwer, einer beachtlichen Zahl nach vielen Semestern zu sagen, dass sie besser keine Hochschule von innen gesehen hätten. Also werden auch sie, wenn irgend möglich, mit Hochschuldiplomen ausgestattet. Dabei wissen alle Eingeweihten, dass sie nicht können, was sie mit amtlichem Siegel zu können vorgeben.

Ob jedoch durchschnittlich, stark oder schwach – mit dem ersten Arbeitszeugnis sind sie alle (fast) gleich. Hierüber besteht gesellschaftlicher Konsens. Ginge es mit rechten Dingen zu, müssten die meisten Zeugnisse durchschnittliche Fähigkeiten und Eigenschaften bescheinigen, ein kleiner Teil über- beziehungsweise unterdurchschnittliche und ein noch kleinerer gute beziehungsweise schlechte. Im Gegensatz beispielsweise zu Großbritannien oder den USA fehlen in Deutschland unterdurchschnittliche und schlechte Arbeitszeugnisse aber fast völlig, und durchschnittliche bilden eine Minderheit. Viele Behörden, Betriebe und Institute verteilen grundsätzlich nur gute und sehr gute Noten. Alles andere ist ihnen zu mühsam. Denn selbst bei einem wohlwollend durchschnittlichen Zeugnis ist die Wahrscheinlichkeit hoch, vor die Schranken eines Arbeitsgerichts zitiert und von einem menschenfreundlichen Richter zur Erteilung eines »sehr gut« verurteilt zu werden. In mühsamen, kryptischen Verklausulierungen wird dann versucht, den nächsten Arbeitgeber vor dem Gröbsten zu bewahren.

Das alles fügt sich zu einem Bild. Eine Gesellschaft, die gern von Eliten und Leistung redet, tatsächlich aber zum Mittelmaß strebt, verleiht sich augenzwinkernd und schulterklopfend höchste Prädikate. Was einstmals als Wohltat für Schwächere gedacht war – abgesenkte Leistungsniveaus bei nachsichtiger Bewertung – ist zum Koordinatensystem der Mehrheit geworden. Als solches ist es nicht mehr wahrnehmbar. Umso spürbarer sind die Folgen. Es mangelt an zündenden Ideen, kraftvollen Initiativen, der Lust an Neuem, der Bereitschaft zu Veränderungen, kurz, an geistigem Schub, ohne den eine Gesellschaft früher oder später zum Stillstand kommt. So weit ist es in Deutschland noch nicht. Die Fahrt hat sich jedoch deutlich verlangsamt.

Bildung – der Schlüssel zum Erfolg

Ein Ruck ist angemahnt. Doch so, wie die Deutschen seit Jahrzehnten geprägt worden sind, wird die Mahnung wenig fruchten. Nicht zufällig haben sie dieses Ansinnen genauso persifliert, wie sie in den sechziger Jahren Ludwig Erhards Appell zum Maßhalten als Aufruf zum Bierkrugstemmen verspotteten. Nein, auf solche Verhaltensänderungen sind die Deutschen nicht vorbereitet. Jede noch so kleine und von langer Hand geplante Kursänderung erleben sie als an die Wurzeln gehenden Einschnitt. Überfällige Korrekturen wie die Steuerreform 2000 oder die Rentenreform 2001 werden zu großen Durchbrüchen und Jahrhundertwerken aufgeblasen. Das erzeugt das Gefühl großer Bewegung, wo in Wirklichkeit wenig geschieht.

Soll tatsächlich ein Ruck durch das Volk gehen, muss er vom Bildungssystem ausgehen. Es ist stärker zu differenzieren, zu internationalisieren und zu straffen. Wenn ein Viertel der Hauptschüler den Abschluss nicht schafft, aber nur ein Fünftel sich adäquat ausgebildet fühlt, sind offensichtlich die Differenzierung des Unterrichts zu gering und das Leistungsgefälle zu hoch. Was macht es für einen Sinn, Schülern, die kein Deutsch beherrschen, in dieser Sprache Unterricht in Biologie, Erdkunde oder Geschichte zu erteilen? Sie müssen vordringlich Deutsch lernen. Doch auch in den weiterführenden Schulen muss im Unterricht stärker auf unterschiedliche Begabungen eingegangen werden. Ansätze hierfür sind vorhanden. Sie sind konsequent weiterzuentwickeln.

Notwendig ist ferner die gezielte Vermittlung von Wissen. Über viele Jahre hinweg wurde Wissensvermittlung zugunsten verblasener Debattiertechniken hintangestellt. Das rächt sich jetzt. Die Annahme, Lexika und Internet könnten einen Wissensfundus ersetzen, hat sich als irrig erwiesen. Nur mit Wissen, das fest in Hirnen verankert ist, lässt sich phantasievoll jonglieren – Grundlage jeder schöpferischen Arbeit.

Trotz langer Schuljahre ist die Zahl der Menschen, die ohne substanzielle Kenntnisse in Geschichte und Naturwissenschaften, Kunst und Kultur orientierungslos dahindriften, beklemmend groß. Sollten sie es je gewesen sein – heute sind die Deutschen weithin ungebildet.

Mit einer weiteren Verlängerung der Ausbildungszeiten ist dem nicht abzuhelfen. Im Gegenteil. In einer leistungsgerecht differenzierten Schule sind als Grundausbildung neun Jahre vollauf genug. Dann sollte die allgemeine Schulpflicht enden. Bei praktisch Veranlagten breitet sich spätestens von da an ohnehin nur Frust aus. Weiterführende Schulen sollten in insgesamt zwölf Jahren ihr Bildungsziel erreicht haben. Mit der Volljährigkeit muss das Schülerdasein enden. Dass es auch enden kann, zeigen Bundesländer wie Sachsen und Thüringen und das Ausland.

Noch konsequenter ist das Hochschulstudium zu straffen. Ausreichend begabte Studenten können die meisten Fachrichtungen in acht Semestern oder weniger absolvieren. Wer mehr Zeit braucht, muss dafür eine gute Begründung haben – und einen Finanzier. Die Masse der Studenten kann – vom Wehrdienst abgesehen – mit 23 Jahren ins Berufsleben eintreten. Sie benötigen dann zwar in aller Regel noch eine praxisnahe Zusatzausbildung; die aber benötigen sie heute auch. Mit der Straffung und übersichtlicheren Gestaltung der Studiengänge wäre zugleich ein wichtiger Beitrag zur Internationalisierung deutscher Bildungseinrichtungen geleistet. Die deutsche Sprache ist sicher eine Hürde, die viele Ausländer davon abhält, hierher zu kommen. Doch diese Hürde lässt sich nur bedingt abbauen. Englisch als allgemeine Universitätssprache einzuführen ist weder ein realistisches noch ein erstrebenswertes Ziel. Anders verhält es sich mit der zweiten Hürde: den unübersichtlichen und langwierigen Studienordnungen. Sie stoßen nicht selten die Fähigsten ab und ziehen die an, die das Studentendasein zur Lebensform erkoren haben.

Parallel dazu sind Veränderungen des Lehrkörpers erforderlich. Zu lange wurde die Bildungsdebatte von quantitativen Problemen beherrscht: zu viele Schüler, zu wenige Lehrer; zu viele Studenten, zu wenige Professoren. Mittlerweile ist zumindest in den allgemeinbildenden Schulen das zahlenmäßige Verhältnis von Lehrern zu Schülern auf durchschnittlich eins zu siebzehn gesunken[34] – im langfristigen Vergleich ein Spitzenwert. Und auch an den Universitäten könnten die quantitativen Relationen rasch verbessert werden, wenn frühzeitig alle, die das Studienziel mit hoher Wahrscheinlichkeit nicht erreichen, auf sinnvollere Ausbildungsgänge verwiesen würden.

Das gäbe Luft, verstärkt qualitative Erwägungen anzustellen. Der Lehrberuf hat bedenklich an Attraktivität verloren. Das ist nicht in erster Linie eine Frage der Bezahlung. Mindestens ebenso wichtig ist die verminderte gesellschaftliche Wertschätzung, die der Lehrtätigkeit insbesondere im Gymnasialbereich entgegengebracht wird. Eltern wünschen für ihre Kinder eine möglichst gute Ausbildung. Aber wer sie ihnen unter welchen Bedingungen vermittelt, beschäftigt die meisten nicht. Dadurch ist eine Abwärtsspirale in Gang gesetzt worden. Mit der Qualität des Bildungssystems sank nicht selten auch die Qualität seiner Träger.

Wie kurz die Decke qualifizierten Personals ist, zeigte sich, als nach der Wiedervereinigung an ostdeutschen Universitäten und Hochschulen eine größere Zahl von Lehrstühlen zu besetzen war. Hier musste zum Teil auf Kräfte zurückgegriffen werden, deren Qualitäten nicht überzeugten. Aber es fanden sich keine anderen. So wurden Berufungen vorgenommen, an denen ostdeutsche Fakultäten noch lange zu tragen haben werden. Mangel an qualifiziertem Personal plagt jedoch nicht nur die Universitäten. Auch in Betrieben, Banken und Behörden, in Rechtsanwaltskanzleien, Arztpraxen und Handwerksbetrieben fehlen Menschen, die den gestellten Aufgaben gewachsen sind. Überall wird händeringend nach Arbeitskräften gesucht – den richtigen.

Der Einwand, nicht jeder könne ein Olympionike sein, ist sicher beachtenswert, hilft aber nicht weiter. Die deutsche Volkswirtschaft leidet unter einem Engpass: Die Zahl von Männern und Frauen, die in ihrem jeweiligen Tätigkeitsbereich uneingeschränkt gute Arbeit leisten, ist zu klein. Dieser Engpass behindert Wachstum und Beschäftigung. Würde er geweitet, erledigten sich zahlreiche Probleme, unter denen die Bevölkerung heute leidet, von selbst. Es sind nicht nur Steuern und Sozialabgaben, die der Wirtschaft zu schaffen machen. Noch schwerer wiegen Personaldefizite.

Sie zu beheben wird dauern. Im Grunde muss eine frische Generation heranwachsen. Gelindert werden können sie aber schon heute, etwa durch die Verbesserung von Flexibilität und Wettbewerb. Das gilt wiederum für alle Tätigkeitsbereiche, besonders aber für den öffentlichen Dienst. Dass Polizisten, Richter und einige andere Berufsgruppen den Beamtenstatus genießen, ist zwar kein Naturgesetz, aber einsichtig. Dass jedoch auch Lehrer vom Haupt- bis zum Hochschullehrer noch häufig verbeamtet werden, ist der Widerschein eines feudalistischen Staats- und Gesellschaftsverständnisses, dem zufolge Bildung eine hoheitliche Aufgabe ist. Mit der Überwindung feudaler Herrschaftsstrukturen und der grundgesetzlichen Garantie bürgerlicher Freiheiten, einschließlich des Rechts auf freie Meinungsäußerung, bedarf es keiner Verbeamtung von Lehrern mehr. Ein Angestelltenverhältnis genügt. Im Ausland, zunehmend aber auch in Deutschland, hat man mit dieser Regelung bereits gute Erfahrungen gesammelt. Das Angestelltenverhältnis erleichtert den Wettbewerb der Bildungseinrichtungen untereinander. Es signalisiert aber auch: Lehrkräfte, die anspruchsvollen Maßstäben auf Dauer nicht genügen, müssen gehen. Dieses Signal dürfte die deutschen Schulen und Universitäten spürbar beleben.

Gerade im Bildungsbereich sind Flexibilität und Wettbewerb aber auch deshalb vonnöten, weil er sich viel mehr als bisher der Aus- und Weiterbildung von Menschen in reiferen

Jahren öffnen muss. Mit einem verbesserten Vorlesungsangebot für Senioren, die auf diese Weise etwas Abwechslung in ihren Alltag bringen, ist es nicht getan. Dringend erforderlich sind in naher Zukunft Ausbildungsgänge, die den Qualifikationen, Lebenserfahrungen und Bedürfnissen von Vierzig-, Fünfzig- und Sechzigjährigen aller Berufsgruppen und Tätigkeitsbereiche gemäß sind. Mit den derzeitigen Schul- und Unterrichtsstrukturen, vor allem aber mit dem derzeitigen Lehrpersonal, ist das nicht zu leisten. Die Grenze zwischen Lehrenden und Lernenden muss durchlässig werden. Viele werden beides zugleich sein. Die Zahl derer, die irgendwann im Lauf ihres Lebens einmal lehrend tätig sind, wird stark zunehmen. In diese neue Wirklichkeit passen weder Beamtenstatus noch Beamtenrecht.

Eine erhebliche Verminderung der Zahl der Beamten könnte darüber hinaus ein Beitrag zur Herstellung repräsentativer Demokratie sein. Gegenwärtig ist jeder fünfte Bundestagsabgeordnete ein ehemaliger Lehrer, und fast jeder zweite kommt aus dem öffentlichen Dienst – die überwältigende Mehrheit aus Beamtenverhältnissen. In den Länderparlamenten liegen diese Anteile häufig sogar noch höher. Das ist weder der parlamentarischen Arbeit noch der Demokratie zuträglich. Beide werden von den Sicht- und Verhaltensweisen von Beamten bestimmt, während die Interessen und Bedürfnisse anderer Berufsgruppen in den Hintergrund gedrängt werden. Das erklärt manches, nicht zuletzt die Schwergängigkeit des politischen Apparats.

Der Ruck, der jetzt durch den Bildungsbereich gehen muss, ist der Schlüssel zum Ganzen. Zu lange haben abhängig Beschäftigte zu abhängiger Beschäftigung erzogen. Die Erziehung zur Mündigkeit endete da, wo Mündigkeit in Pflicht umschlägt. Erzogen wurde eine Bevölkerung, die sich nur allzu gern unter die Fittiche anderer, am liebsten des Staates, flüchtet. Zugleich wurde an deutschen Schulen und Hochschulen mit kostbarer Lebenszeit und noch kostbareren

Begabungen allzu achtlos umgegangen. Oft waren es die Besten, die in diesem System verkümmerten. Das war bereits bisher eine unvertretbare Vergeudung. Eine zahlenmäßig abnehmende und stark alternde Bevölkerung kann sich eine solche Vergeudung jedoch schlechterdings nicht leisten. Ohne weiteren Verzug muss durch die umfassende Reform des Bildungswesens die Grundlage für den Wissensstock gelegt werden, der in den kommenden Jahrzehnten die aktiven Generationen befähigen wird, die Herausforderungen des demographischen Wandels zu meistern.

Revision des Kapitalstocks

Wie das Wissen bedarf auch der Kapitalstock einer gründlichen Revision, um den Bedingungen und Bedürfnissen einer zahlenmäßig abnehmenden und stark alternden Bevölkerung zu genügen. Ohne Grund und Boden beziffert sich sein gegenwärtiger Wert,[35] bestehend aus Produktionsanlagen, Wirtschafts- und Wohnungsbauten sowie öffentlichen Infrastrukturen, auf überschlägig 6,4 Billionen Euro. Hinzu kommen Vorräte im Wert von schätzungsweise knapp 0,3 Billionen Euro. Das sind, umgelegt auf die Bevölkerung, im statistischen Mittel rund 176 000 Euro pro Haushalt und 81 000 Euro pro Kopf.

An diesen 6,4 beziehungsweise 6,7 Billionen Euro ist der Staat – vorwiegend in Form öffentlicher Infrastruktureinrichtungen – mit etwa 1 bis 1,5 Billionen Euro beteiligt.[36] An den verbleibenden rund 5 Billionen Euro hat er in Form von Beteiligungen, zum Beispiel bei der Telekom oder der Deutschen Post, Anteil. Der weitaus größere Teil des Kapitalstocks gehört jedoch privaten Haushalten, sei es unmittelbar als Eigenkapital, etwa in Form von Aktien, oder mittelbar als Fremdkapital, beispielsweise Spareinlagen. Zu diesem Kapitalstock im engeren Sinne kommen sowohl bei den Privathaushalten als auch beim Staat weitere Billionenwerte hinzu: Grund und Boden, Kunstschätze sowie Gebrauchsvermögen wie Möbel oder Automobile.

Diese Zahlen beeindrucken nicht nur im historischen, sondern auch im internationalen Vergleich. Nur wenige Länder können pro Kopf der Bevölkerung mit einem ähnlichen Kapitalstock aufwarten. Das darf die Deutschen aber nicht veranlassen, sich selbstzufrieden zurückzulehnen. Ihr Kapitalstock hat nämlich empfindliche Schwächen, und seit geraumer Zeit hat er sich nicht so entwickelt, wie er sich hätte entwickeln können und im Blick auf den Bevölkerungsumbruch hätte entwickeln müssen.

Die Ursache ist in erster Linie der hohe Anteil, den der Staat an allem hat, was in Deutschland erwirtschaftet wird. Seit Jahrzehnten nimmt er rund die Hälfte aller Güter und Dienste in Anspruch und verwendet sie nach den von ihm gesetzten Kriterien. Hätte der Staat ähnliche Gegenwarts- und Zukunftspräferenzen wie ein weit vorausschauender privater Haushalt, wäre dies für die Bildung des Kapitalstocks nicht weiter problematisch. Doch zumindest in Deutschland begünstigt er den Gegenwartskonsum zu Lasten von Zukunftsinvestitionen. Ein hoher Staatsanteil schmälert deshalb tendenziell die Aufwendungen für den Kapitalstock.

Besonders deutlich zeigt sich dies bei der gesetzlichen Alterssicherung. Dieses System zieht derzeit mehr als ein Achtel aller Güter und Dienste an sich und führt sie unverzüglich dem Konsum zu. Wären alternativ im Lauf der Jahrzehnte größere Vermögensbestände für Zwecke der Alterssicherung aufgebaut worden, hätte das den Kapitalstock und zugleich die volkswirtschaftliche Leistungsfähigkeit gestärkt. Bei geringerem Aufwand wäre eine mindestens ebenso gute Versorgung des alten Bevölkerungsteils möglich gewesen. Doch der Staat konnte sich während eines halben Jahrhunderts nicht dazu aufraffen, den Gegenwartskonsum zugunsten von Zukunftschancen auch nur vorübergehend zu drosseln.

In die gleiche Richtung weist die Verschuldung der öffentlichen Hand. In den zurückliegenden dreißig Jahren hat sich der Staat im In- und Ausland 1,2 Billionen Euro und, rechnet man die verdeckte Verschuldung in Sondervermögen und Ähnlichem hinzu, sogar 1,3 Billionen Euro geborgt. Damit steht er pro Haushalt mit durchschnittlich gut 35 000 Euro und pro Kopf mit etwa 16 000 Euro in der Kreide. Wollte er seine Schulden wie eine Hypothek, die mit sechs Prozent verzinst ist, in dreißig Jahren abtragen, müsste er dafür ein Fünftel der derzeitigen Steuereinnahmen aufwenden – jährlich 97 Milliarden Euro oder über eine Viertel Milliarde Euro pro Tag.

Diese Zahlen veranschaulichen die Größenordnung, in der der Staat seit Jahrzehnten die Ersparnisbildung der Bürger für seine Zwecke in Anspruch genommen hat und weiter in Anspruch nimmt. Zum Teil sind diese Kredite dem Kapitalstock zugute gekommen und haben die Produktivität der Volkswirtschaft verbessert. Insoweit finanzieren sie sich selbst. Zum Teil wurden sie aber auch für wenig oder unproduktive Investitionen, wie Repräsentationsbauten, verwendet. So werden in Berlin Milliardenbeträge in Objekten verbaut, die dem Staat funktionsgleich an anderem Ort bereits zur Verfügung stehen. Schließlich wurde ein dritter Teil, insbesondere im Zuge des West-Ost-Transfers, ohne alle Produktivitätsgewinne dem Konsum zugeführt.

Darüber hinaus wurden mit der Wiedervereinigung deutsche Vermögensbestände im Ausland nicht weiter auf- und vorhandene sogar wieder abgebaut. Zwar blieben die deutschen Exporte hoch, aber nicht minder hoch war der Importbedarf vor allem Ostdeutschlands. Ohne diesen ostdeutschen Zusatzbedarf läge der (west-)deutsche Nettovermögensbestand im Ausland heute bei etwa 1 bis 1,3 Billionen Euro.[37] Von ihm hätte in Zukunft gezehrt werden können. So liegt er nahe bei Null. Statt im Ausland Vermögen aufzubauen, wurden die neuen Bundesländer aufgebaut, vor allem aber ostdeutsche Konsumwünsche befriedigt.

Letztere Bemerkung enthält keine kritischen Untertöne. In der konkreten historischen Situation der Wiedervereinigung war ein anderer Weg nicht gangbar. Die Deutschen müssen jedoch wissen, dass nicht zuletzt durch die rasche Befriedigung der lange zurückgestauten ostdeutschen Konsumwünsche der gebotene Aufbau des Kapitalstocks empfindlich verzögert worden ist. Um den Rückstand aufzuholen, müssen sie jetzt ihre Sparanstrengungen verstärken.

Mehr sparen, weniger konsumieren

Die Deutschen denken aber gar nicht daran, mehr zu sparen. Vielmehr hoffen sie auf hohe Wachstumsraten, Einkommenssteigerungen und Vermögenszuwächse. Dabei setzen nicht wenige auf reiche Erbschaften, und die meisten sehen unverdrossen den Staat in der Verantwortung, wenn es um ihre Versorgung im Alter oder Krankheits- und Pflegefall geht. Warum also noch groß sparen? Viele sparen nur noch für ein neues Auto oder den nächsten Urlaub.

Der Anteil, der vom verfügbaren Einkommen auf die hohe Kante gelegt wird, geht seit dreißig Jahren tendenziell zurück. Lag die Sparquote im Mittel der siebziger Jahre noch bei 14,6 und in den achtziger Jahren bei 13,2 Prozent, ging sie in den neunziger Jahren auf 11,6 Prozent zurück. 1999 fiel sie erstmals seit der unmittelbaren Nachkriegszeit unter die Zehn-Prozent-Marke. Relativ gesehen, sparen die gegenwärtig erwerbsfähigen Generationen nicht mehr als ihre vergleichsweise armen Groß- und Urgroßeltern und weit weniger als ihre nur mäßig begüterten Eltern und Großeltern. Zugleich haben sie weniger Kinder. Viele machen es sich also doppelt leicht: Sie bilden weder Produktiv- noch Humankapital. Was sie erwirtschaften, das verzehren sie auch. Investitionen in die Zukunft, einschließlich der eigenen, überlassen sie anderen.

Das hat die Gesellschaft gespalten. Auf der einen Seite stehen Eltern und jene, die durch aktive Vermögensbildung zum Ausbau des Kapitalstocks beitragen. Oft sind beide personengleich. Eltern sparen häufig mehr als Kinderlose. Auf der anderen Seite stehen jene, die sich jeder Form der Zukunftsvorsorge entziehen. Sie fahren als Trittbrettfahrer auf dem Zug in die Zukunft mit und rufen allenfalls nach Zuwanderern, die ihre Versäumnisse, wenn schon nicht ungeschehen, so doch weniger auffällig machen sollen.

Um welche Größenordnung es bei der Ersetzung von Kindern durch Kapital geht, verdeutlicht folgende Rechnung. Bei einem unterstellten individuellen und kollektiven Aufwand von 510 Euro pro Kind und Monat – die tatsächlichen Kosten sind weit höher – müssten bei einer bestandserhaltenden Geburtenrate zur Zeit jährlich etwa 61 Milliarden Euro zusätzlich für Kinder aufgebracht werden. Dieser Betrag wird entweder gar nicht erst erarbeitet, das heißt als Freizeit genossen, oder für gehobenen Konsum wie Modeartikel, Urlaubsreisen oder Restaurantbesuche ausgegeben. Insgesamt hat sich die Bevölkerung seit Einbruch der Geburtenrate Anfang der siebziger Jahre auf diese Weise etwa zwei Billionen Euro »geschenkt«. Das ist so viel wie der Wert aller Güter und Dienste, die die Volkswirtschaft im Jahr 2000 erwirtschaftete.

Wäre auch nur ein Teil dieser Summe, die vor allem von Kein- und Ein-Kind-Haushalten konsumiert worden ist, im In- und Ausland gewinnträchtig angelegt worden, könnten die Deutschen gelassener in die Zukunft schauen. Ihre eigene Volkswirtschaft wäre noch produktiver, und die Volkswirtschaften anderer Länder wären nicht zuletzt aufgrund der bereitgestellten Mittel produktiv genug, das deutsche Kapital bedienen zu können. Darüber hinaus könnten mehr Menschen in ihren angestammten Regionen und Kulturkreisen auskömmlich leben und brauchten nicht nach Deutschland und in die Europäische Union zu drängen. Die kinderarmen, alternden Deutschen und Europäer würden, indem sie kinderreiche, jüngere Völker in großem Umfang an der Nutzung ihres Wissens, vor allem aber auch ihres Kapitals beteiligten, sich selbst und anderen helfen. Für Massenmigrationen gäbe es keinen Anlass.

Dass solche Migrationen immer wahrscheinlicher werden, ist nicht zuletzt auf die kurzsichtige Vermögenspolitik in den Industrieländern zurückzuführen, die nicht vermochte, genügend Kapital zu bilden, um auch in den sich entwickelnden Ländern in großem Umfang investieren zu können. Noch ist es für eine solche Strategie nicht zu spät. Aber die Zeit ist knapp geworden. Wenn die Deutschen weniger Kinder haben, müssen sie zum Ausgleich mehr Kapital bilden und es verstärkt in den bevölkerungsreichen Regionen anlegen. Andernfalls ist ihr wirtschaftlicher Niedergang nur eine Frage der Zeit.

Symbiose von Kapital und Arbeit

Europäern, zumal Deutschen, fällt ein zeitgemäßer Umgang mit ihrem Wissens- und Kapitalstock schwer. Sie haben nicht gelernt, ihn strategisch einzusetzen, und noch weniger, ihn bei der Bewältigung des demographischen Umbruchs zu nutzen. Bei aller Modernität sind sie in dieser Hinsicht seltsam unmodern und leben noch in der Geisteswelt des 19. Jahrhunderts. Nur unwillig bequemen sie sich dazu, Wissen als die wichtigste wirtschaftliche Ressource anzuerkennen. Noch vor fünf Jahren bedurfte es erheblicher Anstrengungen, dem Begriff Wissensgesellschaft im Sprachgebrauch Eingang zu verschaffen. Und bis heute schwirrt es von Vorurteilen gegen den wissensgetriebenen Fortschritt. Der koste nur Arbeitsplätze. Arbeitsplätze aber seien kostbar. Doch immerhin, Veränderungen sind unübersehbar. Der Widerstand dagegen, Wissen als Ressource zu erkennen und zu nutzen, wird brüchig, auch wenn er noch keineswegs geschwunden ist.

Nicht so beim Kapital. Zwar wird es von der Gesellschaft inzwischen ebenfalls freundlicher betrachtet. Aber die ausführlichen Börsenberichte in Presse, Funk und Fernsehen dürfen nicht darüber hinwegtäuschen, dass in breiten Bevölkerungsschichten tiefes Misstrauen gegen alles, was mit Kapital zu tun hat, fortbesteht. In diesen Schichten kann mit Antikapitalismustiraden noch immer gepunktet werden, und ein Bundeskanzler hofft auf Popularitätsgewinn, wenn er erklärt, keine Aktien zu besitzen.

In Ostdeutschland wurde diese kritisch-ablehnende Haltung gegenüber dem Produktionsfaktor Kapital während der vierzigjährigen DDR-Herrschaft sorgfältig kultiviert und politisch eingesetzt. Obwohl die DDR wie jede andere entwickelte Volkswirtschaft auf Kapital angewiesen war, zögerte sie nicht, den Klassen- und Staatsfeind mit ihm zu identifizieren. Das kapitalfundierte Wirtschaften, der Kapitalismus, galt, ideologisch überhöht, als das Böse schlechthin.

Doch auch im »kapitalistischen« Westen gibt es bis heute ausgeprägte Kapital- und Kapitalismusängste. Als die Briten – die Amerikaner taten es sowieso – in den siebziger Jahren den Begriff »capitalism« unbefangen in den politischen Diskurs einführten, wurde das auf dem Kontinent als anstößig empfunden. »Marktwirtschaft« klang unverfänglicher, vor allem, wenn ihr noch ein gefälliges »sozial« vorangestellt wurde. Bewusst oder unbewusst weisen viele Europäer Kapital und Arbeit auch jetzt noch zwei Welten zu: schlecht, ungerecht und gemein die eine; gut, gerecht und edel die andere. Mitunter scheint es, als zeige sich das endzeitliche Ringen zwischen dem Reich der Finsternis und dem des Lichts im Kampf zwischen Kapital und Arbeit in seiner zeitgemäßen Gewandung. Diesen Eindruck erwecken nicht nur etwas angestaubte Texte der antikapitalistischen Linken, sondern auch druckfrische Erzeugnisse von Gewerkschaften und Kirchen.

Wie antiquiert das marxistische Arbeits- und Kapitalverständnis auch sein mag – bis heute schlägt es Millionen in seinen Bann. Dieses Verständnis zu revidieren und sich der veränderten Wirklichkeit zu stellen bedeutet für sie, ein Stück ihrer Identität preiszugeben. Viele, zumal Ältere und große Teile der ostdeutschen Bevölkerung, sind vom Klassenkampf früherer Zeiten tiefer geprägt, als sie sich selbst eingestehen. In ihren Köpfen wirkt er fort: hier die wertschöpfenden Erwerbstätigen, da die ausbeuterischen Kapitaleigner. Deshalb werden im Verhältnis von Kapital und Arbeit noch immer Töne angeschlagen, die in schriller Dissonanz zu den Bedürfnissen einer modernen Volkswirtschaft in einer alternden Bevölkerung stehen. In einer solchen Volkswirtschaft werden sich die Kapitaleigner hüten, die Anbieter von Arbeitsleistungen zu verprellen. Sie brauchen sie, um den Wert des Kapitals zu erhalten und zu steigern. Entsprechend verhalten sich die Arbeitskräfte. Ohne Kapital würde ihre derzeitige Produktivität auf einen Bruchteil schrumpfen.

Unter den gegenwärtigen und mehr noch den künftigen Bedingungen sind Kapital und Arbeit zwingend aufeinander angewiesen. Sie bilden ein organisches Ganzes. Beide haben den gleichen wirtschaftlichen und sozialen Rang, auch wenn dem Kapital faktisch der Vorrang eingeräumt wird. Arbeit beginnt sich erst zu regen, wenn Geld da ist. Ohne Geld rührt sich keine Hand. Ist für diese oder jene Arbeit kein Geld vorhanden, unterbleibt sie. Klarer lässt sich beider Verhältnis kaum beschreiben.

Kapital und Arbeit sind eine Symbiose eingegangen. Ihre Konfrontation ist historisch überholt. Dennoch wird sie verbal fortgesetzt. Das hat vor allem zwei Gründe: Mächtige Organisationen, Gewerkschaften und Arbeitgeberverbände sowie große Teile der Politik sind entlang dieser historischen Frontlinien aufgestellt. Der Verzicht auf sie würde das tradierte Organisations- und mit ihm das Machtgefüge erschüttern. Und gegen nichts sträubt sich ein Funktionär mehr, gleichgültig in welchem Lager er steht.

Der zweite Grund ist nicht minder wichtig. Würde die Konfrontation beendet, würde offenbar werden, wie sinnlos wirtschaftliche und gesellschaftliche Kräfte sich in Scheingefechten verzettelt haben. Vor allem aber würde sichtbar, dass die Gewerkschaften durch diese Auseinandersetzungen in eine Sackgasse geraten sind: Ihre konfrontative Einkommenspolitik ist gescheitert und hat die Arbeitnehmer zugleich weitgehend von dem erstarkenden Produktionsfaktor Kapital abgeschnitten.

Pyrrhussiege der Gewerkschaften

Seit jeher glauben die Gewerkschaften, die Interessen ihrer Mitglieder seien am besten gewahrt, wenn sie möglichst große Lohnerhöhungen, Arbeitszeitverkürzungen und Sozialleistungen durchsetzen. Lange Zeit war diese Zielsetzung höchst einsichtig. Die überwältigende Bevölkerungsmehrheit und die meisten Politiker teilten sie. Viele Arbeitgeber zeigten Verständnis. Ihre Einwände betrafen zumeist nur das Tempo, mit dem die Gewerkschaften ihre Ziele verfolgten, nicht die Ziele selbst. Mit diesen schmückten sich alle gern. Nichts taten Gewerkschafter, Politiker und auch Arbeitgeber lieber, als Mitgliedern, Bevölkerung und Belegschaften zu verkünden, ab sofort gebe es mehr Lohn, Urlaub und Rente. Von allem konnte es gar nicht genug geben. Der Appell, Maß zu halten, blieb ungehört. Die westdeutsche Gesellschaft befand sich in einem Rausch, dem der großen Zahlen. Ein prominenter Arbeitgebervertreter bekannte in den siebziger Jahren, ihm wäre es peinlich, den Monatslohn eines Mitarbeiters nur um die wirtschaftlich angemessenen zwölf Mark zu erhöhen; ein Fünfzigmarkschein müsse es schon sein.

Die Gewerkschaften trieben diese Entwicklung kräftig voran. Seit den sechziger Jahren überstiegen ihre Lohnforderungen fast ausnahmslos die realen wirtschaftlichen Möglichkeiten. Niemand wagte, ihnen entgegenzutreten. Der Widerstand der Arbeitgeber war schwach. Nur selten kämpften sie für ihre Position. Die Politik hielt sich vornehm zurück. Mochten die Tarifparteien doch vereinbaren, was sie wollten. Das war ihr gutes Recht. Die Tarifautonomie ermächtigte sie dazu.

Die Gewerkschaften bekamen, was sie forderten – allerdings zunehmend nur noch auf dem Papier. Besonders krasse, aber keineswegs singuläre Beispiele finden sich in den siebziger Jahren. Allein von 1970 bis 1974 stieg der durchschnittliche Bruttolohn pro Arbeitsstunde um sechzig Prozent, obwohl pro Stunde nur etwa 25 Prozent mehr produziert wurden.[38] Dass dies nur Inflation bedeuten konnte, war für die Tarifparteien kein Hinderungsgrund. Die Politik nahm es hin, und die Bundesbank schaute ohnmächtig zu.

Die gewerkschaftliche Lohnpolitik trug wesentlich dazu bei, dass den Arbeitnehmern immer mehr wertloser Geldschaum ins Portemonnaie gespült wurde. Einmal angenommen, die Tarifparteien hätten bei ihren Abschlüssen nicht regelmäßig die Bodenhaftung verloren beziehungsweise die Bundesbank hätte über wirksamere Instrumente der Geldwertsicherung verfügt, wäre der Wert der Mark in den zurückliegenden fünfzig Jahren nicht auf ein Viertel, sondern möglicherweise »nur« auf rund die Hälfte gefallen. Bei gleicher Kaufkraft hätte der nominale Bruttolohn im Jahr 2000 nicht bei durchschnittlich 4150 DM (2120 Euro),[39] sondern bei rund 2100 DM gelegen. Damit wäre der Geldwert zwar im Mittel der Jahre noch immer um 1,4 Prozent gesunken. Ein solcher Schwund ist jedoch in einer offenen und dynamischen Volkswirtschaft kaum zu vermeiden. Was darüber hinausgeht, ist jedoch zumeist eine Folge von Misswirtschaft.

Vielleicht gehört es zu den Ironien der Geschichte, dass die Deutschen mit der Einführung des Euro nominal die gleichen Einkommen in Händen halten, die sie bekommen hätten, wenn in den Lohnrunden weniger Schaum geschlagen und der Staat sich beispielsweise mit sinnlosen Konjunkturprogrammen zurückgehalten hätte. Dann wäre zum Zeitpunkt der Währungsumstellung, 2002, eine Mark ziemlich genau einen Euro und nicht nur 51 Cent wert gewesen. Die ganze Umrechnerei hätte sich erübrigt: 1 Mark = 1 Euro. Mit der Einführung des Euro wurde für die Bevölkerung sichtbar ein Teil des Geldschaums weggeblasen, der unter maßgeblicher Mitwirkung der gewerkschaftlichen Lohnpolitik in den zurückliegenden Jahrzehnten geschlagen worden ist.

Seit Beginn der achtziger Jahre hat sich diese Politik vollends ad absurdum geführt. Hatten sich die Nettoarbeitsentgelte der abhängig Beschäftigten von 1960 bis 1980 im Durchschnitt noch fast parallel zum Anstieg des Volkseinkommens real verdoppelt, erhöhten sie sich von 1980 bis 2000 nur noch um drei Prozent, obwohl das Volkseinkommen um immerhin ein Drittel zunahm. Die Kaufkraft, die abhängig Beschäftigte aus ihrer Erwerbsarbeit beziehen, bewegt sich in Westdeutschland – für Ostdeutschland gilt aus offensichtlichen Gründen etwas anderes – seit zwanzig Jahren praktisch nicht mehr von der Stelle. Die Gewerkschaften haben sich festgefahren, auch wenn sie ihre oft stattlichen Lohnforderungen weiter durchsetzen.

Doch ihre Siege bringen nichts mehr. Es sind Pyrrhussiege. Zum Teil werden die erkämpften Lohnerhöhungen von den Sozialabgaben wieder aufgezehrt, die pro Arbeitnehmer zwischen 1980 und 2000 um real 37 Prozent stiegen; zum Teil werden sie durch das sinkende Arbeitsvolumen konterkariert. Die Gewerkschaften können nur noch ins Treffen führen, dass die abhängig Beschäftigten ihre Arbeitseinkommen in weniger Stunden erwirtschaften. Die Stundenlöhne steigen. Das ändert jedoch nichts daran, dass viele von der allgemeinen Wohlstandsentwicklung abgekoppelt worden sind.

Die Rechnung geht nur für die auf, die trotz des anhaltenden Schwunds des Arbeitsvolumens einer dauerhaften Vollzeitbeschäftigung nachgehen. Ihre Einkommen entwickeln sich einigermaßen im Gleichschritt mit dem Volkseinkommen. Immer mehr Menschen haben aber keine derartigen Beschäftigungsverhältnisse. Sie müssen sich – nicht selten unfreiwillig – mit

Teilzeit- oder geringfügigen Tätigkeiten begnügen. Obgleich der Erwerbstätigenanteil an der Bevölkerung im Jahr 2000 nur acht Prozent höher war als 1980, hat sich in dieser Zeit der Anteil nicht dauerhaft Vollzeitbeschäftigter in Westdeutschland von etwa zwanzig auf fast vierzig Prozent verdoppelt,[40] und dieser Trend beschleunigt sich.

Dadurch wird die Einkommensverteilung unter den Arbeitnehmern immer ungleicher. Auf der einen Seite steht die schwindende (Noch-)Mehrheit dauerhaft Vollzeitbeschäftigter und auf der anderen die wachsende (Noch-)Minderheit »flockig« Erwerbstätiger. Vergrößert wird die Ungleichheit durch die Konzentration lukrativer Tätigkeiten auf immer weniger, zumeist überdurchschnittlich qualifizierte Haushalte, in denen oft zwei und mehr Angehörige einer Erwerbsarbeit nachgehen. Entsprechend wenig bleibt für die anderen.

Im Blick zurück müssen die Arbeitnehmer ernüchtert feststellen, dass ihr Ringen um große Lohnerhöhungen, Arbeitszeitverkürzungen und Sozialleistungen zu einem gut Teil vergeblich war und nicht selten das Gegenteil dessen bewirkte, was sie beabsichtigt hatten. Bescheidenere Abschlüsse, die der Produktivitätsentwicklung von Wissen, Kapital und Arbeit besser Rechnung getragen hätten, wären der Erreichung ihrer Ziele dienlicher gewesen. Statt sie an der allgemeinen Wohlstandsentwicklung zu beteiligen, wurden sie in Schaukämpfe verwickelt, in denen es oft um nichts anderes ging als um die Darstellung von Macht. Ihretwillen wurde der Mummenschanz von Arbeitsniederlegungen, Streiks und nächtlichen Lohnrunden getrieben. Eine vorausschauende Politik hätte sich das alles erspart und dennoch ihre Ziele erreicht.

Gewerkschaften in der Zwickmühle

Die Gewerkschaften befinden sich in einem Dilemma. Halten sie an ihren tradierten Zielen und Organisationsformen fest, werden sie in absehbarer Zeit bedeutungslos sein. Geben sie diese Ziele und Organisationsformen jedoch auf, sind sie nicht länger die in hundert und mehr Jahren gewachsenen Institutionen. Die Gewerkschaften müssen wählen zwischen Bedeutungsverlust und Gestaltwandel. Doch wie sie sich auch entscheiden, in ein, zwei Generationen werden sie nicht mehr sein, was sie heute sind. Der Mechanismus ist zwingend:

Voraussetzung für die Erreichung der gewerkschaftlichen Ziele sind Produktivitätssteigerungen. Ohne sie können weder Löhne erhöht noch Sozialleistungen verbessert, noch individuelle Arbeitszeiten ohne Einbußen beim Erwerbseinkommen gekürzt werden. Die Gewerkschaften werden deshalb nicht müde, Produktivitätssteigerungen einzufordern. In wenig produktiven Unternehmen und Wirtschaftszweigen lassen sich ihre Anliegen nicht verwirklichen. In ihnen läuft das gewerkschaftliche Getriebe leer. Da Produktivitätssteigerungen jedoch auf verstärktem Wissens- und Kapitaleinsatz beruhen, können sich die Gewerkschaften ihm auch nicht entgegenstellen. Faktisch treiben sie ihn sogar voran. Indem sie Arbeit durch die Steigerung von Löhnen und Sozialleistungen teuer und durch Arbeitszeitverkürzungen teilweise knapp machen, verbessern sie die Wirtschaftlichkeit von Wissen und Kapital. Während diese im Wertschöpfungsprozess immer attraktiver werden, schwindet die Attraktivität der Arbeit. Unwillentlich, aber wirkungsvoll stärken die Gewerkschaften auf diese Weise gerade jene Produktionsfaktoren, die sich ihrem Einfluss – von Kontrolle ganz zu schweigen – weitgehend entziehen, und gleichzeitig schwächen sie die Stellung der von ihnen vertretenen Arbeit.

Die Gewerkschaften können machen, was sie wollen: Mit jedem Schritt, der sie ihren Zielen näher bringt, spielen sie den Eignern von Wissen und Kapital in die Hände. Wie das geht, kann heute allenthalben im Wirtschaftsleben besichtigt werden. Kaum ist eine gewerkschaftliche Forderung durchgesetzt, verliert der Faktor Arbeit weiter an Gewicht. Verzichtet ein Unternehmen auf Arbeit, reagieren die Börsen mit Kursanstiegen. Das ist keineswegs pervers, wie manche wackeren Gewerkschafter, Politiker und Kirchenleute meinen, sondern logisch, denn Arbeit hat sich überflüssig gemacht und ist durch Wissen und Kapital ersetzt worden. Das honoriert der Markt. Gewerkschafter empfinden das oft als Verlust des Gegners. Der Ring, so klagte unlängst einer, habe keine Begrenzung mehr. Die Gewerkschaften schlügen zu, aber das Kapital schlage nicht zurück. Es weiche aus, das heißt, es verzichtet auf Arbeitskräfte.

Die Gewerkschaften sind sich unschlüssig, wie sie sich verhalten sollen. Lange wähnten sie sich hinter dem Wall der Mitbestimmung sicher. In seinem Schutz glaubten sie, die Balance zwischen den Produktionsfaktoren halten zu können. Mittlerweile hecheln sie der Entwicklung hinterher. Dem Machtverlust, der mit der Ersetzung von Arbeitskräften durch Kapital einhergeht, suchen sie durch die Ausdehnung hauptamtlicher Betriebsräte auf kleinere Betriebe zu begegnen. Die Bundesregierung ist diesem Begehren gefolgt. Im Licht der Gewichtsverschiebung zwischen Kapital und Arbeit ist die Reform des Betriebsverfassungsgesetzes aber kaum mehr als ein Rückzugsgefecht. Das sehen auch viele Gewerkschafter so. Unter ihnen macht sich Ernüchterung breit. Mitbestimmung war nur so lange ein taugliches Instrument, wie sich die Mitbestimmten ihr nicht entziehen konnten. Seitdem das wirtschaftlich möglich ist, lässt sich mit gesetzgeberischen Maßnahmen nur noch wenig ausrichten. Andere Strategien sind geboten.

Wollen sich die Gewerkschaften nicht in letztlich fruchtlosen Arbeitskampfscharmützeln verschleißen, müssen sie die Konfrontation mit dem Kapital beenden. Mehr noch, sie müssen sich mit ihm verbünden. Dass eine solche Umorientierung ihren Wesenskern verändert, steht außer Frage. Bislang ist die Konfrontation mit dem Kapital für die Gewerkschaften identitätsstiftend. Sie achten peinlich darauf, dass sich Arbeitnehmer- und Kapitalinteressen möglichst nicht vermischen. Ein Arbeitnehmer, der zugleich Kapitaleigner ist, ist ihnen verdächtig. Wie kann, wie soll so einer ein Unternehmen bestreiken, dessen Miteigentümer er ist? »Gegnerfrei« zu sein war den Gewerkschaften stets besonders wichtig. Die gelegentlich erhobene Forderung nach Kapitalbeteiligung der Arbeitnehmer an den Unternehmen war zumeist nur eine Sprechblase. Hätten es die Gewerkschaften mit dieser Forderung ernst gemeint, wäre die Verteilung des Produktivkapitals heute nicht so ungleich. Die Beteiligung von Amerikanern und Briten am Kapitalstock ihrer Volkswirtschaften hätte ihnen zum Vorbild dienen können.

Doch es hilft nichts. Wollen die Gewerkschaften in einer wissens- und kapitalintensiven Volkswirtschaft noch eine Rolle spielen, müssen sie über ihren eigenen Schatten springen. In einer solchen Volkswirtschaft ist die Abschottung der Arbeitnehmer vom Kapital verfehlt. Dass sie so lange aufrechterhalten wurde, erweist sich schon jetzt als schwerer Fehler. Politik und Gewerkschaften haben hier eklatant versagt. Beide haben geschlafen, und den Gewerkschaften waren darüber hinaus ihre Verbandsinteressen wichtiger als die wohlverstandenen Interessen der Arbeitnehmer.

Andernfalls wären schon vor vielen Jahren die Weichen neu gestellt worden. Die Entwicklung der zurückliegenden zwei Jahrzehnte – stagnierende Kaufkraft aus abhängiger Beschäftigung bei kräftig sprudelnden Vermögenseinkommen – war lange absehbar. Wer heute darüber lamentiert, zeigt damit lediglich, dass er entweder nicht hingeschaut hat oder ökonomisch blind ist. Was sollte denn bei rückläufigem Arbeits- und anschwellendem Kapitaleinsatz anderes geschehen? Politik und Gewerkschaften schlagen auf den Falschen ein, wenn sie den steilen Anstieg der Vermögenseinkommen heute geißeln. Das ist nicht das Ärgernis. Das Ärgernis ist, dass an diesem Anstieg so wenige Arbeitnehmer teilhaben.

Der Einwand der Gewerkschaften, die Arbeitnehmer hätten zunächst einmal ordentliche Einkommen erzielen müssen, ehe sie substanzielle Vermögen hätten bilden können, verfängt nicht. Wäre er stichhaltig, hätte mit steigenden Einkommen allmählich auch die Beteiligung der Arbeitnehmer am Kapitalstock zunehmen müssen. Das ist nicht geschehen. Im Gegensatz zu manchen anderen Ländern hielten die deutschen Arbeitnehmer trotz weit überdurchschnittlicher Erwerbseinkommen zum Kapital Abstand. Die Folge war, dass das Produktivkapital in wenigen Händen konzentriert blieb.

Dies anzuprangern gehört zur rhetorischen Grundausstattung von Politikern und Gewerkschaftern. Doch in Wirklichkeit war die Bereitschaft, diesen Zustand zu ändern, gering. Das hätte die überkommenen Frontstellungen durcheinander gebracht.

Wäre er verändert worden, hätten beispielsweise die sozialen Sicherungssysteme so umgestaltet werden können, dass die Bevölkerung mit dem für Vorsorgezwecke gebildeten Vermögen Zugang zur Wertschöpfungskapazität des Kapitals erhalten hätte.

Millionen von Haushalten würden heute über zwei ergiebige Einkommensquellen verfügen: Arbeit *und* Kapital, wobei sich deren Gewichtung im Lebenszyklus verschieben würde – mehr Arbeitseinkommen für die Jüngeren, mehr Kapitaleinkommen für die Älteren. Millionen von Haushalten könnten sich an zunehmender Freizeit aufgrund sinkenden Arbeitsvolumens erfreuen und brauchten sich über die fallende Lohnquote nicht zu beunruhigen. Denn je stärker diese fiele, desto kräftiger stiegen ihre Kapitaleinkommen. Sie wären immer auf der Gewinnerseite.

Das alles hätte sein können, wenn Politik und Gewerkschaften gewollt hätten. Aber sie wollten nicht. Die Gewerkschaften wollen auch jetzt noch nicht, jedenfalls nicht wirklich, und die Politik zögert. Den Preis zahlen weiter die Arbeitnehmer, deren Lebensstandard niedriger ist, als er bei einer hellsichtigeren Vorgehensweise sein könnte.

Ungleiche Vermögensverteilung

Die unterschiedliche Beteiligung der Bevölkerung am Kapitalstock ist dessen größter Mangel. Sie ist zugleich Ursache und Folge der kritischen Distanz, die breite Schichten ihm gegenüber noch immer wahren. Sie verlassen sich darauf, dass irgendwelche anderen das Kapital bilden, das genügend produktive Arbeitsplätze und einen hohen Lebensstandard gewährleistet. Sich auch selbst entsprechend ihren individuellen Möglichkeiten an dieser Aufgabe zu beteiligen liegt ihnen fern. Sie beschränken sich darauf, ihre Arbeitskraft anzubieten. Die Bereitstellung des Wissens und vor allem des Kapitals, das ihre Arbeitskraft produktiv werden lässt, ist nicht ihre Sache.

Diese Sicht- und Verhaltensweise war den Wirtschafts- und Lebensbedingungen des 19. und frühen 20. Jahrhunderts gemäß. Den Bedingungen einer wissens- und kapitalintensiven Volkswirtschaft in einer alternden Bevölkerung ist sie völlig unangemessen. Unter diesen Bedingungen müssen sich möglichst viele durch beides, durch Arbeit und Kapital, in den Wertschöpfungsprozess einbringen. Nur so können sie an den weitgehend wissens- und kapitalgetriebenen Produktivitätssteigerungen ungeschmälert teilhaben und können gesellschaftlich unerträgliche Einkommens- und Vermögensungleichheiten vermieden werden. Über Erwerbsarbeit allein ist das nicht mehr möglich. Dazu reicht ihre Verteilungswirkung nicht mehr aus.

Bis eine Breitenbeteiligung der Bevölkerung am Kapitalstock erreicht ist, ist allerdings ein weiter Weg zu gehen. Am gleichmäßigsten sind gegenwärtig noch jene Vermögensarten verteilt, die dem Kapitalstock im engeren Sinne nicht zuzurechnen sind: Gebrauchsvermögen sowie Grund und Boden. Aber selbst hier sind die Unterschiede beträchtlich. Zwar gibt es keine neueren Erhebungen. Werden jedoch die vorhandenen Zahlen aus den achtziger und neunziger Jahren plausibel fortgeschrieben, besitzt die wohlhabendere Bevölkerungshälfte in Westdeutschland etwa sieben Zehntel des Gebrauchsvermögens und die weniger wohlhabende den Rest.[41] Noch ungleicher ist die Verteilung von Grund und Boden. Einschließlich Wohnungen hat etwa die Hälfte der westdeutschen Haushalte Immobilieneigentum. Bei den Haushalten mit mehr als zwei Personen sind es knapp drei Fünftel.[42]

Mit größerer Annäherung an den Kapitalstock nehmen die Verteilungsunterschiede weiter zu. Vom Geldvermögen besaß in den neunziger Jahren die wohlhabendere Bevölkerungshälfte schätzungsweise knapp neunzig Prozent, von denen ein hoher Anteil produktiv angelegt war, während die weniger wohlhabende mit den verbleibenden zehn Prozent vorlieb nehmen musste – das meiste vermutlich Bargeldbestände.[43] Das wohlhabendste Bevölkerungsfünftel nannte sogar mehr als sechzig Prozent des Geldvermögens sein Eigen. In diesem Fünftel konzentrierten sich die Eigentümer von Produktivkapital. Ferner dürfte die große Mehrheit der Besitzer von Betriebsvermögen, wie Handwerksbetrieben, Zahnarztpraxen und Ähnlichem, zu diesem Fünftel gehören. Über die genaue Verteilung dieser Vermögensart gibt es in Deutschland keine verwertbaren Erhebungen. Schätzungsweise befand es sich jedoch in den neunziger Jahren in den Händen von höchstens sechs Prozent der Bevölkerung.

Diese Vermögenskonzentration kann nur durch viele kleine Schritte abgebaut werden. Breiteste Bevölkerungskreise müssen anfangen zu sparen, und zwar nicht nur für das neue Auto oder die nächste Urlaubsreise, sondern langfristig und mit System. Das ist mühsam und ungewohnt, aber alternativlos. Mit der Umverteilung vorhandenen Vermögens, wie sie hin und wieder diskutiert wird, ist das Ziel nicht zu erreichen. Auf diese Weise können wohl alle gleich, aber nur gleich arm gemacht werden. Umverteilungsmaßnahmen führen nämlich in der Regel zum Rückgang der Vermögensbildung insgesamt, insbesondere der Bildung von Produktivkapital. Inländisches Kapital flieht, ausländisches Kapital hält sich zurück, die Sparneigung der Begüterten sinkt, und die durch die Maßnahmen Begünstigten steigern oft nur ihren Konsum statt ihrer Sparanstrengungen.

Langfristig Vermögen zu bilden und produktiv einzusetzen müssen viele erst lernen. Jahrzehntelang wurde ihnen bedeutet, dass sie ihre Erwerbseinkommen im Großen und Ganzen für ihre täglichen Bedürfnisse verbrauchen und das Sparen »den Reichen« überlassen könnten. Dass breiteste Bevölkerungsschichten im historischen und internationalen Vergleich mittlerweile selbst »reich« geworden sind und, objektiv betrachtet, in Deutschland niemand mehr gänzlich sparunfähig ist, ist noch nicht ins öffentliche Bewusstsein gedrungen. In ihm spielen die Einschränkungen der wirtschaftlich Schwächeren eine ungleich größere Rolle als die weiten Gestaltungsräume der leistungsfähig gewordenen Durchschnittsbürger.

Die Arbeitnehmer müssen der Tatsache Rechnung tragen, dass ein erheblicher Teil ihrer stattlichen Einkommen von ihnen eben nicht erarbeitet, sondern die Frucht von Wissen und Kapital ist, die sie das Glück haben, nutzen zu können. Politik, Gewerkschaften, aber auch Arbeitgeber haben versäumt, darauf zu drängen, dass sich die Arbeitnehmer durch die Bildung eigenen Vermögens an diesem Kapital beteiligen. Nicht zuletzt aus ideologischen Gründen wurde ihnen verhehlt, dass jenes Glück andernfalls zerbrechlich ist. Die Bevölkerung befindet sich in einem Zwiespalt. Sie erlebt hautnah, dass sich die Rollen von Erwerbsarbeit, Wissen und Kapital im Wertschöpfungsprozess zügig verändern. Wer nichts als seine Arbeitskraft anzubieten hat, steht zunehmend auf der Verliererseite. Wer hingegen Wissen und/oder Kapital produktiv nutzen kann, nimmt am Wachstum der Wirtschaft meist überproportional teil. Aus diesem Erleben zieht aber nur eine Minderheit Schlüsse. Die Mehrheit treibt weiter im breiten Konsumstrom.

Dabei kann eine alternde Bevölkerung nur dann halbwegs beruhigt in die Zukunft schauen, wenn sie sich auf zwei Stöcke stützen kann: den Wissens- und den Kapitalstock. Die Breitenbildung von Vermögen und ganz besonders von Produktivkapital muss deshalb einen hohen politischen Stellenwert erhalten. Bisher war Vermögensbildung nur ein Wort. Alle führten es im Munde, aber viele wussten nichts mit ihm anzufangen. Wozu Vermögen in einer Gesellschaft bilden, in der eine eigene Spezies, genannt Unternehmer, für die Arbeitsplätze und der Staat für den Unterhalt bei Arbeitslosigkeit, Krankheit und Pflegebedürftigkeit sowie im Alter sorgt? In einer solchen Gesellschaft kann Vermögen nichts anderes bedeuten als Gebrauchs- und Luxusgüter oder allenfalls ein Eigenheim. Doch diese Zeiten enden jetzt.

Im Grunde geht es um nichts Geringeres, als breite Bevölkerungskreise aus dem in Generationen eingeübten Trott einer Arbeitnehmergesellschaft zu reißen. Das heißt nicht, dass es künftig keine Arbeitnehmer mehr geben wird oder geben soll. Aber das tradierte Arbeitnehmerdasein wird sich tiefgreifend ändern müssen. Bisher waren immer andere für die Bereitstellung von Wissen, Kapital, Arbeitsplätzen und sozialer Sicherheit verantwortlich. Diese Komplettdelegation von Verantwortung ist in einer alternden Bevölkerung äußerst riskant. Sie führt zu ihrer Entmündigung.

Künftig muss Verantwortung wieder zurückdelegiert und auf die Schultern vieler verteilt werden. Mehr Menschen werden sowohl ihre Arbeitskraft als auch substanzielle Ersparnisse in die Wertschöpfung einzubringen haben; sie werden an der Schaffung ihrer Arbeitsplätze und der Gewährleistung sozialer Sicherheit unmittelbar mitwirken müssen. Das wird die Gesellschaft revolutionieren. Eine Revolution zieht die andere nach sich. Die sich revolutionär ändernde Bevölkerungsstruktur wirkt weiter in der Revolutionierung der Wissens- und Kapitalstrukturen.

Arbeitsplätze – eine Aufgabe aller

Damit schließt sich ein Kreis, an dessen Anfang die Frage nach der Zukunft der Erwerbsarbeit oder, konkreter, der Überwindung der Arbeitslosigkeit stand. Soll Vollbeschäftigung mehr sein als eine unverbindliche Wunschvorstellung, muss den revolutionären Veränderungen der Bevölkerungsstruktur sowie des Wissens- und Kapitalstocks ernsthaft Rechnung getragen werden. Davon kann bislang keine Rede sein. Die Politik begnügt sich mit Aktionen, die immer nur punktuell und kurzfristig wirken. Im Übrigen hofft sie, dass hohe Wachstumsraten irgendwann das Beschäftigungsproblem lösen werden.

Diese Hoffnung ist vergeblich. Ihr fehlt jede Grundlage. Sie ist wie das Warten auf Godot – er kommt nie. Schon der gedankliche Ansatz ist falsch. Arbeit entsteht nicht durch Wachstum, sondern Wachstum durch Arbeit. Das ist zahllose Male festgestellt worden, hat aber im öffentlichen Bewusstsein kaum Spuren hinterlassen. Die Bevölkerung hängt gläubig an der Vorstellung: ohne Wachstum keine zusätzlichen Arbeitsplätze. Das Hoffen auf Wachstum ist so zu einer Ersatzhandlung, zu einem Alibi geworden. Es enthebt Politik und Öffentlichkeit der Aufgabe, das eigentlich Gebotene zu tun.

Zugleich wird Verantwortung weitergereicht. Für Beschäftigung schaffendes Wachstum fühlt sich die überwältigende Mehrheit der Bevölkerung nicht verantwortlich. Das ist Sache der Unternehmer. Wenn die Wirtschaft nicht wächst und keine zusätzlichen Arbeitsplätze entstehen, werden sie gescholten wie ungezogene Kinder. Arbeitsplätze zu schaffen ist nach

Meinung vieler ihre vornehmste und wichtigste Pflicht. Diese zu verletzen ist explizit unsozial. Die umfassende Versorgung mit Gütern und Dienstleistungen versteht sich von selbst.

Diese Spaltung der Gesellschaft in die Mehrheit, die Wachstum, Wohlstand und Arbeitsplätze fordert, und eine Minderheit, die für das alles zu sorgen hat, ist wahrscheinlich die empfindlichste Schwachstelle einer freiheitlich-demokratischen Ordnung. Hier liegt die Einbruchstelle für autoritäre Regime und Diktaturen. Sie versprechen nichts lieber, als dass sie den Unternehmern Beine machen und sie zu ihren Pflichten anhalten würden. In einer Demokratie hingegen ist die Wirtschaft Sache aller. Ob und wie sie funktioniert, hängt von allen ab. Das gilt ausdrücklich auch für die Beschäftigung.

Diejenigen, die einen Arbeitsplatz verlangen oder ihn wie ein Osterei suchen, erwarten von anderen Leistungen, die ihre eigenen Fähigkeiten übersteigen. Andere sind ihnen offenbar überlegen. Das mag ein wenig durch Partnerschafts- und Mitbestimmungsfloskeln verbrämt werden, die jedoch am eigentlichen Sachverhalt nichts ändern. Eine Gesellschaft, die streng zwischen Arbeitgebern und Arbeitnehmern unterscheidet, ist keine Gesellschaft von Gleichen. Die einen sind von den anderen abhängig. Was früher einmal das Eigentum an Boden oder sonstigen Produktionsmitteln war, ist heute die Fähigkeit, Arbeitsplätze zu schaffen: Quelle der Ungleichheit.

Eine Gesellschaft, deren Wohlstand zunehmend auf dem Einsatz von Wissen und Kapital beruht, muss darauf achten, von dieser Quelle nicht unterspült zu werden. Diese Gefahr droht, wenn sie sich an das schrumpfende Arbeitsvolumen ausgerechnet jenes Bereichs klammert, in dem Wissen und Kapital dominieren. Hier wird die Schaffung und Erhaltung von Arbeitsplätzen zu einer Leistung, die nur von recht wenigen erbracht werden kann. Ganz anders liegen die Dinge außerhalb jener wissens- und kapitalintensiven Tätigkeitsfelder. Hier ist jeder berufen, Produzent und Konsument, Arbeitgeber und Arbeitnehmer zu sein.

Jeder ein Arbeitgeber

Der Einwand, es könne nicht jeder Arbeitgeber sein, verfängt nicht. Er entspringt überholtem Kastendenken. Faktisch ist nämlich seit jeher jeder von der Wiege bis zur Bahre Arbeitgeber und nur zeitlich begrenzt – vielleicht – auch Arbeitnehmer. Diese Feststellung ist durchaus kein Spiel mit Worten. Vielmehr zielt sie auf eine überfällige Weitung kollektiven und individuellen Bewusstseins, das bislang schablonenhaft meint, Arbeit zu geben und zu nehmen sei ein formalisierter, die gesellschaftliche Stellung bestimmender Akt. Unter den wirtschaftlichen und sozialen Bedingungen der Vergangenheit war das – bedingt – einsichtig. In einer stark alternden sowie wissens- und kapitalintensiv wirtschaftenden Gesellschaft, in der immer größere Bevölkerungsteile ihr Einkommen aus Transfers und Vermögen und nicht aus Erwerbsarbeit beziehen, schwindet diese Einsichtigkeit. Arbeit, Erwerbsarbeit, Kapital und Wissen verschmelzen miteinander. Die Rolle der Erwerbsarbeit wird relativiert. Ebenso relativiert sich die Bedeutung von Arbeitgebern und Arbeitnehmern. In nicht zu ferner Zukunft dürften diese Begriffe altertümlich anmuten.

Oder sie werden ihre Trennschärfe einbüßen. Denn jeder, der ein Produkt kauft und eine Dienstleistung in Anspruch nimmt, betätigt sich als Arbeitgeber. Das ist banal und trotzdem im allgemeinen Bewusstsein kaum verankert. Wäre es anders, wäre Arbeitslosigkeit hierzulande kaum ein Thema. Aber die meisten begreifen nicht, dass sie als Arbeitgeber versagen, wenn sie sich die Wohnung von einem Schwarzarbeiter tapezieren und das Auto vom Arbeitskollegen reparieren lassen. Ebenso versagen sie, wenn sie eine Dienstleistung, die sie nachfragen könnten, selber erbringen oder aus anderen Gründen nicht in Anspruch nehmen. Das alles verengt den Arbeitsmarkt millionenfach.

Auch hier liegt ein Einwand nahe: Wäre die Erwerbsarbeit

billiger, würde sie auch verstärkt nachgefragt werden. Das mag sein, weist aber keinen Weg aus dem Dilemma, das im Kern darin besteht, dass ein Durchschnittsverdiener zwei Stunden arbeiten muss, um einen anderen Durchschnittsverdiener eine Stunde für sich arbeiten zu lassen. Engagiert er gar eine Arbeitskraft, die mit einigem Gerät ausgerüstet ist, kann pro geleisteter Stunde auch leicht das Vierfache des eigenen Nettostundenlohns fällig werden. Vielen erscheint das unangemessen. Dennoch hat es seine Richtigkeit. In unserer Wirtschafts- und Sozialordnung wird nämlich mit dem Arbeitsentgelt weit mehr als nur die Arbeitsleistung finanziert. Die Erwerbsarbeit ist das bei weitem wichtigste Vehikel riesiger Austausch- und Umverteilungsströme.

Das beginnt bei den Kapitalkosten. Auf Handwerkerrechnungen beispielsweise werden sie kaum jemals gesondert ausgewiesen. Vielmehr erscheinen sie als Arbeitskosten, was diese hoch erscheinen lässt. Auf dem Rücken der Arbeit werden die Kosten des Kapitals mit transportiert. Dass dank dieses Kapitaleinsatzes die Arbeitsproduktivität hoch sein kann, interessiert den Auftraggeber allenfalls am Rande. Er sieht nur den Stundenlohn, denkt an seinen eigenen und findet die Handwerkerstunde zu teuer.

Aber selbst ohne die Kapitalkosten muss der Auftraggeber immer noch davon ausgehen, für eine gekaufte Arbeitsstunde zwei eigene Stundenlöhne aufwenden zu müssen. Vielen ist das ein Ärgernis. Sie sehen sich übervorteilt. In Wirklichkeit werden sie jedoch nur mit der von ihnen gewollten Sozialordnung konfrontiert. Der Preis der von ihnen gekauften Arbeitsstunde zerfällt nämlich in zwei Teile, den Arbeitslohn im engeren und die Sozialkosten im weiteren Sinne. Ersterer entspricht recht genau dem Nettolohn, den der Auftraggeber durch seine eigene Erwerbsarbeit erzielt. Für die meisten ist die Welt bis dahin in Ordnung. Euro gegen Euro, Arbeitsstunde gegen Arbeitsstunde. Auf dieser Ebene ist der Schwarzmarkt angesiedelt. Und er floriert. Die Abwehr richtet sich gegen den zweiten Teil, die Sozialkosten, die ähnlich den Kapitalkosten über die Arbeit abgewickelt werden.

Das Paradoxe ist, dass diese Sozialkosten von Leistungen verursacht werden, die alle gern in Anspruch nehmen: bezahlte Urlaube, Weihnachtsgeld, Abfindungen, freigestellte Betriebsräte, Erwerbsunfähigkeits- und Altersrenten, Versorgung im Krankheits- oder Pflegefall und darüber hinaus Kindergärten, Schulen und Universitäten, sichere und gepflegte Straßen und Parkanlagen, Schwimmbäder und Museen und vieles andere mehr. Das alles hat die Bevölkerung in Generationen lieb gewonnen, und gegen Abstriche wehrt sie sich mit Händen und Füßen. Doch wenn sie diese schönen Dinge bezahlen soll, zeigt sie sich sperrig.

Erwerbsarbeit – Packesel des Sozialstaats

Die ständige Diskussion über die Kosten der Erwerbsarbeit und ihre beschäftigungshemmenden Wirkungen ist im Grunde eine Diskussion über die Kosten des Gemeinwesens, namentlich seiner Sozialleistungen. Die Bevölkerung verhält sich hier zutiefst widersprüchlich. Einerseits kann sie von staatlichen Leistungen nicht genug bekommen. Andererseits zögert sie nicht, ein Sechstel aller Güter und Dienste in Schwarzarbeit zu erwirtschaften[44] und einen mindestens ebenso großen Anteil in unbezahlter Nachbarschaftshilfe und Eigenarbeit, die ebenso gut oder besser über den Markt abgewickelt werden könnten. Hinzu kommt ein lebhafter Tauschhandel, dessen Sinn und Zweck gleichfalls die Vermeidung von Sozialkosten ist. Allein auf dem Schwarzmarkt tummeln sich derzeit schätzungsweise zwölf Millionen Erwerbspersonen als Vollzeit-, Teilzeit- und Gelegenheitskräfte,[45] also ein gutes Drittel der regulär abhängig Beschäftigten, und die Zahl der Nachbarschaftshelfer und Eigenarbeiter dürfte kaum kleiner sein. Sie alle entziehen dem Arbeitsmarkt jährlich viele

Milliarden Arbeitsstunden und unterlaufen auf diese Weise die Finanzierung des Gemeinwesens, das sie gleichzeitig intensiv beanspruchen.

In kleinerem Maßstab verhalten sich große Teile der Bevölkerung wie Unternehmer, die für ihre Beschäftigten keine Steuern und Sozialbeiträge abführen, oder wie Arbeitgeber, die jede Rationalisierungsmöglichkeit nutzen, um Arbeitskräfte zu entlassen. Deren Verhalten wird geahndet oder zumindest mit einem gesellschaftlichen Unwerturteil belegt. Dabei bilden sie nur die Spitze des Eisbergs, der sich zu acht Neunteln unterhalb der glatten Oberfläche gesellschaftlicher Normalität befindet. Die Wehklagen, die regelmäßig wegen sozialen Fehlverhaltens erhoben werden, fallen auf alle zurück. Würden die Bürger, jeder für sich und alle gemeinsam, ihre Arbeitgeberfunktion sozial konform ausüben, sähe der Arbeitsmarkt wesentlich freundlicher aus.

Um diese Widersprüche aufzulösen, muss die Bevölkerung einsehen, dass Erwerbsarbeit so teuer sein muss, wie sie ist, wenn über sie ein aufwendiges Gemeinwesen finanziert wird. Sie muss einsehen, dass jeder stets zwei Einkommen gleichzeitig zu erwirtschaften hat: eines für sich selbst und ein weiteres für kindererziehende Mütter, Kranke, Alte und Pflegebedürftige, aber auch für Kindergärtnerinnen, Lehrer und Polizisten. Wer einen Dritten für sich arbeiten lässt, muss wissen, dass es nicht damit getan sein kann, ihm nur ein Einkommen zu gewähren. Der Auftragnehmer muss ein zweites erzielen für eine oft unsichtbare Schar Mitzuversorgender.

Dies einzusehen stellt freilich hohe Anforderungen an die soziale Verantwortungsbereitschaft der Bevölkerung. Wahrscheinlich zu hohe, wie alle bisherigen Erfahrungen lehren. Die Optionen sind jedoch kaum einfacher. Die erste: Das Gemeinwesen drosselt seine Leistungen spürbar. Der orchestrierte Aufschrei wäre programmiert. Die zweite: Die Leistungen werden nicht mehr vorwiegend über die Erwerbsarbeit, sondern beispielsweise über den Konsum finanziert. Sich zu duschen oder ein Brötchen zu essen wäre zugleich ein Dienst am Gemeinwesen. Dieser Weg ist gangbar, und er wird auch schon begangen. Allerdings stößt er an Grenzen. Bleibt, drittens, die Annäherung der Netto- an die Bruttoarbeitseinkommen bei gleichzeitiger Übertragung eines Teils der Gemeinlasten auf die privaten Haushalte. Diese Vorgehensweise wird zum Beispiel in den USA und der Schweiz praktiziert. Die Erwerbstätigen zahlen im Vergleich zu Deutschland geringere Abgaben, müssen dafür aber individuell größere Rücklagen für die Wechselfälle des Lebens bilden, oft Schulgeld für ihre Kinder entrichten und das Dreifache für eine Theaterkarte oder einen Museumsbesuch aufwenden. Zwar werden dadurch die Arbeitskosten, wie gerade das Beispiel der Schweiz zeigt, nicht niedriger. Aber sie sind für alle Beteiligten transparenter. Der vom Auftragnehmer verlangte Lohn ist nicht so sehr viel höher als das vom Auftraggeber erzielte Nettoeinkommen.

Jede dieser Optionen erfordert Sicht- und Verhaltensweisen, die sich von den in Deutschland bislang geübten erheblich unterscheiden. Ohne Einstellungsänderungen geht es also nicht. Andernfalls bleibt die Bevölkerung in einem fundamentalen Widerspruch verstrickt. Durch millionenfaches Handeln versucht sie einerseits, möglichst breite Mittelströme in die eigenen Taschen zu lenken. Andererseits sollen die gleichen Mittel eine immer größere kollektive Wohlfahrtsmühle in Schwung halten. Das funktioniert nicht und kann nicht funktionieren.

Eine unvermeidliche Folge dieses Widerspruchs ist Arbeitslosigkeit. Eine Gesellschaft, welche die Arbeitsflotte mit Soziallasten überfrachtet, muss damit rechnen, dass das eine oder andere Boot untergeht. Deshalb gleicht ihr Jammern über die Arbeitslosigkeit dem Jammern eines Kettenrauchers über seine morgendlichen Hustenanfälle. Das eine gehört zum anderen. Soll der Husten aufhören, muss das Rauchen eingestellt werden. Soll Vollbeschäftigung herrschen, müssen zutiefst widersprüchliche Sicht- und Verhaltensweisen aufgegeben werden. Geschieht das nicht, erübrigt sich das Händeringen ob der Arbeitslosen. Es ist nicht mehr als eine theatralische Geste.

Arbeitslosigkeit im Zerrspiegel

Gelänge es, wenigstens einen Teil der überbordenden Schwarzarbeit und Tauschwirtschaft wieder in den regulären Markt zu überführen, und wandelte sich auch nur eine Minderheit der Do-it-Yourself-Handwerker und Hobbybastler in marktorientierte Auftraggeber und -nehmer, von denen jeder das tut, was er am besten kann, stiege die Zahl der Erwerbstätigen sprunghaft an. Die Folge wäre ein Rückgang der Arbeitslosenquote. Aber auch die absolute Zahl der Arbeitslosen dürfte markant fallen. Nicht wenige, die heute die Arbeitslosenstatistiken aufblähen, dürften nach kurzer Bedenkzeit feststellen, dass sie so arbeitslos gar nicht sind, sondern beachtliche Beiträge zu ihrem und anderer Leute Lebensstandard leisten.

Trotzdem dürfte damit noch keine Vollbeschäftigung hergestellt sein. Denn Produktivität, Wertschöpfung und Erwerbsbevölkerung würden nur sichtbarer, aber – von ihrer statistischen Erfassung abgesehen – nicht voluminöser. Es käme nur ans Licht, was bisher im Verborgenen blühte. Das ist nicht wenig. Die Menschen würden sich bewusst, was sie wirklich leisten. Für die Psyche eines Volkes ist das wichtig. Aber die Zahl der Arbeitslosen muss dadurch noch nicht sinken. Welche Perspektiven haben sie?

Um diese Frage sachgerecht zu beantworten, ist zunächst zu klären, wie groß die Zahl der Arbeitslosen wirklich ist und was sie auf dem Arbeitsmarkt anbieten können. Wer dies unternimmt, muss sich auf Überraschungen gefasst machen. Nicht alles, was als Arbeitslosigkeit ausgegeben wird, ist nämlich auch Arbeitslosigkeit, wie umgekehrt nicht jede Erwerbsarbeit wertschöpfend ist. Allgemein gilt: Die Arbeitslosigkeit wird hierzulande beträchtlich überzeichnet, während vor dem Leerlauf einer nicht gerade kleinen Schar Erwerbstätiger die Augen verschlossen werden.

Das Überzeichnen beginnt mit der Arbeitslosenstatistik. Sie erfasst in Deutschland wesentlich mehr Erwerbspersonen als in anderen Ländern. Deutsche Zahlen sind mit ausländischen Zahlen daher nur bedingt vergleichbar. So wurde 2000 die deutsche Arbeitslosenquote mit 10,3 Prozent, bezogen auf abhängig Beschäftigte, und mit 9,6 Prozent, bezogen auf alle Erwerbspersonen, beziffert. Nach internationalen Maßstäben lag sie aber nur bei 7,8 Prozent, also um ein Viertel beziehungsweise ein Fünftel unter dem national ermittelten Wert. Auf der anderen Seite stehen arbeitsmarktpolitische Musterländer wie Großbritannien oder Schweden, deren nationale Quoten um ein Viertel nach oben schnellen, wenn international gültige Maßstäbe angelegt werden. Für die Deutschen ist das kein Grund, sich entspannt zurückzulehnen. Die Arbeitslosigkeit erscheint jedoch in einem neutraleren Licht. Im Vergleich zur Europäischen Union insgesamt lag die Arbeitslosigkeit in Deutschland stets unter dem Durchschnitt. Selbst im Verhältnis zur OECD, der so beschäftigungsintensive Länder wie Japan und die USA angehören, wies Deutschland zumeist niedrigere Werte aus.

Allerdings besagen solche Durchschnittswerte nicht viel. Arbeitslosigkeit ist immer konkret, und wer von ihr betroffen ist, ist es zu hundert Prozent. So betrug die ostdeutsche Arbeitslosenquote 2000 17,4 Prozent, wobei in mehreren Arbeitsamtsbezirken Quoten von weit über zwanzig Prozent ermittelt wurden. Das bedeutet jedoch zugleich, dass in vielen Landstrichen der Durchschnittswert von 17,4 Prozent massiv unterschritten wird. Für Westdeutschland lag er 2000 bei 7,8 Prozent, und viele Arbeitsamtsbezirke, vor allem im Süden und Südwesten, meldeten leergefegte Arbeitsmärkte und teilweise empfindlichen Arbeitskräftemangel. Von deutschlandweiter Massenarbeitslosigkeit kann also nicht die Rede sein. Es gibt sie ebenso wenig, wie es Massenarmut gibt. In Massen sind Erwerbspersonen lediglich in einigen ostdeutschen Regionen ohne Beschäftigung, und auch dort könnten bei größerer Mobilität die Quoten sinken. Schon haben die stärkeren ostdeutschen Kommunen beschäftigungsmäßig zu den schwächeren westdeutschen nahezu aufgeschlossen.

Hinter den Kulissen der Statistik

Damit ist die Arbeitslosigkeit nicht aus der Welt geschafft. Aber sie ist handhabbarer, als sie gemeinhin erscheint. Die Gesellschaft wird von ihr nicht erschlagen. Noch deutlicher wird dies, wenn der Kreis der Arbeitslosen einer nüchternen Bestandsaufnahme unterzogen wird. Dann zeigt sich, dass nur etwa 35 Prozent der als arbeitslos Registrierten sowohl vermittlungsbedürftig als auch vermittelbar sind. Vermittlungsbedürftig und vermittelbar ist ferner die große Mehrheit derjenigen, die sich in staatlich finanzierten Fortbildungs-, Arbeitsbeschaffungs- und ähnlichen Maßnahmen befinden. Alles in allem umfasst dieser Personenkreis etwa zwei Millionen Menschen.[46]

Von den übrigen registrierten Arbeitslosen finden dreißig Prozent – oft ohne Mitwirkung des Arbeitsamtes – innerhalb von Tagen, Wochen oder wenigen Monaten einen neuen Arbeitsplatz. Jeder vierte hat sogar eine Stelle verbindlich in Aussicht, wenn er sich arbeitslos meldet. Die Arbeitslosigkeit dieser Gruppe hat nur selten nachteilige wirtschaftliche oder soziale Folgen. Zumeist ist der neue Arbeitsplatz nicht schlechter als der alte, mitunter sogar besser. Im Allgemeinen ist diese Arbeitslosigkeit nicht Ausdruck irgendwelcher Krankheiten und Mängel, sondern einer im steten Wandel befindlichen dynamischen Volkswirtschaft, in der jedes Jahr Millionen alter Arbeitsplätze vergehen und neue entstehen.

Weitere zwanzig Prozent der Arbeitslosen sind aus höchst unterschiedlichen und zum Teil durchaus einsichtigen Gründen nicht oder zumindest nicht wirklich an einem Arbeitsplatz interessiert. Zu ihnen zählen solche, die ganz oder vorübergehend aus dem Erwerbsleben ausscheiden, sich aber so lange wie möglich Transferansprüche sichern wollen, solche, für die legale Erwerbsarbeit wirtschaftlich nicht rational ist, beispielsweise weil ihre Einkommen gepfändet sind oder sie hohe Unterhaltszahlungen leisten müssen, und solche, die im allgemeinen Sprachgebrauch als »faul« bezeichnet werden. Der Anteil letzterer dürfte bei etwa fünf Prozent liegen.

Die verbleibenden fünfzehn Prozent bilden die eigentlichen Problemfälle, für die eher die Sozial- als die Beschäftigungspolitik zuständig ist. Ihre Eingliederung stößt auf dem derzeitigen Arbeitsmarkt auf fast unüberwindliche Schwierigkeiten. In dieser Gruppe finden sich weit überproportional ältere Arbeitnehmer, für deren Qualifikationen es keine Verwendung mehr gibt, die aber auch nicht mehr neu qualifiziert werden können oder wollen; Menschen, die keine Schule abgeschlossen und nie eine berufliche Ausbildung durchlaufen haben, weil sie nicht konnten oder wollten; Ausländer, die ebenfalls nichts gelernt haben und darüber hinaus des Deutschen nicht mächtig sind; sozial Unangepasste, die sich schwer tun, zusammen mit anderen oder überhaupt zu arbeiten; und nicht zuletzt gesundheitlich erheblich Beeinträchtigte.

Die Schicksale dieser Menschen sind mitunter tragisch und manchmal bizarr. Da ist der an sich Erwerbsunfähige, der durch seinen Arbeitslosenstatus der Welt der Erwerbstätigen noch eine Weile geistig verbunden bleiben will. Da ist der 58-jährige Bauingenieur, den es drängt, weitere Wohnungen zu bauen, obwohl der Wohnungsmarkt seiner Region übersättigt ist. Da ist der erklärtermaßen psychisch Kranke, der am liebsten »bedeutende Persönlichkeiten« beraten will. Da ist die Reinigungskraft, die beschlossen hat, nie wieder »anderer Leute Dreck wegzumachen«. Da ist die ältere Frau, die sich auf zahlreichen früheren Arbeitsplätzen stets »sexuell belästigt« fühlte und keinen Mann in ihrer Umgebung ertragen kann. Und da ist die verkrachte Studentin, die es »aus grundsätzlichen Erwägungen« ablehnt, für »lächerliche« zweitausend Euro im Monat »einen Finger zu krümmen«. Zwar sind diese Fälle nicht repräsentativ. Doch sie finden sich im Segment der Problemfälle in auffälliger Häufung. Die Mitarbeiter der Arbeitsämter kennen sie und zucken resigniert mit den Schultern. Nach dem Gesetz dürften viele von ihnen gar nicht in der Arbeitslosenstatistik auftauchen. Aber in der Öffentlichkeit wird über sie bislang der Mantel des Schweigens gebreitet.

Alles in allem geht Deutschland recht nachsichtig mit seinen Arbeitslosen um. Die ihnen gewährten Transferleistungen, vom Arbeitslosengeld bis zur Sozialhilfe, sind im internationalen Vergleich hoch, und das Verständnis, das ihnen entgegengebracht wird, ist beträchtlich. Schuld an der Misere sind nach verbreiteter Auffassung die Wirtschaft und die gesellschaftlichen Verhältnisse. Der Einzelne wird als Opfer gesehen, und Opfer darf man nicht bedrängen.

Arbeitslosigkeit ist kein Massenschicksal

Andere Länder sind weniger feinfühlig. Großbritannien, aber auch Dänemark und die Niederlande haben ihre Arbeitslosen sorgfältig unter die Lupe genommen und sind erstaunlich fündig geworden. Wer – aus welchen Gründen auch immer – nicht arbeiten kann oder eine angebotene Arbeit nicht übernimmt oder sich nötigenfalls aus- oder umschulen lässt, wird aus der Statistik ausgesondert. An sich ist das auch in Deutschland möglich. Aber lange Zeit wurde von den rechtlichen Möglichkeiten nur sehr zurückhaltend Gebrauch gemacht. Nicht nur theoretisch, sondern auch praktisch konnte jemand jahrzehntelang arbeitslos sein.

Erst in jüngerer Zeit werden die Gesetze etwas weniger großzügig angewandt, und siehe da, eine beachtliche Zahl von Langzeitarbeitslosen findet plötzlich einen Arbeitsplatz oder verzichtet auf die Registrierung. Eine kritische Überprüfung der Arbeitslosen würde ergeben, dass für einen Teil nicht die Wirtschafts- und Arbeitsmarkt-, sondern die Sozialpolitik einschlägig ist. Und dass es auch eine Reihe schlicht Arbeitsscheuer gibt, sollte ebenfalls offen ausgesprochen werden dürfen.

Diesen Befund in die Aussage zu ballen: »Arbeitslose wollen nicht arbeiten«, verfehlt die Wirklichkeit. Aber ebenso wirklichkeitsfern ist die Annahme, dem deutschen Arbeitsmarkt stünden weitere vier Millionen Erwerbspersonen auf Knopfdruck und nochmals zwei bis drei Millionen als Reserve zur Verfügung. Solche Zahlen sind reine Fiktion. Entstünden in Deutschland etwa zwei Millionen zusätzlicher Vollzeit- und Teilzeitarbeitsplätze – etwa 1,2 Millionen in West- und die übrigen in Ostdeutschland –, würde es auf dem Arbeitsmarkt eng. Dann würde sich zeigen, wie viele Arbeitslose nur auf dem Weg von einer Arbeitsstelle zur nächsten oder in den Ruhestand sind und wie viele auch dann nicht vermittelt werden können, wenn die Nachfrage nach Arbeitskräften hoch ist. Mehrere Hunderttausend sind das ganz sicher. Dieser Schluss kann aus dem amerikanischen Arbeitsmarktgeschehen gezogen werden. Auch da bleiben trotz Überbeschäftigung einige Prozent der Erwerbsbevölkerung ohne Arbeitsplatz.

Warum dann das Hantieren mit den großen Zahlen? Reicht eine längerfristige Arbeitslosigkeit von schätzungsweise zwei Millionen arbeitswilligen und -fähigen Erwerbspersonen nicht aus, um in einer Gesellschaft die Warnleuchten angehen zu lassen? Die Politik scheint das zu meinen. Der frühere Arbeits- und Sozialminister Norbert Blüm befürchtete, die differenzierte Behandlung der Arbeitslosigkeit könne zur Entsolidarisierung von Erwerbstätigen und Arbeitslosen führen.

Der Bevölkerung wird deshalb weisgemacht, jedem drohe der Verlust des Arbeitsplatzes, schon morgen könne es so weit sein. Die großen Zahlen sollen die Gefahr unterstreichen. Begründet ist diese Drohung zwar nicht. Die allermeisten brauchen nicht damit zu rechnen, für längere Zeit ohne Beschäftigung zu sein. Aber sie dient einem vermeintlich guten Zweck. Die abhängig Beschäftigten und ihre Arbeitgeber werden bei der Stange gehalten, mit spürbaren Einkommensverzichten – beim Durchschnittsverdiener sind es monatlich immerhin 140 Euro – zur staatlichen Versorgung eines Bevölkerungsteils beizutragen.

Hinzu kommt ein weiteres, noch wichtigeres Kalkül, auf das in anderem Zusammenhang ausführlicher einzugehen sein wird: Der Staat und mächtige gesellschaftliche Institutionen beziehen ein gut Teil ihrer Legitimation aus der Bekämpfung sozialer Missstände. Die Arbeitslosigkeit ist ein solcher Missstand. Warum ihn also nicht eindrucksvoll darbieten?

Arbeit kommt von Arbeit

Aber selbst wenn von dieser politischen Inszenierung der Arbeitslosigkeit abgesehen wird, ist ein harter Kern von zwei Millionen Arbeitslosen oder rund fünf Prozent der Erwerbsbevölkerung wirtschaftlich und sozial schwer erträglich. Gibt es für diese Menschen wirklich nichts zu tun? Die Frage ist nicht leicht zu beantworten. Sie berührt das Grundgefüge einer Gesellschaft, ihr kollektives Selbstverständnis.

Wer mit offenen Augen durch Städte und Dörfer geht, Straßen und Schienen befährt, sich in Laboratorien umtut oder auch nur durch Felder und Wälder streift, wird eine Unmenge von Aufgaben entdecken, deren Erledigung den Lebensstandard und das Wohlergehen von Menschen heben würde. Arbeit gibt es reichlich. Doch ist sie gewissermaßen nur als Rohstoff anzutreffen. Um sie auf dem Arbeitsmarkt

anbieten zu können, muss sie zunächst aufbereitet, das heißt in Arbeitsplätze umgewandelt werden. Daran hapert es. Die im Überfluss vorhandene Arbeit wird nicht ausreichend in Arbeitsplätze transformiert. Warum?

Die spontane Antwort: Das Geld fehlt. Wäre das Geld vorhanden, würden wir gern mehr schöne, alte Bauten erhalten, Straßen- und Schienennetze zügiger sanieren, besser produzieren und forschen oder die Flussufer von Unrat säubern. Dies erscheint schlüssig, ist es aber nicht. In letzter Konsequenz bedeutet es nämlich: Weil wir kein Geld haben, arbeiten wir nicht. Da ist es nicht mehr weit zu der Lebensweisheit, die Fritz Reuter seinem Inspektor Bräsig in den Mund legt: »Armut kommt von Powerteh«. Müsste Geld der Arbeit vorangehen, wären nie steinzeitliche Faustkeile, ägyptische Pyramiden, griechische Tempel oder gotische Kathedralen geschaffen und wäre Deutschland nach dem Zweiten Weltkrieg nur sehr schleppend wieder aufgebaut worden. Denn Geld stand für diese Arbeiten – wenn überhaupt – nur unzureichend zur Verfügung.

Wichtiger als Geld war immer der Wille von Einzelnen, Gruppen oder allen, eine Arbeitsleistung zu erbringen. Fehlte dieser Wille, blieb das Werk ungetan, gleichgültig ob die materiellen Voraussetzungen dafür bestanden oder nicht. Umgekehrt wuchsen mit dem Werk zumeist auch die Ressourcen. Die Zusammenhänge sind einsichtig. Die Bauleute von Pyramiden und Kathedralen mussten ernährt werden. Das zwang Bauern und Handwerker, mehr zu produzieren. Arbeit erzeugte Arbeit, und im Idealfall erhöhte sich der Wohlstand aller.

Das ist heute nicht anders. Viele Felder, die wohlstandssteigernd beackert werden könnten, liegen brach. Uns fehlt der Wille, das zu tun. Die Sache ist uns der Mühe nicht wert. Wir haben andere Präferenzen. Ungestörte Nachtruhe und freie Wochenenden erscheinen uns erstrebenswerter als mehr Arbeit und Einkommen. Der Urlaub lockt, der Feierabend, der Tennisplatz und auch der Stammtisch. Fielen uns die Früchte so mancher Arbeiten in den Schoß, nähmen wir sie gern an.

Aber anstrengen wollen wir uns für sie nicht. Daher bleiben Werte ungeschaffen.

Das ist keine Kritik. Deutschland ist ein hoch produktives Gemeinwesen und weit davon entfernt, ein Freizeitpark zu sein. Aber viele haben sich die Arbeit gut eingeteilt: Arbeiter und Angestellte, Beamte und Manager, Handwerker und Bauern. Arbeit ist für sie nicht Lebenszweck. So wichtig ist es ihnen nun auch wieder nicht, ob ein Flussufer gereinigt, ein historisches Gebäude erhalten oder ein Symphonieorchester weitergeführt wird. Diese Haltung ist nicht verwerflich. Nur braucht sich eine solche Bevölkerung nicht zu wundern, wenn ihr Arbeitskräftereservoir nicht ausgeschöpft wird.

So widersinnig es klingen mag: Arbeit kommt von Arbeit. Wo wenig gearbeitet wird, gibt es immer weniger zu arbeiten. Wo viel gearbeitet wird, ist noch mehr zu arbeiten. Auch hier ist die Empirie eindeutig. Amerikaner, Japaner oder Schweizer – sie alle arbeiten länger als beispielsweise die Deutschen und manche anderen Europäer. Zugleich ist ihre Erwerbstätigenquote höher und die Arbeitslosenquote geringer als hierzulande. Mit Geld hat das wenig zu tun. Vielmehr sind dies nicht zuletzt aus kulturellen Gründen arbeitsintensive Gesellschaften, in denen jeder, der dies will und kann, in den Arbeitsprozess gesogen wird. In Deutschland ist dieser Sog deutlich schwächer. Es ruhig angehen zu lassen oder ein Weilchen abseits zu stehen ist hierzulande keine Schande. Der Strom der Arbeit fließt gemächlicher. Der eine oder andere sinkt auf seinen Grund.

Arbeitgeber sind rar

Das wird gefördert durch die verbreitete Grundüberzeugung: Andere sind für mich verantwortlich. Diese Überzeugung ist in Generationen aufgebaut, gepflegt – und missbraucht worden. Fällt es vielen schon schwer, ihrem informellen Arbeitgeberstatus gerecht zu werden, so fällt es ihnen noch schwerer, aus der bequemen Deckung des Arbeitnehmerdaseins herauszutreten und formal Arbeitgeberfunktionen zu übernehmen, was nicht zuletzt heißt: Ich trage für mich und andere Verantwortung. Zwar ist es illusorisch, anzunehmen, jeder sei hierzu in der Lage. Seit Beginn der Arbeitsteilung gibt es Menschen, die Arbeitsplätze bereitstellen, und andere, die sie einnehmen. Doch es gibt auch kein Gesetz, das den Anteil von Selbständigen und Freiberuflern samt mithelfenden Familienangehörigen, Arbeitgebern also, mit zehn Prozent festschreibt und den übrigen neunzig Prozent einen Rechtsanspruch gibt, dass jenes Zehntel sie ausreichend mit Arbeitsplätzen versorgt. Vor fünfzig Jahren war noch jeder dritte und vor dreißig Jahren immerhin noch jeder sechste Erwerbstätige in Deutschland Arbeitgeber. Ähnlich hoch sind die Selbständigenanteile bis heute in Ländern wie Japan, Griechenland und Portugal.

Zwar lebten viele dieser Arbeitgeber als kleine Landwirte, Gewerbe- und Handeltreibende in wirtschaftlich beengteren Verhältnissen als ein Großteil der Arbeitnehmer. Aber sie unterschieden sich von diesen durch ihre Welt- und Lebenssicht. Sie schufen und erhielten nicht nur für sich und andere Millionen von Arbeitsplätzen, sie sorgten auch weitgehend unabhängig von staatlichen Interventionen und Regularien für die Wechselfälle des Lebens vor. Mit dieser Sicht prägten sie die Gesellschaft maßgeblich mit. Diese wurde erst in den späten sechziger und siebziger Jahren zur Arbeitnehmergesellschaft heutigen Zuschnitts, in der Arbeitgeberinteressen nur insoweit politisch und gesellschaftlich relevant sind, als sie mit Arbeitnehmerinteressen kollidieren oder zu kollidieren drohen. Im Übrigen beschäftigen sie die Öffentlichkeit eher beiläufig.

Entsprechend gering ist die Neigung der Deutschen, Arbeitgeber zu sein. Abstrakt können sich das zwar viele vorstellen. Auch ist das Arbeitgeberklischee gespickt mit Attributen, die aus der Sicht der Bevölkerungsmehrheit durchaus erstrebenswert sind: schönes Haus, großes Auto, gutes Essen. Doch wenn es konkret wird, zucken die meisten zurück. Plötzlich entdecken sie Haare in der Arbeitgebersuppe. Zunächst einmal, so stellen sie fest, fehlt das Geld, um etwas Eigenes aufzubauen. Dritte von ihrer unternehmerischen Idee zu überzeugen, trauen sie sich nicht zu. Darüber hinaus befürchten sie, wie einschlägige Untersuchungen zeigen, »zu viel Stress«, »zu viel Verantwortung« und »zu wenig Freizeit«.[47] Als Arbeitnehmer, so fühlen die meisten, weiß man, was man hat: einen Arbeitsplatz, ein gesichertes Einkommen, geregelte Freizeit. Wohl kann der Arbeitsplatz verloren gehen. Dann bleibt aber immer noch das Arbeitsamt, das sich um eine neue Tätigkeit zu kümmern und ein Einkommen sicherzustellen hat. Dem Arbeitgeber, der scheitert – und viele scheitern –, bleibt nichts dergleichen. Er muss sehen, wie er klarkommt. Ist er völlig mittellos, gewährt ihm die Gesellschaft allenfalls Sozialhilfe.

Wie man es auch wendet: Auf Menschen, die etwas unternehmen, um für sich und andere Arbeitsplätze zu schaffen, ist das gesellschaftliche Rahmen- und Regelwerk nicht eingestellt. Wie sollte es anders sein? Die Stimmmacht haben seit langem Arbeitnehmer, und die haben das Gemeinwesen nach ihren Vorstellungen und Bedürfnissen gestaltet. Jede Regierung – gleich welcher Couleur – ist eine Arbeitnehmerregierung, der folglich das Wohl der Arbeitnehmer besonders am Herzen liegt. Das so gerne aufgeführte Stück »Verteidigung von Arbeitnehmerinteressen« ist zumindest auf der politischen Bühne nichts anderes als ein historisches Spektakel, ein Schaukampf. Verneigungen politischer Prominenz vor Arbeitgebern sollten darüber nicht hinwegtäuschen. Arbeitgeber werden gebraucht wie Männer im Reich der Amazonen. Wohlgelitten sind sie nicht. In einer Arbeitnehmergesellschaft sind und bleiben sie Außenseiter.

Das birgt ein fundamentales Dilemma. Einerseits ist die Arbeitnehmergesellschaft existenziell auf die Leistung jener ungeliebten Minderheit angewiesen. Ohne diese zerbröckelt ihre Basis. Andererseits fällt es ihr sichtlich schwer, ein Klima zu erzeugen, in dem genügend Arbeit in Arbeitsplätze überführt wird. Daran hindert sie ihr Selbstverständnis. Wie sehr die Arbeitnehmergesellschaft an diesem Dilemma zu tragen hat, zeigt wiederum die Geschichte. In vielen Ländern, einschließlich der ehemaligen DDR, versuchte sie das Problem durch Beseitigung der Arbeitgeber zu überwinden. Fortan sollten die Arbeitnehmer – treuhänderisch organisiert durch ihren Staat – sich selbst die Arbeit geben. Vordergründig gelang das auch. Doch die Arbeit büßte an Produktivität ein. Das Experiment kann als gescheitert angesehen werden. Die Umgestaltung von Arbeit nicht nur in irgendwelche, sondern in produktive Arbeitsplätze ist offenbar eine größere schöpferische Leistung, als es sich die Gesellschaftsreformer von damals dachten. Dass diese Leistung seit Jahrzehnten nicht hinreichend erbracht wird, dokumentieren zwei Millionen fehlende Arbeitsplätze allein in Deutschland. Dabei müsste nur jeder fünfzigste Arbeitnehmer bereit sein, sich selbst zu beschäftigen, und aus dieser Gruppe jeder zweite neben seinem eigenen noch vier weitere Arbeitsplätze schaffen, um die Arbeitslosigkeit zu beseitigen. Was hindert jene zwei Prozent der Erwerbsbevölkerung, diesen Schritt zu wagen?

Die Vielzahl von Gründen lässt sich in einem zusammenfassen: Die Arbeitnehmergesellschaft hat die Gewichte zu weit zu ihren Gunsten verschoben und dadurch die überaus delikate Balance zwischen Arbeitnehmern und Arbeitgebern gestört. Der Kreis der Arbeitgeber wird unnötig eingeengt. Jene, die der Ermutigung und Förderung bedürfen, um zu springen, halten ängstlich am Arbeitnehmerstatus fest. Mit käuflich zu erwerbenden Geschäftsideen, Einführungskursen in die Buchführung oder verbilligten Krediten ist es nicht getan. So richtig und wichtig das alles ist – noch wichtiger ist ein Klima, das namentlich junge Menschen zuerst daran denken lässt, sich selbständig zu machen, ehe sie damit beginnen, einen Arbeitsplatz zu suchen.

Am Sachverhalt ist nicht zu rütteln: Bezogen auf die Zahl der Arbeitnehmer gibt es zu wenige Arbeitgeber. Das Arbeitnehmerdasein ist für viele attraktiver. Für zu viele. Ist Vollbeschäftigung wirklich gewollt, muss die Arbeitnehmergesellschaft – so schwer das auch fällt – bei sich selbst Abstriche machen und das Arbeitgeberdasein aufwerten, das heißt, sie muss die Gleise verlassen, auf denen sie seit Beginn der Industrialisierung fährt. Hier gilt abermals: Die starre Frontstellung zwischen Arbeitgebern und Arbeitnehmern muss überwunden werden. Arbeitgeber- und Arbeitnehmerfunktionen sind zeitlich und funktional miteinander zu verschränken. Das kann auf mittlere Sicht das Ende der tradierten Arbeitnehmergesellschaft bedeuten. Doch ohne die gesellschaftliche Umbewertung von Arbeitgebern und Arbeitnehmern ist Arbeitslosigkeit nicht zu überwinden.

Nur nicht dienen

Die Arbeitgeber sind das eine, die von ihnen geschaffenen Arbeitsplätze das andere. Was werden, was können das für Arbeitsplätze sein? Ganz sicher werden weder in der Landwirtschaft noch im verarbeitenden Gewerbe einschließlich der Bauwirtschaft zusätzliche Beschäftigungsmöglichkeiten entstehen. Vor allem in letzterem Bereich können vielmehr noch erhebliche Rationalisierungspotenziale ausgeschöpft werden. Immer weniger Erwerbspersonen werden die Bevölkerung mit immer mehr industriellen Gütern und Bauleistungen versorgen können. Bleibt der Dienstleistungsbereich, der seit Mitte der siebziger Jahre im Gegensatz zu den anderen Wirtschaftsbereichen einen mäßigen Anstieg der Arbeitsmenge und eine kräftige Zunahme der Erwerbstätigenzahlen aufweist.

Doch bereits beim Begriff Dienstleistung sträuben sich manchem die Haare. Dienst ist im Deutschen ein seltsam schillernder Begriff. Der öffentliche Dienst steht hoch im Kurs. In ihn drängt es viele. Einen Dienst zu verrichten klingt hingegen schon etwas suspekt. Und vollends misstönend wird der Begriff, wenn er hörbar in die Nähe von »dienen« gerät. Worte wie Dienstpersonal oder Dienstherrschaft stehen geradezu als Synonyme für eine überwundene, untergegangene Epoche, auf die nicht gern zurückgeblickt wird.

Dienst im Sinne von »dienen« stößt in Deutschland – aber keineswegs nur hier – verbreitet auf Vorbehalte oder gar Ablehnung, besonders wenn es um den Dienst am Menschen geht. Eine Maschine oder einen Computer zu bedienen geht in Ordnung. Bei einem Menschen ist das etwas anderes. Entweder ist der Dienst an ihm auf hoher Ebene angesiedelt: bei Ärzten, Anwälten, Steuerberatern und ähnlichen Berufsgruppen, oder er wird gemieden. Einem Mitmenschen ganz einfach zur Hand zu gehen, für ihn einzukaufen, die Wäsche zu waschen oder die Schuhe zu putzen wird von vielen als Zumutung empfunden. Was wir täglich für uns selber und vielleicht noch für Familienangehörige tun – für andere nie!

Das ist die Kehrseite der raschen Industrialisierung Deutschlands im 19. und frühen 20. Jahrhundert. Innerhalb weniger Generationen wurden Bauern und Handwerker, Knechte und Mägde und nicht zuletzt Scharen von Dienstpersonal zum Teil mit brachialen Methoden zu Industriearbeitern umerzogen. In sogenannten Industrieschulen, Arbeitshäusern und vereinzelt auch Zuchthäusern wurde dieser Prozess vorangetrieben. Die Erfolge versetzten die Welt zuerst in Staunen, später in Schrecken. Nirgendwo war innerhalb so kurzer Zeit eine so qualifizierte, disziplinierte und maschinenorientierte Industriearbeiterschaft herangezogen worden wie hierzulande. Aber der Erfolg hatte seinen Preis. Andere Bereiche wirtschaftlichen und gesellschaftlichen Handelns blieben auf der Strecke. Die Nachwehen halten bis heute an. Nicht zufällig suchen die Deutschen im Urlaub mit Vorliebe Länder auf, in denen ihnen neben Sonne menschliche Zuwendung zuteil wird. Sie wollen, wie andere Menschen auch, bedient werden. Zu Hause vermissen sie das oft.

Deutschland ist damit noch keine Dienstleistungswüste. Dieser Vorwurf ist maßlos übertrieben. In nur wenigen Ländern erhalten beispielsweise Kellner und Köche eine so lange und sorgfältige Ausbildung; und neben Schweizern und Österreichern sind Deutsche auf der ganzen Welt weit überproportional in den Chefetagen großer Hotels anzutreffen. Die Deutschen können schon Dienste erbringen, auch Dienste am Menschen, und ihre Kompetenz braucht keinen Vergleich zu scheuen. Aber sie beschränken sich weitgehend auf Edeldienste. Unterhalb einer bestimmten Qualifikationsstufe sind Deutsche rar. Einfache Dienste werden Ausländern überlassen, nicht angeboten oder vom Einzelnen selbst erledigt – in Selbstbedienung.

Genug Arbeit für Ausländer

Eine solche Arbeitsorganisation wäre verständlich, wenn die ansässige Erwerbsbevölkerung von anspruchsvolleren Aufgaben absorbiert wäre. Dass dies nicht der Fall ist, zeigt die anhaltend hohe Arbeitslosigkeit, von der namentlich nicht oder nur gering Qualifizierte betroffen sind.[48] Deutschland hat also keinen Mangel an Arbeitskräften, die für einfachere Dienste prädestiniert sind. Was häufig fehlt, ist die Bereitschaft, diese Dienste auszuführen. Dieser Hinweis ist politisch unschicklich. Die korrekte Sprachregelung lautet: Es gibt Schwierigkeiten mit dem Ort, der Zeit oder der Art des Arbeitseinsatzes. Eines kommt zum anderen, und am Ende bleibt die Arbeit ungetan, es sei denn, es werden in großer Zahl Arbeitskräfte aus Ländern außerhalb der Europäischen Union angeheuert.

Ohne diese Wanderarbeiter könnten die Deutschen nur noch einen Teil ihrer Ernte einbringen, müssten auf Reisen ihre Betten selber machen und würden auf so mancher Baustelle vergeblich nach Arbeitskräften Ausschau halten. Jährlich erteilt Deutschland eine Million zeitlich befristete Arbeitserlaubnisse vorwiegend an Mittel- und Osteuropäer, weil sich nachweislich keine ansässige Arbeitskraft für eine freie Stelle findet.[49] Wie viele ausländische Arbeitskräfte über diese Million hinaus nach Deutschland strömen, lässt sich nur erahnen. Ihre Zahl muss aber beträchtlich sein. Der aufmerksame Beobachter begegnet ihnen auf Schritt und Tritt.

Für diesen Zustand werden unterschiedliche Gründe genannt. Der zynischste: Die an die Ausländer vergebenen Arbeiten seien menschenunwürdig. Zu diesen Arbeiten zählen das Pflücken von Erdbeeren, das Stechen von Spargel oder das Schrubben von Badewannen in Kuranlagen. Einheimische Arbeitslose, die in den zurückliegenden Jahren solche Tätigkeiten aufnehmen sollten, organisierten Protestmärsche oder verweigerten sich. Dass dann genau diese Aufgaben von russischen Ingenieuren, polnischen Journalisten oder tschechischen Krankenschwestern wahrgenommen wurden, störte die Öffentlichkeit wenig.

Eine mildere Ablehnungsvariante lautet: Menschenunwürdig seien diese Tätigkeiten zwar nicht, nur Deutschen seien sie nicht zuzumuten. Körperlicher Arbeiten seien sie entwöhnt. Sie seien nicht mehr kräftig genug, schwere Säcke zu schleppen oder auf hohe Leitern zu steigen. Wenn das nicht wäre, dann gerne. Dass eine Bevölkerung, die entweder psychisch oder physisch nicht mehr in der Lage ist, ihre Ernte einzubringen oder ihre Straßen sauber zu halten, ernste Probleme mit sich selbst hat, scheint vielen gar nicht aufzugehen.

Vor allem aber heißt es, diese Arbeiten seien zu schlecht bezahlt und gesellschaftlich zu gering angesehen. Nur ein Pole, der mit einem Auto voller Lebensmittel anreise, seine Nächte in einem Heuschober verbringe und nach drei Monaten wieder abreise, könne mit einem Stundenlohn von fünf Euro auf die Hand in seiner Heimat eine Weile ordentlich leben. Ein Einheimischer könne das nicht. Für ihn sei das ein Hungerlohn.

Sozialhilfe als Mindestlohn

Diese Argumentation ist so allgegenwärtig, dass sie genauer geprüft werden muss. Dabei zeigt sich, dass die pauschale Einordnung dieser Tätigkeiten in den Niedriglohnsektor nicht sachgerecht ist. Nicht wenige Arbeiten werden gut bezahlt. Aber sie sind oft anstrengend und müssen nicht selten zu ungünstigen Tages- oder Wochenzeiten erbracht werden. Das reicht ansässigen Arbeitskräften zumeist schon, um solche Arbeiten nur zögerlich anzunehmen. Häufig ist die Bezahlung, gemessen am durchschnittlichen Einkommensniveau, jedoch wirklich niedrig. Die Sozialhilfesätze werden – wenn überhaupt – nur geringfügig überboten. Da fragt sich schon der eine oder andere: Wozu soll ich mich plagen, wenn ich das Gleiche auch so bekommen kann?

Damit ist ein grundsätzliches Problem angesprochen, um dessen Lösung sich die Politik seit langem drückt und bei dem die Öffentlichkeit wegschaut. Faktisch wird die Sozialhilfe wie ein Mindestlohn behandelt, der allerdings eine einzigartige Besonderheit aufweist: Er wird ohne Gegenleistung gewährt. So steht es zwar nicht im Gesetz, das von erwerbsfähigen Sozialhilfeempfängern verlangt, nützliche Arbeiten auszuführen. Da aber das Gesetz im Widerschein einer nachsichtigen Öffentlichkeit lange Zeit sehr lax gehandhabt wurde, glaubt ein Teil der Bevölkerung, soundso viel stünde ihm zunächst einmal zu. Für Arbeitsleistungen müsse ein Aufschlag gewährt werden. Wäre dieser Glaube in Deutschland nicht so weit verbreitet, wäre die ganze Debatte über den Niedriglohnsektor hinfällig.

Eine unmissverständliche Entscheidung ist überfällig. Entweder die Sozialhilfe ist so bemessen, dass sie einen soziokulturell akzeptablen Lebensstandard erlaubt. Dann gibt es keinen Grund, warum ein Erwerbsfähiger nicht für das gleiche Geld – zuzüglich arbeitsbedingter Mehraufwendungen – einer Erwerbsarbeit nachgehen sollte. Oder ein solches Einkommen erlaubt keinen akzeptablen Lebensstandard. Dann gilt das für beide: den Erwerbstätigen und den Sozialhilfeempfänger. Beider Einkommen wäre zu erhöhen. Das Einkommen nicht erwerbsfähiger Sozialhilfeempfänger für ausreichend zu erklären und Erwerbsfähigen, die es ablehnen, für das gleiche Einkommen zu arbeiten, gesellschaftlichen Dispens zu erteilen, geht jedoch nicht. Ohne Gegenleistung hat nur derjenige Anspruch auf Sozialhilfe, der seinen Unterhalt nicht selbst bestreiten kann. Einen Anspruch, durch Arbeit grundsätzlich ein höheres Einkommen zu erzielen, als die Sozialhilfe vorsieht, gibt es hingegen nicht. Dass diese Feststellung häufig auf Unverständnis stößt, zeigt, welch seltsames Wirtschafts- und Sozialverständnis sich hierzulande ausgebreitet hat. Aus der Sicht vieler hat das Gemeinwesen auch Erwerbsfähige ohne Gegenleistung auszuhalten. Werden – fast wider Erwarten – solche Leistungen erbracht, scheinen ihnen zusätzliche Zahlungen geboten.

Unverzichtbare Dienste

Anders als mit der Einkommensfrage werden mit der Frage nach dem gesellschaftlichen Ansehen einfacher Tätigkeiten psychologische Tiefenschichten berührt. Wer dieses Thema anspricht, dem schallt unweigerlich der Ruf »Schuhputzer, Schuhputzer« oder »Kofferträger, Kofferträger« entgegen. Die Deutschen reagieren hier besonders irrational. Was außerhalb unserer Grenzen völlig normal ist, wird in Deutschland nicht selten als diskriminierend angesehen. Dabei ist eine stark alternde Gesellschaft gerade auf solche Dienste angewiesen.

Die Deutschen leiden hier unter einer mentalen Sperre. Solche Dienste anbieten zu müssen gilt als unzumutbar, sie nachzufragen als anmaßend. An sich müsste der Grundsatz gelten: Wer sie anbieten kann, aber nicht anbietet und statt dessen öffentliche Transfers in Anspruch nimmt, handelt unsozial. Nicht minder unsozial handelt, wer solche Dienste in Anspruch nehmen kann, es aber nicht tut. Doch bis die Deutschen das begriffen haben, wird es noch eine Weile dauern.

Um einer beliebten Nonsensdiskussion zuvorzukommen: Niemand, der seine Sinne beisammen hat, will aus den Deutschen ein Volk von Schuhputzern und Kofferträgern machen. Je mehr produktive und attraktive Arbeitsplätze nicht zuletzt durch zusätzliche Unternehmer entstehen, desto besser. Dass zunächst alle Beschäftigungsmöglichkeiten einer hoch wissens- und kapitalintensiven Volkswirtschaft auszuschöpfen sind, sollte nicht der Erwähnung bedürfen. Aber das wird inzwischen seit fast dreißig Jahren versucht, und trotzdem stehen immer noch viele Hunderttausend, die zum großen Teil beruflich nicht qualifiziert und oft des Deutschen nicht mächtig sind, auf der Straße. Wie lange sollen diese Versuche noch weitergehen? Nochmals dreißig Jahre? Oder länger? Wäre es da nicht angebracht, Tätigkeitsfelder zu öffnen, auf denen ein Teil der Arbeitslosen in einen lebendigen wirtschaftlichen und sozialen Kreislauf des Gebens, Nehmens und Leistens eingebunden werden kann?

Hierauf müssen vor allem jene eine Antwort geben, die ihre Stimme lautstark gegen einfache Dienstleistungen erheben. Sie sind aufgefordert, begehrenswertere Arbeitsplätze zu schaffen. Jeder Einzelne ist willkommen. Sich nicht als Arbeitgeber zu betätigen, aber auf diejenigen mit Fingern zu zeigen, denen nichts Besseres als einfache Dienstleistungen einfällt, ist billig, kränkend und unfair. Wer Arbeitsplätze nur im Bereich einfacher Dienstleistungen zu schaffen vermag, soll sie schaffen. Er leistet weit mehr als seine Kritiker. Die Gefahr, dass die Erwerbsbevölkerung an solchen Arbeitsplätzen kleben bleibt, wenn gleichzeitig attraktivere entstehen, ist gleich Null.

Besonders gefordert sind private Haushalte. Ihre Arbeitgeberfunktion ist in der Industriegesellschaft verkümmert. In einer wissens- und kapitalintensiven Volkswirtschaft kann sie wiederbelebt werden. Die Voraussetzungen hierfür sind in einer alten und häufig wohlhabenden Bevölkerung günstig. Vom Chor derjenigen, die an dieser Stelle abfällig »Dienstmädchen« oder »Dienstbursche« rufen, sollte sich niemand irre machen lassen. Die Zeit von Dienstmädchen und -burschen ist in der Tat vorüber. Aber unsere Gesellschaft befände sich in einem beklagenswerten Zustand, sollte sie noch nach Formen suchen, in denen sich Menschen auf gleicher Augenhöhe zu Diensten sind. Sie hat sie längst gefunden. Das vermögen nur die nicht zu erkennen, deren Vorstellungswelt dem Industriezeitalter verhaftet geblieben ist – die ewig Gestrigen.

Die Gesellschaft der Arbeitnehmer

Nach dreißig Jahren sollte Deutschen und Europäern langsam dämmern, dass sowohl ihre Diagnose als auch ihre Therapie der Arbeitslosigkeit falsch sind. Wären sie ehrlich mit sich selbst, würden sie einräumen, dass sie sich jahrzehntelang etwas vorgemacht haben. Sie wollten nicht wahrhaben, dass der anhaltende Beschäftigungsmangel eine direkte und unvermeidliche Folge ihrer individuellen und kollektiven Sicht- und Verhaltensweisen und der durch sie bewirkten gesellschaftlichen Strukturen ist. Um dieser Selbsttäuschung willen faseln sie seit einer Generation von schwächlichen Wachstumsraten, unethisch handelnden Unternehmern und ausländischer Schmutzkonkurrenz, die durch Dumpingpreise einheimische Arbeitsplätze kaputtmache. Nichts davon hält einer nüchternen Prüfung stand. Die Wirtschaft ist seit den frühen siebziger Jahren in Deutschland und der Europäischen Union um real etwa fünfzig Prozent pro Kopf gewachsen, die Unternehmer handeln, wie sie immer gehandelt haben, und die mit Europa konkurrierenden Arbeitskräfte verdienen zumeist mehr als früher. So leicht sollten es sich Deutsche und Europäer also nicht machen. Der erste und wichtigste Schritt zur Überwindung der Arbeitslosigkeit ist das Eingeständnis, dass sie weitestgehend auf die unzulängliche Anpassung breiter Bevölkerungskreise an die sich ändernde Lebenswirklichkeit zurückzuführen ist.

Die Gewerkschaften spielen hierbei eine wichtige Rolle. Ihr historisches Wirken ist über jeden Zweifel erhaben. Seit geraumer Zeit werden sie jedoch nicht mit der Tatsache fertig, dass Arbeitnehmer keineswegs mehr generell schwach und schutzbedürftig sind, sondern das Gemeinwesen samt aller seiner Institutionen gestalten und prägen. Sie verhalten sich deshalb ähnlich wie Eltern, die nach langen Jahren der Fürsorge nicht einsehen wollen, dass ihre Kinder erwachsen geworden sind und sie sie ziehen lassen müssen. Diese Gesellschaft ist eine Arbeitnehmergesellschaft – das kann gerade gegenüber den Gewerkschaften nicht oft und nicht deutlich genug wiederholt werden. Das aber heißt, dass Arbeitnehmer und ihre gewerkschaftlichen Vertretungen auch maßgeblich für die Beschäftigungslage verantwortlich sind. Ihre ständigen Versuche, den schwarzen Peter weiterzuschieben, entsprechen in keiner Weise ihrer heutigen Stellung.

Wollen die Gewerkschaften unter den sich ändernden Bedingungen ihrer Aufgabe gerecht werden, müssen sie sich vorrangig um Arbeitgeberbelange kümmern. Das mag auf den ersten Blick abwegig erscheinen. Auf den zweiten wird eine dringende Notwendigkeit sichtbar. Was der gewerkschaftlichen Klientel fehlt, sind nämlich nicht in erster Linie Arbeitnehmerrechte. Die haben sie in den zurückliegenden 130 Jahren reichlich erstritten. Was ihnen fehlt, sind die Adressaten, bei denen diese Rechte geltend gemacht werden können: Arbeitgeber. Da diese aber nicht an Bäumen wachsen, müssen die Gewerkschaften mit dafür Sorge tragen, dass genügend Menschen sich der großen Herausforderung stellen, diffuse Aufgaben in strukturierte Arbeit und diese in produktive Arbeitsplätze zu verwandeln. Für Unternehmer gibt es nur bedingt Anreize, das zu tun. Warum sollten sie sich möglicherweise lästige Wettbewerber heranziehen? Aus dem Blickwinkel von Arbeitnehmern sieht das anders aus.

Gewerkschaftliche Bildungsstätten als Unternehmerschmieden! Das gäbe ihnen neuen Sinn. Das heißt nicht, dass die Gewerkschaften wieder Unternehmen gründen sollen. Sie haben mit Einrichtungen wie der Neuen Heimat oder der Bank für Gemeinwirtschaft genug Lehrgeld gezahlt und tun gut daran, dergleichen nicht zu wiederholen. Die Gewerkschaften sollten jedoch ihre großen Potenziale nutzen, um ihre fähigsten Mitglieder und Funktionäre zu motivieren und zu qualifizieren, sich selbständig zu machen und Arbeitsplätze zu schaffen. Jeder Gewerkschafter, der zum Arbeitgeber wird, wäre für die Sache der Arbeitnehmer wertvoller als so manche Gewerkschaftskampagne.

Wem solche Gedankengänge kühn erscheinen, hat die Wirkungen der zurzeit stattfindenden wirtschaftlichen und gesellschaftlichen Revolution nicht begriffen. Die Zeiten kolonnenhaft organisierter Erwerbsarbeit – einst die Domäne der Gewerkschaften – sind endgültig vorüber. Weite Bereiche der Volkswirtschaft können, gemessen an ihrer Wertschöpfung, von wenigen Köpfen und Händen gesteuert werden. Eine Arbeitnehmergesellschaft muss deshalb darauf achten, dass sie sich nicht durch historisch überholtes Denken den Zugang zu Wissen und Kapital – den tragenden Säulen dieser Wirtschaftsbereiche – erschwert. Ebenso müssen jedoch in einer derart wissens- und kapitalintensiv wirtschaftenden und gleichzeitig stark alternden Bevölkerung weite Aufgabenbereiche neu erschlossen werden. Was im Einzelnen zu geschehen hat, müssen unternehmerische Menschen herausfinden. Dass aber diese Menschen in ausreichender Zahl bereitstehen, ist nicht zuletzt Aufgabe der Gewerkschaften. Entziehen sie sich ihr, werden sie künftig kaum mehr als Statisten auf der gesellschaftlichen Bühne sein. Denn ihre große historische Rolle ist ausgespielt. Mehr, als sie erreicht haben, lässt sich nicht erreichen. Sie haben die Gesellschaft in ein Gehäuse ihrer Klientel verwandelt. Wollen sie weiter mitspielen, müssen sie das Fach wechseln.

Mechanismus des Herrschens

Menschen streben nach Organisation – in Gruppen, Stämmen, Verbänden, Staaten. Nur so vermögen sie Ziele zu verwirklichen, die ihnen sonst unerreichbar wären. Doch Organisation bedingt Herrschaft. Die Menschheitsgeschichte ist deshalb zugleich eine Geschichte von Herrschaft. Jede Zeit hat ihre Herrschaftsform gehabt. Die der unseren ist der Sozialstaat.[1] Dessen Mechanismus gleicht dem Mechanismus aller vorangegangenen Herrschaften: Die Herrschenden geben und nehmen den Beherrschten.

Dieses herrschaftsbegründende Wechselspiel von Geben und Nehmen kann bis in die Frühphasen der Menschheitsentwicklung zurückverfolgt werden. Schon in der Steinzeit, vermuten Kundige, teilten die geschickteren Jäger und die fleißigeren Sammlerinnen das, was sie nicht für sich selbst und ihren eigenen Nachwuchs benötigten, mit anderen Stammesmitgliedern – und schufen so Abhängigkeiten. Diese waren gering, solange das Jagd- und Sammlerglück rasch von einem zum anderen kreiste. Dennoch dürfte das der Keim von Herrschaft und Macht gewesen sein: die Fähigkeit, anderen etwas geben zu können, was diese nicht hatten. Für Nietzsche gab es keinen Zweifel: »Der Schenkende, der Schaffende, der Lehrende sind Vorspiele des Herrschenden.«[2]

Mit der Sesshaftwerdung des Menschen wurde das Gefälle zwischen Gebenden und Nehmenden steiler. Denn das Streifgebiet des Stammes, das allen zum Jagen und Sammeln offen stand, wandelte sich zur unmittelbar nutzbaren Ressource von Ackerbauern und Viehzüchtern. Diese erhoben

Besitzansprüche und verteidigten sie. Von nun an waren diejenigen, die über Boden verfügten, die Herren, die anderen die Knechte. Die Herren sorgten für die Knechte, und diese hatten ihnen zu Diensten zu sein. Die vormals lockeren Herrschaftsstrukturen verfestigten sich. Was damals geschah, ist für den abendländischen Kulturkreis minutiös im ersten Buch des Alten Testaments, der Genesis, aufgezeichnet, und die Berichte, beispielsweise über den Stammvater Abraham, zeigen, dass sich bei der Begründung, Ausübung und Erhaltung von Herrschaft im Lauf der Geschichte wenig verändert hat.

Ob ägyptische Pharaonen, römische Cäsaren oder deutsche Kaiser, ob aztekische Fürsten, mongolische Khane oder indische Mogule – um zu herrschen, mussten alle zunächst geben. Waren sie nicht in der Lage, Geschenke zu verteilen, Lehen zu verleihen und Privilegien zu gewähren, hatte ihre Herrschaft keinen Bestand. Aber zumeist rechnete sich ihre Freigiebigkeit. Hatte der Beschenkte den Köder erst einmal geschluckt, hatte der Herrscher mit ihm leichtes Spiel. Sein Geschenk floss mit Zins und Zinseszins an ihn zurück.

Doch die Herrschenden hatten zu allen Zeiten das Problem, den Mechanismus in Gang zu setzen. Geschick und Fleiß von Jägern und Sammlern, Ackerbauern und Viehzüchtern reichten im größer werdenden Gemeinwesen nicht aus. Die Anstöße mussten verstärkt, die Geschenke wertvoller werden. Die Zeit der Beutezüge begann. Waren die Menschen lange Zeit Konfrontationen mit ihren Nachbarn ausgewichen, so suchten sie sie jetzt geradezu. Bei anderen Beute zu machen war allemal hilfreich für die Begründung und Erhaltung von Herrschaft. Freilich war diese Strategie lebensbedrohlich. Ungefährlicher war es, die benötigten Mittel zu leihen. So manches gekrönte und nicht gekrönte Haupt ging diesen Weg. Lästig war nur, dass das Geliehene zurückerstattet werden musste.

Um sich dem zu entziehen, griffen nicht wenige Herrscher

zur Gewalt, die nunmehr allerdings nicht gegen Fremde, sondern gegen das eigene Volk gerichtet war. Ihm wurde genommen, was die Herrschenden brauchten. Hielten sie dabei Maß, konnte ihre Herrschaft eine Weile währen. Denn Menschen sind im Allgemeinen gefügig und zum Untertanendasein bereit. Auf Dauer erzeugt Druck jedoch Gegendruck. Die Schraube der Gewalt wird angezogen. Dadurch steigt der Herrschaftsaufwand, und früher oder später übersteigt er den Ertrag. Gewaltherrschaft ist teuer. An ihren Kosten geht sie zugrunde.

Das ließ die Herrscher eine fünfte Strategie ersinnen, die sich bis heute als die erfolgreichste erwiesen hat. Die Beherrschten bezahlen die ihnen dargereichten Gaben selbst. Dazu bedarf es jedoch einer List. Der Mechanismus von Geben und Nehmen wird vor aller Augen offenbar. Zugleich wird aber der Wert der Herrschergabe gewaltig aufgebauscht und der des Genommenen kleingeredet. Was vom Herrscher kommt, ist gleißend. Die Leistungen der Beherrschten werden hingegen als Scherflein hingestellt, die kaum der Rede wert sind.

Die Wirksamkeit dieses Mechanismus wird gesteigert, indem ihm sakrale Weihen verliehen werden. Gibt der Herrscher sich nicht als einen Gott oder dessen Abkömmling aus, dann zumindest als einen von ihm Erwählten. Und wo kein Gott mehr waltet, da walten Vorsehung oder Volkeswille. Die Wirkung ist ähnlich. An einer Gabe, die von so hoher Hand kommt, kann nicht gemäkelt und auch nicht krämerisch nach ihrem Preis gefragt werden. So geben die Beherrschten den Herrschenden oft mehr, als sie von ihnen empfangen, und sei es auch nur die Macht, die sie den Herrschenden über sich einräumen. Diese Asymmetrie macht den Zauber von Herrschaft aus, der zu allen Zeiten Menschen in seinen Bann geschlagen hat.

Darüber hinaus trägt die sakrale Überhöhung herrschaftlichen Handelns dazu bei, Macht zu verbrämen. Das ist wichtig in Gesellschaften, die sich als aufgeklärt, vernunftgeleitet oder gar demokratisch verstehen. Solche Gesellschaften wollen die mit Herrschaft einhergehende Macht weder sehen noch fühlen. Also wird sie verhüllt und gut gepolstert. Das geschieht vor allem durch ihre Entpersonalisierung. Scheinbar herrschen nicht mehr Menschen, sondern nur noch die Ämter, die sie bekleiden. Aber selbst denen braucht der Beherrschte nicht eigentlich zu dienen. Sein Dienst gilt einem höheren Zweck: Gott, Ehre, Vaterland, Gerechtigkeit ... Die Zwecke sind dem Zeitgeist unterworfen und ändern sich mit ihm. Was sich rastlos weiterdreht, ist das Räderwerk von Herrschaft und Macht, Geben und Nehmen.

Menschen sind sozial

Dieses Räderwerk dreht sich auch im Sozialstaat. Zugleich hat dieser jedoch Eigenheiten, die ihn von anderen Herrschaftsformen unterscheiden. Die wichtigste: Er ist besonders tief in der Natur des Menschen verwurzelt. Nicht minder wichtig ist jedoch, dass er gerade deshalb die Natur des Menschen leicht zu deformieren vermag.

Menschen sind von Natur aus sozial, zu deutsch gesellige, gesellschaftliche Wesen. Sie sind auf andere Menschen hin angelegt. Sie bedürfen ihrer existenziell. Ohne sie verkümmern sie körperlich, geistig und kulturell. Gesellschaft im weitesten Wortsinn ist Grundlage menschlichen Daseins: von der Zeugung und Geburt über den Erwerb sprachlicher, intellektueller, handwerklicher und künstlerischer Fertigkeiten bis hin zu Totenritualen. Nicht nur die Würde, auch das Soziale des Menschen, seine Einbettung in die Gesellschaft, ist unantastbar. Wird das Soziale beschädigt, nimmt das Menschsein selbst Schaden.

Dass sich Erwachsene um den Nachwuchs kümmern, unterscheidet sie noch nicht von vielen anderen Lebewesen. Allenfalls zeichnet sie die Dauer ihrer Zuwendung aus. Dass aber auch Kranke und sonstige Hilfsbedürftige seit frühester Zeit Zuwendung erfuhren, ist ein menschliches Spezifikum. Knochenfunde von Menschen, die schon in grauer Vorzeit trotz schwerer Behinderung jahrelang lebten, legen hiervon Zeugnis ab. Ähnliches gilt für Alte, die nicht mehr mithalten konnten. Sie wurden, so gut es ging, von der Sippe mitgetragen.

Dieses soziale Netz, das in einer langen Evolution geknüpft worden war, wurde, wie so vieles andere, mit der Sesshaftwerdung des Menschen ausgebaut, gefestigt und vor allem formalisiert. Einen wesentlichen Beitrag hierzu leisteten die Religionen. Nunmehr war die Sorge für Kranke und Alte nicht mehr nur ein mitmenschlicher Impuls, sondern zugleich die Erfüllung eines göttlichen Auftrags. Das vierte Gebot des alttestamentarischen Dekalogs befiehlt unmissverständlich: Du sollst Vater und Mutter ehren, sprich für sie sorgen, wenn sie es selbst nicht mehr können. Dabei fällt auf, dass dies das einzige der zehn Gebote ist, dessen Erfüllung bereits im Diesseits belohnt wird. Wer nämlich Vater und Mutter ehrt, dem wird es wohl ergehen, und er wird lange leben auf Erden. Der Gesetzgeber baute offenbar darauf, dass das gute Beispiel der Altenfürsorge Schule machen und die nachwachsende Generation zum Nacheifern anregen würde. Was da vor 3200 Jahren in Stein gemeißelt oder wohl richtiger zu Papyrus gebracht wurde, entspricht in allen Einzelheiten dem jetzt wieder so lebhaft diskutierten Generationenvertrag, der die Grundlage der gesetzlichen Rentenversicherung des Jahres 1957 bildet: Junge, sorgt für die Alten, damit dereinst, wenn ihr alt geworden seid, Junge für euch sorgen.

Ebenso bedeutsam wie dieser Generationenvertrag wurde mit der Sesshaftwerdung der Ausgleich zwischen Reich und Arm. Er war Voraussetzung für den gesellschaftlichen Zusammenhalt. Materielle Unterschiede durften die Gesellschaft nicht sprengen. Der Reiche hatte dem Armen zu geben, und wenn er es nicht tat, wurde er sozial geächtet. Geiz zählt in allen Hochreligionen zu den schlimmsten Sünden, während Freigiebigkeit eine so große Tugend ist, dass sie manchen anderen Makel überstrahlt. Das Christentum ging hierbei besonders weit. Materieller Reichtum sollte die Erlangung ewiger Glücksseligkeit behindern, Mildtätigkeit hingegen den Weg dorthin ebnen. Jakob Fugger der Reiche, der Finanzier von Karl V., soll, so berichten die Chronisten, von Panik erfasst worden sein, wenn er an sein riesiges Vermögen dachte. Er fürchtete, dass es ihn vom Himmelreich ausschließen werde. Und sicher nicht zufällig umfasst die Schar der Heiligen, welche die römische Kirche im Lauf der Jahrhunderte zur Ehre ihrer Altäre erhob, viele, die sich im Dienst an Armen, Kranken und sonstigen Benachteiligten hervorgetan hatten. Ihre Verdienste sollten nicht zuletzt die Verfehlungen der Kirche insgesamt vergessen machen.

Gesellschaftlich organisierte Fürsorge oder, zeitgemäß gewendet, Sozialfürsorge ist so alt wie die menschliche Gesellschaft. Schon in der Antike gab es öffentliche Einrichtungen der Kranken- und Armenpflege, deren Nachfolgeinstitutionen bis in die Gegenwart fortwirken. Sie sind fester Bestandteil entwickelter Gesellschaften. Das Soziale – was immer unter diesem weiten Mantel Platz findet – ist weder eine Erfindung noch eine Entdeckung, noch eine Errungenschaft unserer Zeit. Unsere Zeit schmückt sich mit einem Attribut, das sie von anderen Zeiten allenfalls mäßig abhebt. Von jeher war das gesellschaftliche Werte- und Normengefüge vom Sozialen geprägt. Mehr noch: Ohne die soziale Natur des Menschen gäbe es gar kein derartiges Gefüge. Zwar hat das die Menschen nie daran gehindert, Sozialnormen zu brechen. In früheren Zeiten war das für sie Ausdruck ihrer Sündhaftigkeit. Dennoch wahrten sie stets ihre soziale Grunddisposition, die zum gewaltigen Resonanzboden des modernen Sozialstaats wurde.

Bismarcks Sozialgesetzgebung

Als die deutsche Reichsregierung unter Bismarck in den achtziger Jahren des 19. Jahrhunderts ihre Sozialgesetzgebung auf den Weg brachte, knüpfte sie an Einrichtungen an, die in vielen Generationen von privaten Stiftungen, Städten, Gemeinden und Kirchen geschaffen worden waren. Zu deren wichtigsten Aufgaben gehörte die Unterstützung des Familienverbandes bei der Versorgung von erwerbsunfähigen Kranken, Invaliden und Alten. Wo ein solcher Verband fehlte, übernahmen sie die Versorgung mitunter auch ganz.

Mit dem weit überproportionalen Anstieg nicht mehr erwerbsfähiger Menschen in der zweiten Hälfte des 19. Jahrhunderts zeigten sich diese Einrichtungen überfordert. War die Bevölkerungszahl von 1850 bis 1900 um rund zwei Drittel gestiegen, so hatte sich die Zahl der über 64-Jährigen annähernd verdoppelt. Noch bedeutsamer war jedoch, dass mit der Zunahme industrieller Produktion die Zahl derer, die aufgrund schwieriger Arbeitsbedingungen frühzeitig erwerbsunfähig oder, nach damaligem Sprachgebrauch, »invalide« wurden, sprunghaft anstieg. Hinzu kam, dass der Familienverband durch die wachsende Mobilität der Bevölkerung an sozialer Leistungsfähigkeit einbüßte. Oftmals gingen die Jungen in die aufstrebenden Städte, während die Alten auf dem Land blieben. Beides, die Entstehung eines zahlenmäßig großen alten und invaliden Bevölkerungsteils und die wachsende Mobilität, verursachte Unterhalts- und Versorgungsprobleme, die eine Fortentwicklung der überkommenen Sozialeinrichtungen erzwangen.

Allerdings blieb der Familienverband der mit weitem Abstand wichtigste Träger sozialer Leistungen. Hieran änderte Bismarcks Sozialgesetzgebung zunächst wenig. Sie beschränkte sich auf eine obligatorische Kranken-, Unfall-, Invaliditäts- und Altersversicherung von Industriearbeitern und niedrig bezahlten Angestellten in der gewerblichen Wirtschaft. Die aber bildeten zusammen mit ihren Angehörigen noch nicht einmal ein Viertel der Bevölkerung. Die große Mehrheit bestand aus Bauern, deren Knechten und Mägden, Handwerkern, Händlern, kleinen Gewerbetreibenden, Künstlern und Angehörigen ähnlicher Berufsgruppen, sodass auch zwei Jahrzehnte nach Einführung der Invaliditäts- und Altersversicherung, 1910, erst sieben Prozent der über 69-Jährigen eine gesetzliche Rente erhielten.[3] Die übrigen 93 Prozent waren wie zuvor auf eigene Vorsorge, vor allem aber auf ihre Familien angewiesen.

Diese Konzentration gesetzgeberischer Aktivitäten auf Industriearbeiter hatte mehrere Gründe. Zum einen hatten sie ein höheres Unfall- und Invaliditätsrisiko als andere Erwerbstätige, und zum anderen war aufgrund ihrer größeren Mobilität die soziale Leistungsfähigkeit ihrer Familienverbände unterdurchschnittlich. Entscheidend war jedoch, dass nur sie für die herrschenden Schichten eine wirkliche Herausforderung darstellten und den Staat – wie er bereits mehrfach zu spüren bekommen hatte – unter Druck setzen konnten. Durch die Sozialgesetzgebung sollten sie gefügig gemacht und politisch eingebunden werden. Die Gefährdung der tradierten Staats- und Gesellschaftsordnung durch die rasch erstarkende Klasse der Industriearbeiter sollte vermindert werden.

Wären allein soziale Gesichtspunkte für die Einführung der obligatorischen Sozialversicherung maßgeblich gewesen, wäre ihre Beschränkung auf Industriearbeiter kaum nachzuvollziehen. Denn diese waren keineswegs die wirtschaftlich Schwächsten – Teile der Landbevölkerung waren nicht selten noch bedürftiger –, und mit den Familienverbänden stand es auch außerhalb der Industriearbeiterschaft insgesamt nicht mehr zum Besten. Doch um eine angemessene soziale Sicherung der wirtschaftlich Schwachen ging es dem Gesetzgeber nicht. Er wollte dem rebellischsten und aus seiner Sicht unzuverlässigsten Teil der Bevölkerung ein Signal senden: Seht, der Staat kümmert sich um euch.

Um dieses Signal zu verstärken, gewährte er einen Zuschuss zur Invaliditäts- und Altersversicherung, die ansonsten je zur Hälfte von Unternehmern und Arbeitern zu finanzieren war.[4] Mit diesem Zuschuss, der von allen Bürgern zu tragen war, sollte das Engagement des Staates bei der Lösung der sozialen Frage dokumentiert werden. Freilich achtete dieser dabei peinlich darauf, dass er sich nicht übernahm. Die Durchschnittsrente betrug achtzehn Prozent des Bruttolohns aller Arbeiter, und das Renteneintrittsalter wurde auf siebzig Jahre festgesetzt.[5] Die Begründung: Die internationale Wettbewerbsfähigkeit der deutschen Wirtschaft dürfe nicht durch hohe Soziallasten beeinträchtigt werden. Der Beitragssatz zur gesetzlichen Invaliditäts- und Altersversicherung lag in jener Zeit für Unternehmer und Arbeiter zusammen bei durchschnittlich knapp zwei Prozent des Bruttolohns.[6]

Weimarer Republik und Nationalsozialismus

Mit der Beschränkung des Versicherungsumfangs hatte sich Bismarcks Regierung, die am liebsten schon damals in allen Bereichen der Sozialversicherung eine Art Vollversorgung der Arbeiter eingeführt hätte, dem Druck starker politischer Kräfte innerhalb und außerhalb des Regierungslagers gebeugt. Nach Ansicht dieser Kräfte, die sich um die Liberalen und die Zentrumspartei scharten, war Invaliditäts- und Alterssicherung keine Aufgabe des Staates, sondern – wie bisher – der Gesellschaft. Diese müsse sich, gegebenenfalls vom Staat gefördert, den veränderten Bedingungen stellen. Der Staat dürfe sich keinesfalls zum »allgemeinen Brotherren« machen. Die Kritiker argwöhnten, dass die Initiative der Regierung der Beginn einer Kette ähnlicher Maßnahmen sein könnte, an deren Ende der omnipotente Staat und der entmündigte Bürger stünden. »Was wird dann noch übrig bleiben für das Individuum?«, so fragte die Zentrumspartei besorgt.[7]

Die Antwort gab die Geschichte. In rascher Folge dekretierte der Staat weitere obligatorische Versicherungen für immer größere Bevölkerungsgruppen. Das begann bereits im Kaiserreich und setzte sich nach dem Ende des Ersten Weltkriegs in der Weimarer Republik beschleunigt fort. Gleich zu Beginn der Letzteren wurde unter anderem eine umfassende, großzügig ausgestattete Invaliditäts- und Alterssicherung für alle Arbeiter und Angestellten geplant, die jedoch aufgrund der schlechten Wirtschaftlage und der einsetzenden drastischen Geldentwertung nicht realisiert werden konnte. Die Inflation zwang 1923 sogar dazu, die Kapitalfundierung des Systems aufzugeben und die Beitragszahlungen der Versicherten unverzüglich als Versorgungsleistungen auszuzahlen. Doch trotz dieser Einschnitte expandierte das staatliche Versorgungssystem weiter. Allein von 1913 bis 1929 stiegen seine Ausgaben rund fünfzehnmal so schnell wie das Volkseinkommen. 1929 gaben die staatlich organisierten Versicherungen etwa neun Prozent des Volkseinkommens aus. 1913 waren es erst zwei Prozent gewesen.[8] Dieser Anstieg war nur zum Teil durch die hohe Arbeitslosigkeit Ende der zwanziger Jahre verursacht.

Der Nationalsozialismus unterbrach diese Entwicklung. Im Mittelpunkt aller wirtschaftlichen und politischen Anstrengungen des NS-Regimes standen Rüstungs- und keine Sozialmaßnahmen. Obwohl die Wirtschaft kräftig wuchs, erhöhten sich die Sozialausgaben nur mäßig. Bedeutsamer waren organisatorische Veränderungen. Das staatliche Sozialsystem wurde seiner Selbstverwaltung entkleidet und, wie so vieles andere, dem Führerprinzip unterworfen. Von nun an war es ganz unverhohlen ein staatliches Macht- und Herrschaftsinstrument, das seine äußere Gestalt in einem alles umfassenden NS-Versorgungswerk finden sollte. Der Ausgang des Zweiten Weltkriegs zog hierunter den Schlussstrich.

West und Ost auf getrennten Wegen

Nach Kriegsende wurden die vorgefundenen Sozialsysteme notgedrungen noch kurze Zeit beibehalten. Bald trennten sich jedoch die Wege von Ost- und Westdeutschen. In der sowjetischen Besatzungszone und späteren DDR wurde die tradierte Sozialpolitik, wie sie sich im Lauf der Jahrzehnte in Deutschland entwickelt hatte, als dem sozialistischen Staat wesensfremd abgelehnt. Zwar gab es immer noch Bereiche, die als spezifisch sozialpolitisch angesehen wurden. Sie erfuhren nach 1960 sogar eine gewisse Aufwertung. Aber im Mittelpunkt des sozialen Handelns stand die staatliche Organisation der Erwerbsarbeit.

Indem der Staat dafür sorgte, dass die überwältigende Mehrheit der Erwerbsfähigen einer Erwerbsarbeit nachging, sah er seinen sozialen Verpflichtungen im wesentlichen Genüge getan. Deshalb zögerte er auch nicht, in großer Zahl Erwerbstätige zu rekrutieren, für die es keine produktive Arbeit gab. Im Schnitt, so seriöse Schätzungen,[9] waren fünfzehn bis dreißig Prozent der Erwerbsbevölkerung nach heutiger Terminologie verdeckt arbeitslos. Das aber störte die ostdeutschen Machthaber wenig. Entscheidend war, dass möglichst alle Erwerbsfähigen durch Erwerbsarbeit, und sei es auch nur zum Schein, sozial eingebunden waren. Alles weitere folgte hieraus.

Die Versorgung bei Krankheit, Mutterschaft, Unfällen, Invalidität und im Alter war gegenüber der Einbeziehung in die Erwerbsarbeit eher Beiwerk. Sozialleistungen in diesem engeren Sinn waren im Vergleich zu Westdeutschland nicht nur absolut, sondern auch gemessen am ostdeutschen Einkommensniveau recht bescheiden. Finanziert wurden die Leistungen der ostdeutschen Sozialversicherung, die 1947 als Einheitsversicherung eingeführt worden war, Ende der achtziger Jahre zu 87 Prozent aus Abführungen und Sozialversicherungsbeiträgen der zumeist volkseigenen, das heißt staatlichen Betriebe und nur zu sieben Prozent aus Sozialversicherungsbeiträgen der Erwerbstätigen beziehungsweise Steuern der Gesamtbevölkerung.[10] Den Rest schoss der Staat aus sonstigen Einnahmequellen zu. Dabei gab er für den Sozialversicherungsbereich einschließlich des Gesundheitswesens nicht mehr aus als für Preisstützungen – 1988 jeweils zwanzig Prozent des staatlichen Gesamtetats.[11] Preisstützungen waren für die DDR neben der Erwerbsarbeit die wichtigste sozialpolitische Maßnahme.

Mit diesem Konzept setzte die DDR soziales Handeln mit letzter Konsequenz als staatliches Herrschaftsinstrument ein. Der Staat bemächtigte sich der Quellen volkswirtschaftlicher Wertschöpfung und band mit dem Erwirtschafteten die Bevölkerung an sich. Diese erhielt nur einen geringen Anteil zur freien Verfügung. Der größere Teil wurde nach den Prioritätensetzungen des Staates verwendet. Die Bevölkerung wurde durch Erwerbsarbeit sozial integriert und durch Preisstützungen materiell ruhig gestellt. Soziales als gesellschaftliches Handlungsmuster wurde demgegenüber fast völlig beseitigt. Der Staat wollte die Bevölkerung durch sein soziales Handeln direkt beherrschen.

In Westdeutschland wurde hingegen der Versicherungs- und Selbstverwaltungscharakter der Systeme, der während des Nationalsozialismus weitgehend verloren gegangen war, wiederhergestellt. Zugleich flammten jene Fundamentaldebatten über Sinn und Grenzen des Sozial- und Wohlfahrtsstaats neu auf, die unter grundlegend anderen Bedingungen bereits zur Bismarckzeit geführt worden waren. Auch wenn in der Folgezeit die Anhänger sozial- und wohlfahrtsstaatlichen Gedankenguts die Oberhand erlangten und den Sozialstaat zu einem historisch einzigartigen Riesenbau ausgestalteten, ist die damalige Debatte bis heute nicht beendet. Was gegenwärtig als Krise des Sozialstaats apostrophiert wird, hat seine Ursprünge in den fünfziger Jahren, wenn es nicht sogar ein Geburtsfehler ist. Doch in den fünfziger Jahren erfolgten Weichenstellungen, die zu unkontrollierbaren Problemen führen mussten.

Ludwig Erhard erkannte das frühzeitig und geißelte die Entwicklung,[12] fand aber mit seiner Kritik kein Gehör, auch nicht in seiner eigenen Partei, der CDU.

Sozialstaat preußischer Prägung

In ihrer Frühphase waren die sozialpolitischen Interventionen des Staates, die sich im weiteren Verlauf zum Wohlfahrts- und Sozialstaat verdichteten, trotz aller schon damals geäußerten Kritik im Großen und Ganzen einsichtig. Zwar war die Masse der Bürger gegen Ende des 19. Jahrhunderts nicht bedürftiger als in den Jahrzehnten zuvor. Im Gegenteil, ein Industriearbeiter genoss um 1890 einen spürbar höheren Lebensstandard als ein Landarbeiter oder die arbeitende Bevölkerung in der ersten Hälfte des 19. Jahrhunderts. Was sich jedoch durch die Zunahme der Lebenserwartung verlängert hatte, war die Zeitspanne, in der die Menschen invaliditäts- oder altersbedingt kein Erwerbseinkommen erzielen konnten. Das galt besonders für Erwerbstätige im industriellen Bereich.

Politisches Handeln war gefordert. Die Alternative war, die Pro-Kopf-Einkommen, die sich im Lauf des 19. Jahrhunderts real verdoppelt hatten, entweder zum Teil für den bewussten und gezielten Auf- und Ausbau individueller Vorsorge einzusetzen oder sie verstärkt in staatliche Versorgungssysteme zu lenken. Für Bismarck war die Entscheidung klar: Die Versorgung Invalider und Alter konnte »nur der Staat in seiner Gesamtheit erfüllen«.[13] Die alternative Strategie, die beispielsweise in Großbritannien und Frankreich verfolgt wurde, wurde in Deutschland erst gar nicht ernsthaft erwogen. Die deutsche Politik war mehrheitlich auf staatliches Handeln fixiert.

Neben dem machtpolitischen Kalkül der Einbindung der Industriearbeiter waren hierfür die deutsche Geschichte im Allgemeinen und preußische Traditionen im Besonderen maßgeblich. In Preußen hatte der Staat in Gestalt des Königs und eines hoch entwickelten Beamtenapparats schon lange tief in das Leben seiner Untertanen eingegriffen. Stärker als anderswo sorgte er für die wirtschaftliche Entwicklung des Landes, für Bildung und Ausbildung und selbst für das, was mittags auf die Tische kam. Der König befand höchstpersönlich: »Jetzt sind die Kartoffeln da, jetzt werden sie auch gegessen.« Der Staat wollte allgegenwärtig sein. Seine Entscheidungen dünkten ihm stets denen seiner Subjekte überlegen. Eine Bürgergesellschaft, wie sie sich in der Schweiz und zumindest schichtenspezifisch in Großbritannien herausgebildet hatte, konnte sich unter diesen Bedingungen nicht entwickeln. Herrscher und Untertan waren ein ehernes Begriffspaar. Da lag es nur nahe, dass der Herrscher sich auch um die Invaliden-, Alters-, Kranken-, Unfall- und mancherlei andere Versorgung kümmerte. Deutschland erhielt eine Sozialversicherung nach Gutsherrenart.

Das Ende des Kaiserreichs, der Weimarer Republik und des Nationalsozialismus änderte nichts an dieser Vorgabe. Der einmal in Gang gesetzte Zug rollte weiter in die gewiesene Richtung. Er nahm nur immer mehr Passagiere auf. Die Versicherungspflicht wurde so lange ausgedehnt, bis alle abhängig Beschäftigten in das staatliche Versorgungswerk integriert waren. Die Begründung war unverändert einsichtig, wenn auch nicht zwingend: Obwohl der materielle Wohlstand zunahm, war die große Bevölkerungsmehrheit weiterhin arm im Sinne von objektiv bedürftig. Am Ende des Zweiten Weltkriegs waren viele sogar noch bedürftiger als zuvor.

Bürger oder Untertan

Dann aber ereignete sich jene Wohlstandsexplosion, die die materiellen und in der Folge auch immateriellen Lebensbedingungen der Westdeutschen und zahlreicher anderer Völker in einer bis dahin unvorstellbaren Weise verbesserten.

Auch wenn der Lebensstandard der meisten im Vergleich zu heute noch recht bescheiden war, gab es schon in der zweiten Hälfte der fünfziger Jahre in Deutschland keine Armen im bisherigen Wortsinn mehr. »Wohlstand für alle« war nicht nur ein politischer Slogan, sondern erlebte Wirklichkeit. Damit stand Westdeutschland zusammen mit anderen früh industrialisierten Ländern erneut an einer Wegscheide. Die Optionen, die sich gegen Ende des 19. Jahrhunderts schemenhaft angedeutet hatten, hatten klarere Formen angenommen. Wieder standen zwei Wege zur Wahl, und wieder wurde um den besseren leidenschaftlich gerungen.

Ludwig Erhard und andere wollten die neu erlangten wirtschaftlichen Möglichkeiten nutzen, um nicht zuletzt durch die Bildung individueller Vermögen die Menschen »dem verderblichen Einfluss des Kollektivs zu entreißen«.[14] Der privaten Vorsorge für die Wechselfälle und Notstände des Lebens sollte so weit wie möglich Vorrang eingeräumt werden. Das Subsidiaritätsprinzip, wonach übergeordnete Einheiten wie der Staat nur solche Aufgaben übernehmen sollen, zu deren Wahrnehmung untergeordnete Einheiten, wie die Familie oder der Einzelne, nicht in der Lage sind, war für Erhard eines der wichtigsten Ordnungsprinzipien für die soziale Sicherheit überhaupt. Der staatliche Zwangsschutz, wie er das gesetzliche Versorgungssystem nannte, hatte dort Halt zu machen, wo der einzelne und seine Familie in der Lage waren, selbstverantwortlich und individuell Vorsorge zu treffen. Nicht nur für den wirtschaftlichen, sondern gerade auch für den sozialen Sektor forderte er ein Höchstmaß an Freiheit, privater Initiative und Selbsthilfe. Gewissen Tendenzen zum Versorgungsstaat sollte in den Anfängen gewehrt werden. Sie erschienen ihm freiheitsbedrohend.[15]

Dieses Menschen- und Gesellschaftsverständnis unterschied sich nicht nur radikal vom unmittelbar vorangegangenen nationalsozialistischen, sondern auch von dem davor herrschenden. Die Bürger sollten die staatliche Vormundschaft, die sich ganz wesentlich durch den Auf- und Ausbau der gesetzlichen Sicherungssysteme eingestellt hatte, durch mehr Selbstverantwortung zurückdrängen. Indem sie ihre Abhängigkeit vom Staat minimierten, sollten sie ihm mündig und selbstbewusst gegenübertreten können. Der natürliche Zusammenhang zwischen Individuen, der durch die sozialpolitischen Interventionen des Staates geschwächt worden war, sollte wiederbelebt, gesellschaftliche Bezüge sollten neu aufgebaut werden. Im Grunde ging es um nichts anderes als um die aktuelle Kontroverse: Bürger- oder Staatsgesellschaft? Was soll im Sozialbereich – also begrifflich im Bereich der Gesellschaft – Vorrang haben: das komplexe Zusammenspiel sich selbst steuernder individueller und gesellschaftlicher Kräfte oder staatliches Handeln?

Deutschland am Scheideweg

Die Wohlstandsexplosion der fünfziger Jahre zwang die westdeutsche Politik, Farbe zu bekennen. Zwar konnten die tradierten Sozialsysteme noch immer als notwendige Werkzeuge zur Beseitigung und Verhinderung von Notlagen aufgefasst werden. Doch das war, wie Erhard und andere zeigten, auch anders möglich. Ein Kompromiss zwischen den politischen Lagern wäre gewesen, die tradierten Systeme aufrechtzuerhalten, sie aber nicht parallel zur Wirtschaftsentwicklung auf- und auszubauen. Auf diese Weise wäre das Wachstum den Bürgern weitgehend ungeschmälert zugute gekommen und hätte breitesten Schichten eine substanzielle Vermögensbildung erlaubt. Die damals diskutierte und später beschlossene Anpassung der Renten an die allgemeine Lohn- und Einkommensentwicklung, die so genannte dynamische Rente, war für Erhard ordnungspolitisch »Gift«.[16] Er wollte, dass die Bürger ihr Alterseinkommen durch eigenständige Vermögensbildung dynamisierten.

Wie die Würfel fielen, ist bekannt. Für die politische Mehrheit kam selbst ein Kompromiss nicht in Betracht. Das galt bereits für das christlich-liberale Regierungslager und mehr noch für die sozialdemokratische Opposition, die ständig die Ausweitung staatlicher Sozialleistungen forderte. Die erstarkende Wirtschaftskraft sollte jene umfassende staatliche Daseinsvorsorge ermöglichen, von der ein Großteil des politischen Spektrums seit den Tagen Bismarcks immer wieder geträumt hatte. Die Sozialpolitiker waren in ihrem Element. Noch nie hatte der Staat den Sozialversicherten zum Beispiel eine lebensstandardsichernde Altersversorgung in Aussicht stellen können. Jetzt konnte er!

Dass diese Wohltaten den individuellen Handlungs- und Gestaltungsraum der Bürger eng begrenzten und die Wohlstandsmehrung, aufs Ganze gesehen, keineswegs förderten, sondern tendenziell sogar minderten, wurde in Kauf genommen. Hätten die Sozialpolitiker einen Blick für die ökonomische Effizienz oder, richtiger gesagt, Ineffizienz ihres Systems oder zumindest für dessen Verteilungswirkungen gehabt, hätten sie es vermutlich nie installiert. Doch solche Aspekte beschäftigten sie allenfalls am Rande. Wichtiger war ihnen der politische Effekt. Die Bürger sollten durch scheinbare Großzügigkeit beeindruckt und für den Staat eingenommen werden. Wie zynisch dabei vorgegangen wurde, zeigen die sozialpolitischen Geschenke, die vor jeder Wahl in Aussicht gestellt wurden und dann von den Beschenkten – von ein bisschen Umverteilung abgesehen – auf Heller und Pfennig bezahlt werden mussten.

Schon in den fünfziger Jahren wurde die Sozialpolitik zum wichtigsten Macht- und Herrschaftsinstrument des Staates und jener Institutionen und Organisationen, die er als Zuträger und Treibriemen einsetzte.[17] Zum Teil war diese Entwicklung auf das deutsch-preußische Gesellschaftsverständnis zurückzuführen, das gesellschaftliche Belange stets vom Staat und nicht von den Bürgern her sah und regelte. Zum Teil war sie wohl auch Ausdruck politischer Verlegenheit, vielleicht sogar eines Notstandes. Denn nach dem Ende der NS-Herrschaft und ihres krankhaft überspannten Nationalbewusstseins sowie der Teilung Deutschlands war den Deutschen nicht viel geblieben, was sie an ihren Staat hätte binden können, und die mentale Fluchtburg eines vereinten Europa stand noch nicht. Da drängte es sich förmlich auf, den Staat wenigstens als sozialen Wohltäter in Erscheinung treten zu lassen. Loyalität sollte erkauft werden. Nicht zuletzt war diese Entwicklung aber auch das Ergebnis eines ausgeprägten staatlichen Macht- und Herrschaftswillens, wobei sich die Parteien allenfalls graduell unterschieden. Die Schaffung einer wirklichen Bürgergesellschaft stand in keinem politischen Programm.

Explosion des Sozialstaats

Die Umformung des Sozialen zum wichtigsten Herrschaftsinstrument hatte weitreichende Folgen für den Einzelnen, die Gesellschaft und den Staat.

Der Einzelne wurde noch mehr als bisher seiner mitmenschlichen Pflichten entbunden. Wer nicht wollte, brauchte sich nicht mehr um kranke, pflegebedürftige oder alte Familienangehörige zu kümmern. Selbst Kinder sollten ihren Eltern nicht länger im Weg stehen, wenn diese ihre eigenen Interessen verfolgten. Staatliche Einrichtungen fingen sie auf. Auch brauchte der Einzelne nicht mehr für die Notfälle des Lebens oder das eigene Alter individuell vorzusorgen. Das alles übernahm der Staat. Er erwarb die soziale Allzuständigkeit.

Dadurch verminderte sich die wirtschaftliche und soziale Bedeutung von Familienverbänden, Nachbarschaften und gesellschaftlichen Sozialeinrichtungen weiter. Die großen Wohlfahrtsverbände wie die Caritas oder die Diakonie verwandelten sich trotz aller verbalen Gegenwehr zu staatlichen Sozialagenturen. Ohne den Staat ging bei ihnen kaum noch etwas. Das beschleunigte die Lockerung des gesellschaftlichen Zusammenhalts. Wozu noch spenden, wohltätige Einrichtungen unterstützen oder sich als Mäzen von Kunst und Wissenschaft betätigen? Das war jetzt Angelegenheit des Staates. Dafür zahlte man Steuern und Sozialbeiträge, und zwar reichlich.

Der Staat seinerseits mutierte zu einem weit verzweigten Unternehmenskonglomerat zur Erbringung von Sozialleistungen. Andere Aufgaben traten dahinter zurück. Mittlerweile dienen rund sechzig Prozent der von der öffentlichen Hand ausgegebenen Mittel sozialen Zwecken. Werden noch die Zinsen berücksichtigt, die der Staat für seine Schulden aufbringen muss, verbleibt ihm für alle sonstigen Bereiche, wie Schulen und Universitäten, öffentliche Verwaltung und Bundeswehr, Polizei und Justiz, Straßen und Brücken, Entwicklungshilfe und anderes, gerade einmal ein Drittel aller öffentlichen Einnahmen. Der Sozialbereich dominiert alles.

Die Arbeitnehmer bekamen die Veränderungen am unmittelbarsten zu spüren. Denn es war ihr Staat. Schon in den fünfziger und frühen sechziger Jahren schuf er für sie ein umfangreiches Alterssicherungssystem und verbesserte darüber hinaus die Leistungen in anderen wichtigen Sozialbereichen. Die Bevölkerungsmehrheit war begeistert und dankte es den Regierungsparteien in den nachfolgenden Wahlen. Doch zu verschenken hatte der Staat nichts, auch wenn die politische Rhetorik das vermuten ließ. Vielmehr mussten die Begünstigten und ihre Arbeitgeber für jede Leistung tief in die Tasche greifen. Der Abstand zwischen den von den Arbeitgebern aufzubringenden Arbeitnehmerentgelten, den Bruttolöhnen und -gehältern, die auf den Lohnzetteln erschienen, und den Nettolöhnen, die den Arbeitnehmern schließlich in der Lohntüte oder auf dem Gehaltskonto verblieben, wuchs unaufhörlich. Einschließlich der Arbeitgeberanteile wurden 1950 von hundert erarbeiteten Mark im Durchschnitt zwanzig Mark an Sozialabgaben und vier Mark an Lohn- beziehungsweise Einkommensteuer fällig. Dem Arbeitnehmer verblieben gut drei Viertel seines Entgelts zur freien Verfügung. In den siebziger Jahren sank dieser Anteil auf knapp zwei Drittel. Gegenwärtig liegt er bei ungefähr der Hälfte. Die andere Hälfte des Arbeitnehmerentgelts geht unmittelbar an den Staat, und die dem Arbeitnehmer verbleibende Hälfte wird durch Verbrauchssteuern wie die Mehrwert- oder Mineralölsteuer nochmals geschmälert.

Insgesamt wandte der Staat in den frühen fünfziger Jahren ein Sechstel aller erwirtschafteten Güter und Dienste für soziale Leistungen wie Alters- und Erwerbsunfähigkeitsrenten, Krankenkosten, Arbeitslosengeld, Sozialhilfe und ähnliches auf. Seit den siebziger Jahren hat sich dieser Anteil auf ungefähr ein Drittel verdoppelt. Absolut hat sich der staatliche Sozialaufwand seit 1950 real verzehnfacht. Das Wirtschaftsvolumen stieg dagegen nur auf das Fünffache. Im Jahr 2000 gab der Staat für Soziales ebenso viel aus, wie Deutschland Anfang der sechziger Jahre – im gleichen Geldwert – insgesamt erwirtschaftete.

Diese weit überproportionale Zunahme des Sozialaufwandes ließ auch den vom Staat in Anspruch genommenen Anteil an der volkswirtschaftlichen Wertschöpfung, die sogenannte Staatsquote, kräftig steigen. Zu Beginn der fünfziger Jahre lag sie bei knapp einem Drittel. Bis Mitte der siebziger Jahre hatte sie sich auf rund die Hälfte erhöht. Mit leichten Schwankungen verharrte sie lange auf diesem Niveau. Jede zweite erwirtschaftete Mark ging durch die öffentliche Hand. Seit einiger Zeit bemüht sich die Politik – wieder einmal – um die Rückführung der Staatsquote. Allerdings sind die Ergebnisse bescheiden. Offenbar fällt es den Regierenden schwer, den seit einer Generation verfolgten Kurs dauerhaft aufzugeben.

Säulen staatlicher Herrschaft

Angst

Der heutige Sozialstaat ruht auf den klassischen Säulen aller staatlichen Herrschaft: Angst, Intransparenz und Solidaritätsappellen.

Dass er nach dem Zweiten Weltkrieg nicht nur in Deutschland, sondern in vielen Ländern so rasch erblühte, war sicher zum einen auf die gewachsenen wirtschaftlichen Möglichkeiten zurückzuführen. Zum anderen halfen aber auch die Erfahrungen einer Generation, die beispielsweise in Deutschland durch zwei Kriege, zwei Totalinflationen und eine schwere Wirtschaftskrise gegangen war. Gegenüber solchen Schicksalsschlägen, so eine verbreitete Sichtweise, war der Einzelne machtlos. Hier musste das stärkste Geschütz aufgefahren werden: der Staat.

Richtig war diese Sichtweise nie. Denn staatliches Handeln hatte ja alle diese Katastrophen erst heraufbeschworen, und nur das Handeln der vielen und ihrer Gemeinschaften ermöglichte das Überleben. Was der Staat in der ersten Hälfte des 20. Jahrhunderts auf die Beine gestellt hatte, war nicht nur in Deutschland, aber hier besonders, dürftig. Umso größer waren die Leistungen der Bürger, die nicht zuletzt die Wohlstandsexplosion der fünfziger Jahre bewirkten. Der Staat hatte hieran Anteil – mehr aber auch nicht.

Wieder war es Ludwig Erhard, der diese Zusammenhänge frühzeitig erkannte und es deshalb als »geradezu verhängnisvoll« ansah, »die künftige Sicherung gegen die Lebensrisiken auf einen derartigen, hoffentlich einmaligen, Zusammenbruch … abzustellen«.[18] Aber auch diese Mahnung blieb ungehört. Die Sozialpolitiker aller Parteien hämmern inzwischen in der dritten Generation auf der Klaviatur historischer Katastrophen. Noch in den neunziger Jahren wurden sozialpolitisch motivierte Beihilfen für den deutschen Steinkohlebergbau mit dem Hinweis abgestützt, die Bergleute hätten uns schließlich in den kalten Wintern nach dem Krieg vor dem Erfrieren bewahrt. Dass die Beihilfen Menschen zugute kamen, die im Schnitt erst nach 1960 geboren worden waren und zum großen Teil aus der Türkei stammten, schien kaum jemanden zu stören. Manchem alten Mütterchen trieb die Beschwörung alter Zeiten Tränen in die Augen. Der Zweck war erreicht. Die Beihilfen konnten weiter fließen.

Zwar nimmt die Resonanz auf derartige Schreckensszenarien inzwischen ab. Viele haben ihre schlimmen Erinnerungen mit ins Grab genommen; bei anderen sind sie verblasst. Aber noch immer würzen Sozialpolitiker ihre Äußerungen gern mit einem kräftigen Schuss Angst. Und noch immer sind große Teile ihrer Politik so konzipiert, als gelte es in Deutschland, die unmittelbaren Nachkriegswinter durchzustehen. Die mentalen Bunker sind noch längst nicht überall geräumt.

Intransparenz

Für den Bestand des tradierten Sozialstaats noch wichtiger als die Angst vor unkontrollierbaren Schicksalsschlägen ist Intransparenz. Denn die Angst verflöge bei vielen, wenn sie das System durchschauten. Zugleich hätte es als Herrschaftsinstrument ausgedient.

Für die Herrschenden ist entscheidend, das Verhältnis von Leistungen und Gegenleistungen zu verschleiern. Die Bürger müssen glauben gemacht werden, sie würden vom Sozialstaat mehr erhalten, als sie ihm geben. Dass das schon aus Gründen der Logik unmöglich ist, darf nicht bewusst werden. Noch stärker tabuisiert ist die Frage, wie viel eigentlich bei der sozialstaatlichen Umverteilung versickert und wie groß der sozialstaatliche Herrschafts- und Verwaltungsaufwand ist, den die Bürger zu tragen haben. Fänden diese Beträge Eingang in die Bilanz, zeigte sich, was ohnehin selbstverständlich ist: Der Sozialstaat nimmt den Bürgern mehr, als er ihnen gibt.

Um mit diesem Befund nicht konfrontiert zu werden, hat die Politik phantasievolle Finanzierungskonstruktionen ersonnen. So werden wichtige Sicherungssysteme wie die Renten- oder Arbeitslosenversicherung gleichzeitig durch Beiträge und Steuern finanziert. Hierfür gibt es nachvollziehbare Argumente. Sie wiegen jedoch leicht im Vergleich zu dem einen: Beim Bürger soll sich der Eindruck festsetzen, dass er diese Systeme ausschließlich mit seinen Beiträgen speist und gemessen daran die Gegenleistung eindrucksvoll ist. Rentenbeiträge und Renten beispielsweise – das scheint sich zu rechnen.

Werden aber auch jene Summen berücksichtigt, welche die Versicherten beim Betanken ihrer Automobile oder beim Kauf von Waren für die gesetzliche Alterssicherung aufbringen, rechnet es sich nicht mehr. Doch diese Summen, mit denen derzeit immerhin ein Drittel der Rentenausgaben bestritten werden, sind den Blicken der Versicherten entzogen. Steuern fließen in einen großen Topf hinein und wieder aus ihm heraus. Sie in beliebige Richtungen zu lenken ist leicht, was nicht heißt, dass dies bei Beiträgen viel schwieriger ist; auch bei ihnen sind dem politischen Einfallsreichtum kaum Grenzen gesetzt. Die Politik möchte aber gern den schönen Schein wahren und flutet deshalb die Schleusen des Sozialstaats lieber mit Steuern als mit Beiträgen.

Ein aktuelles Beispiel hierfür sind die Projektionen der Bundesregierung zur Entwicklung des Rentenversicherungsbeitrags bis zum Jahr 2030. Angeblich soll er 22 Prozent des Bruttolohns nicht übersteigen. Das erscheint im Blick auf die bevorstehende Umwälzung im Bevölkerungsaufbau nicht nur hinnehmbar, sondern bemerkenswert günstig. Doch in Wirklichkeit hat diese Zahl keinerlei Aussagekraft. Der Bürger erfährt nämlich nicht, was er sonst noch alles zahlen muss, um die Rentenversicherung über Wasser zu halten. Er kann nur vermuten, dass das viel und im Lauf der Zeit immer mehr sein wird.[19]

Allerdings reicht die Vermischung von Steuern und Beiträgen noch nicht aus, um die Bürger ruhig zu stellen. Auch der Beitragssatz selbst muss optisch verkleinert werden. Zu diesem Zweck werden die Versicherungsbeiträge an die Renten-, Kranken-, Arbeitslosen- und Pflegeversicherung aufgespalten in einen sogenannten Arbeitnehmer- und einen Arbeitgeberanteil. Zur Begründung heißt es, die Arbeitgeber sollen sich an der sozialen Sicherung der Arbeitnehmer beteiligen. Warum sie das tun sollen, bleibt unklar. Und im Ergebnis tun sie es auch nicht, weil die Arbeitnehmer auch den Arbeitgeberanteil erarbeitet haben. Hätten sie es nicht getan, wären sie ihren Lohn nicht wert gewesen. Wenn sie aber auch die zweite Hälfte der Sozialabgaben erarbeitet haben, warum dürfen sie diese dann nicht selber abführen?

Sie dürfen nicht, weil die Politik befürchtet, dass viele, wenn sie die Summe von Arbeitnehmer- und Arbeitgeberbeiträgen schwarz auf weiß zu Gesicht bekämen und an die Versicherungsträger überweisen müssten, das System als zu teuer empfänden und sich von ihm abwenden würden. Wie begründet diese Befürchtung ist, zeigen einschlägige Befragungen. Sie offenbaren erstens, dass über ein Fünftel der deutschen Erwerbsbevölkerung überhaupt keine Vorstellung von der Höhe der Sozialbeiträge hat und dass von denen, die eine Meinung dazu haben, knapp die Hälfte die Beitragssätze wesentlich zu niedrig einschätzt.[20] Sie offenbaren zweitens, dass die Bevölkerungsmehrheit die zu erwartenden Leistungen erheblich zu hoch veranschlagt.[21] Und sie offenbaren drittens, dass die Zustimmung insbesondere zur gesetzlichen Rentenversicherung mit steigendem Wissen um deren Funktionsweise abnimmt.[22] Unwissen der Bevölkerung ist für alle diese Systeme Voraussetzung ihres Bestands. Die Politik müht sich deshalb, dieses Unwissen aufrechtzuerhalten.

Aber nicht nur Aufwand und Ertrag, sondern auch Richtung und Verlauf der Mittelströme werden bewusst im Dunkeln gehalten. Auch das gehört zum System. Nur so kann dem Grundsatz Geltung verschafft werden, der nicht erst seit der Zeit Bismarcks für jede Herrschaftsform gilt: Wer seine Forderung mit dem größten Nachdruck erhebt, wird politisch bedient. Die anderen gehen leer aus. Aus der Herrschaftsperspektive ist das verständlich. Im Hinblick auf soziale Gerechtigkeit ist es jedoch ein Ärgernis.

Daran nahmen Mitte der siebziger Jahre Teile der CDU Anstoß. Wie kann, so lautete ihre »Neue soziale Frage«, politisch sichergestellt werden, dass sich die wortgewaltigen Organisierten nicht stets auf Kosten der nichtorganisierten Stillen im Lande durchsetzen? Nicht zufällig ist diese Frage bis heute unbeantwortet geblieben. Schon der Versuch, sie zu beantworten, hätte die etablierten Herrschaftsstrukturen unterminiert. Flugs wurde das Thema gewechselt. Statt über die Herstellung sozialer Gerechtigkeit zwischen Organisierten und Nichtorganisierten nachzudenken, wurden unter dem Signet »Neue soziale Frage« zusätzliche Arme aufgespürt. Die Sozialpolitiker konnten sich wieder in vertrautem Gelände tummeln. Dort tummeln sie sich noch heute.

Solidaritätsappelle

Solidaritätsappelle bilden die ethische Krönung jeder gelungenen Herrschaft, auch und besonders im Sozialstaat. Die Stärke dieser Appelle: Solidarität ist gesellschaftsgründend. Keiner kann sich ihr verweigern, ohne die Gesellschaft zu beschädigen. Hierüber besteht Konsens. Kontrovers ist jedoch, wie sie zu definieren, zu organisieren und auszuüben ist. Darüber wird gestritten.

Dem Wortsinn nach bedeutet Solidarität so viel wie »Füreinandereintreten«, »Zusammenhalten«. Auf zwischenmenschlich-gesellschaftlicher Ebene ist beides unmittelbar erfahrbar. Familienangehörige treten füreinander ein, Nachbarn halten im Bedarfsfall zusammen. Kennzeichen dieser Form gesellschaftlicher Solidarität ist ihre Freiwilligkeit. Zwar besteht ein nicht unerheblicher sozialer Druck, sich solidarisch zu verhalten. Doch wer will, kann sich diesem Druck zumindest ein Stück weit entziehen.

Das ist anders, wenn Solidarität Wesensbestandteil staatlicher Herrschaft ist. Dann schwindet das Element der Freiwilligkeit. Der Einzelne tritt nicht mehr aus eigenem Antrieb, auch wenn dieser ganz kühlen Nützlichkeitserwägungen entspringen sollte, für den anderen ein, sondern erzwungenermaßen. Er muss dem Staat Abgaben leisten, damit dieser soziale Aufgaben erfüllen kann. Das aber provoziert früher oder später die Frage: »Warum muss ich eigentlich?« – »Aus Gründen sozialer Gerechtigkeit«, ist die Antwort des Solidarität heischenden Staates. Auch wenn niemand genau weiß, was diese »soziale Gerechtigkeit« beinhaltet, signalisiert sie doch ein höheres Maß an rationaler Begründbarkeit als der Begriff der Solidarität. Gesellschaftliche Solidarität ist unbedingt. Ohne Solidarität keine Gesellschaft. Die staatlich verordnete Solidarität bedarf hingegen einer rational nachvollziehbaren Legitimation. Der Einzelne will wissen, warum er sich im konkreten Fall solidarisch verhalten soll. Allgemeine Solidaritätsappelle reichen nicht aus. Sie sind zu begründen.

Das versucht der Staat. Die Jungen sollen einstehen für die Alten, die Gesunden für die Kranken, die Erwerbstätigen für die Arbeitslosen, die wirtschaftlich Starken für die wirtschaftlich Schwachen, die Gescheiten für die Beschränkten. In dieser Grundsätzlichkeit sind die staatlichen Solidaritätsappelle für jedermann nachvollziehbar. Sobald jedoch der Boden des Grundsätzlichen verlassen wird, nagt die Frage, ob und in welchem Umfang der Staat solidarisches Verhalten einfordern kann. Konkret: Entspricht seine Forderung dem Postulat sozialer Gerechtigkeit? Häufig gibt es hierauf keine Antwort. Denn um sie geben zu können, müsste bekannt sein, wer was von wem bekommt. Das aber weiß niemand. Wiederholt haben hochrangig besetzte Expertengremien den heroischen Versuch unternommen, die verschlungenen Knoten der staatlichen Sozialtransferströme zu lösen. Sie sind allesamt gescheitert, und niemand wagte, den Knoten beherzt zu zerschlagen.

Ein Beispiel aus jüngster Zeit sind die Leistungen von Staat und Gesellschaft zugunsten von Haushalten mit Kindern. Die breite Öffentlichkeit ist überzeugt: Für Kinder muss mehr getan werden. Das mag so sein. Aber es wäre sicher hilfreich, zu wissen, was denn jetzt schon getan wird. Die Liste bereits gewährter Leistungen ist lang. Manche, wie Kindergeld, liegen offen zutage. Andere, wie Kinderkomponenten in der Renten- und Pflegeversicherung, sind versteckter. Deshalb ist eine Aussage darüber, ob Eltern mit Kindern zu wenig, zu viel oder gerade ausreichend öffentliche Unterstützung erhalten, schwieriger, als sie zunächst erscheinen mag. Und was heißt »gerade ausreichend«? Länder wie die USA, die erheblich weniger für ihren Nachwuchs tun als Deutschland, haben trotzdem mehr Kinder. Was also ist in einem solchen Fall sozial gerecht?

So geht es weiter. Seit Jahrzehnten erachtet der Sozialstaat den Ausgleich zwischen wirtschaftlich Starken und Schwachen als eine seiner vornehmsten und vordringlichsten Aufgaben. Die Erfolge seiner Bemühungen sind jedoch fast überall erstaunlich gering. Zwar sind in den meisten Ländern – wenn auch durchaus nicht in allen – die wirtschaftlich Schwächsten nicht in existentielle Armut abgedriftet. Doch das hehre Ziel, die Schere zwischen Starken und Schwachen ein wenig zu schließen, wurde zumeist verfehlt. Die Einkommensunterschiede sind heute größer als vor 25 Jahren und nicht kleiner als vor einem halben Jahrhundert.[23]

Offenkundig wirbeln die Transferströme wild durcheinander: von oben nach unten, aber auch von unten nach oben, vorzugsweise jedoch von links nach rechts und von rechts nach links. Die breitesten Transferströme, so eine begründete Vermutung von Experten, fließen von Haushalten an Haushalte mit ähnlichem wirtschaftlichen und sozialen Status. Am Ende der großen Umverteilung stehen die meisten da, wo sie zu Beginn standen – abzüglich der Umverteilungskosten, einschließlich der Kosten staatlicher Herrschaft. Unter solchen Bedingungen staatlich verordnete Solidarität auf soziale Gerechtigkeit hin abzuklopfen ist wenig erfolgversprechend.

Aber auch wo das Solidaritätsgeflecht auf den ersten Blick klarer zu erkennen ist, verschwimmt es auf den zweiten. In der gesetzlichen Alterssicherung beispielsweise wird Solidarität der Jungen mit den Alten eingefordert. Das macht Sinn. Doch haben sich auch die Alten mit den Jungen solidarisch verhalten? Nur zum Teil. Viele Alte haben sich sehr zurückgehalten, als es darum ging, die Jungen großzuziehen, auszubilden und ihnen den Weg ins Leben zu ebnen. Die ihnen gegenüber geübte Solidarität ist recht einseitig.

Oder Solidarität in der Krankenversicherung, gesetzlich oder privat. Hier, so heißt es, stünden die Gesunden für die Kranken ein. Dass ein erheblicher Teil der Kranken unbedingten Anspruch auf individuelle und kollektive Zuwendung hat, ist nicht in Zweifel zu ziehen. Krankheit ist aber häufig auch subjektiv. Trotz gleicher objektiver Befunde schultert deshalb der eine den anderen, obwohl beide gleich gesund oder krank sind. Darf der Staat das erzwingen? Und was ist mit den Millionen, die sich wachen Geistes durch ihre Lebensführung krank gemacht haben? Mediziner weisen bis zur Hälfte der ernsthaft Kranken dieser Kategorie zu. Müssen sich jene, die etwas Vernunft und Selbstbeschränkung haben walten lassen, mit diesen solidarisch erklären und, wenn ja, in welchem Umfang?

Oder Solidarität in der Arbeitslosenversicherung. Hier stehen Menschen, die die Hilfe des Gemeinwesens wirklich brauchen, neben solchen, die ganz einfach das Sozialstaatsklavier zu spielen wissen. Das heißt nicht unbedingt, dass Letztere faul und die anderen fleißig sind. Der Arbeitsmarkt ist nur an wenigen Stellen so schwarzweiß gezeichnet. Aber wie überall gibt es auch hier solche, die ihre Forderungen laut anmelden und deshalb bedient werden. Nicht selten sorgen auch hier die Stillen für die Lauten, nicht die Leistungsfähigen für die Leistungsschwachen. Die soziale Gerechtigkeit bleibt auf der Strecke.

Der Grund für diesen Missstand ist die fast völlig fehlende soziale Kontrolle aller staatlich verordneten Solidarität oder, anders gewendet, ihre weitgehende Anonymität. Was im Bereich zwischenmenschlich-gesellschaftlicher Solidarität kaum der Erwähnung bedarf, ist auf der Ebene der staatlich verordneten praktisch unbekannt. Versucht der eine den anderen im Familienverband, im Verein oder in der Nachbarschaft zu übervorteilen, greifen in der Regel wirksame soziale Mechanismen. Der Schnorrer, Faulpelz oder gar Betrüger ist rasch enttarnt. Nicht so beim Staat. Wissentlich oder nicht fordert er massenhaft auch denen gegenüber solidarisches Verhalten ein, die seiner weder bedürfen noch es verdienen. Etwas anderes ist auch nicht möglich. Der Sozialstaat muss auf mindestens einem Auge blind sein, um seine Herrschaftsstrukturen nicht zu gefährden. Das ist die Voraussetzung, will er Mehrheiten an sich binden.

Sozialstaat in der Krise

Der Sozialstaat heutiger Prägung dürfte die kühnsten Hoffnungen seiner frühen Befürworter und die schlimmsten Befürchtungen seiner ebenso frühen Kritiker weit übertreffen. Seine Größe und Macht haben vermutlich weder die einen noch die anderen vor fünfzig oder gar hundert Jahren vorhergesehen. Doch je größer und mächtiger er wurde, desto drängender wurden auch die Zweifel, und langsam reifte die Einsicht heran: Wie bisher geht es nicht weiter.

Zwar ist diese Einsicht noch kein Gemeingut. Staatliche Einrichtungen sowie bedeutende gesellschaftliche Organisationen und Institutionen, allen voran die Gewerkschaften und Teile der Kirchen, verteidigen verbissen das Erreichte und fordern die weitere Ausbreitung sozialstaatlicher Aktivitäten. Damit befinden sie sich aber nicht mehr auf dem Kamm der historischen Welle, von der sie bisher getragen worden sind. Ihre Anliegen finden immer weniger Widerhall. Stattdessen häufen sich die Anzeichen, dass der Sozialstaat in eine und vermutlich sogar in *die* Krise geraten ist. Krise, das heißt zu deutsch Wendepunkt, von dem aus ein anderer Kurs eingeschlagen werden muss.

Das auffälligste Krisensymptom ist die manifeste Verausgabung des Staates. Ob in der Renten-, Arbeitslosen-, Kranken- oder Pflegeversicherung, bei der Unterstützung von wirtschaftlich Schwachen, Drogenabhängigen oder Selbsthilfegruppen, bei der Förderung von Kinderreichen, bedürftigen Studenten oder Spätaussiedlern – überall hisst er die weiße Flagge und signalisiert: Ich kann nicht mehr, zumindest nicht wie bisher. Ich habe mich nicht zuletzt sozialpolitischer Ziele wegen hoch verschuldet. Es hat nicht gereicht. Hiermit kapituliere ich vor den überschäumenden Ansprüchen der Bürger.

Diese Kapitulation ist keineswegs auf Deutschland beschränkt, sondern in allen sozialpolitisch ähnlich organisierten Ländern zu beobachten. Nirgendwo wird der Sozialstaat der Geister Herr, die er gerufen hat. Deshalb ist überall von seinem Umbau die Rede. Hierüber besteht auch hierzulande ausnahmsweise Konsens zwischen fast allen politischen Parteien und einigen wichtigen gesellschaftlichen Gruppierungen, wie zum Beispiel den Arbeitgebern. Allerdings wagt noch niemand, konkrete Aussagen darüber zu machen, was denn unter »Umbau« zu verstehen ist. Hier lässt jeder dem anderen den Vortritt.

Dabei wissen die Kundigen, dass dieser Begriff nur der Gesichtswahrung von Traditionalisten und Sozialpolitikern alter

Denkweise dient und im Übrigen einen Epochenwechsel verniedlichen soll. In Wahrheit geht es um einen massiven Rückbau und teilweisen Abriss. Mit der Beseitigung von hübschen Schnörkeln und Zierrat oder imposanten Balustraden und Erkern ist es nicht getan. Ganze Stockwerke, in denen sich manche häuslich eingerichtet haben, sind abzutragen. Wer will, kann das Umbau nennen. Nur sollte allen Beteiligten klar sein, dass es nach Abschluss der Arbeiten den heute vertrauten Sozialstaat nicht mehr geben und etwas anderes an seine Stelle getreten sein wird.

Verweigerung der Bürger

Der uns heute vertraute Sozialstaat geht den Weg aller politischen, wirtschaftlichen und gesellschaftlichen Institutionen, die so lange wachsen, bis sie den Boden erschöpft haben, in dem sie wurzeln. Dann beginnen sie zu welken und sterben schließlich ab.

Der Wurzelgrund des Sozialstaats ist die Gesellschaft. Die hat er ausgelaugt und maßgeblich dazu beigetragen, dass sie an die Grenzen sowohl ihrer materiellen als auch ihrer biologischen Tragfähigkeit gelangt ist. Das ist wörtlich gemeint. Die Gesellschaft vermag den Sozialstaat herkömmlicher Prägung weder physisch noch psychisch länger zu tragen.

Das heißt nicht, dass die Bürger nicht mehr an staatlichen Wohltaten interessiert sind. Die können gar nicht opulent genug sein, und der Widerstand gegen jedwede Kürzung ist beträchtlich. Dieser Befund, auf den die Sozialpolitiker alter Denkweise gerne verweisen, ist jedoch für den Bestand des Sozialstaats irrelevant. Genauer gesagt, er ist nicht relevanter als der Wunsch jener achtzig Prozent von Nicht-Immobilieneigentümern, die gern ein Haus oder eine Wohnung ihr Eigen nennen würden. Auf die Frage, welche Opfer sie denn für die Erfüllung dieses Wunsches zu bringen bereit seien, erklärt nämlich die Hälfte: keines. Auf sie kann die Immobilienbranche nicht zählen.

Ähnlich verhält es sich mit dem Sozialstaat. Seine Leistungen stehen außer Frage. Doch wo immer es geht, entziehen sich die Bürger seinen Kosten. Allenfalls abstrakt bekunden sie hohe Zahlungsbereitschaft.[24] Konkret sieht die Welt ganz anders aus. Da werden Hunderte von Milliarden nicht nur von Einzelnen, sondern von großen Bevölkerungsgruppen in sicherem Abstand um die nationalen Grenzen bugsiert. Da werden Abermillionen von Steuererklärungen trickreich gestaltet, Arbeitsverträge raffiniert ausgeklügelt und Handwerkerrechnungen phantasievoll arrangiert. Vor allem aber boomt ein riesiger Schwarzmarkt für Arbeit, an dem sich wiederum viele Millionen beteiligen. Der Grund ist immer der gleiche: die Vermeidung von Sozialbeiträgen und/oder Steuern.

Noch versucht der Staat dieser Entwicklung durch schärfere Gesetze und Kontrollen zu begegnen. Gelegentlich hat er damit Erfolg. Aber seine Erfolge nehmen ab. Zu viele Bürger haben den Machtmechanismus, den Mechanismus von Geben und Nehmen, durchschaut. Sie fühlen sich übervorteilt und versuchen, sich ihm zu entziehen. Ihr Alltag schwirrt vor Überlegungen – einigen großen und zahllosen kleinen –, dem Kaiser nicht mehr zu geben, worauf dieser Anspruch zu haben meint. Der Kaiser in der Gewandung des Sozialstaats ist den Bürgern zwar lieb, aber mittlerweile zu teuer. Entsprechend verhalten sie sich, und gelegentlich sagen sie es auch. 1999 erklärten 17 Prozent unumwunden, die Abgabenlast sei unerträglich hoch. Von den 30- bis 49-Jährigen sagten das sogar 23 Prozent. 58 Prozent waren nicht bereit, weitere Steigerungen hinzunehmen, und nur 21 Prozent hatten keine Einwände gegen die Höhe ihrer Steuern und Sozialbeiträge.[25] Letztere Zahl entspricht recht genau dem Bevölkerungsanteil, der praktisch keine Lohn- und Einkommensteuern bezahlt. Seine Steuerbürde ist in der Tat erträglich.

Entsolidarisierung der Gesellschaft

Der Unmut der Bevölkerung quillt aus tiefen Schichten. Letztlich aber entspringt er einem Dilemma, das im Sozialstaat heutiger Prägung von Anfang an angelegt war und sich im Lauf eines Jahrhunderts voll entfaltet hat.

Sein ursprüngliches soziales Anliegen war, die Spalten zu füllen, die sich gegen Ende des 19. Jahrhunderts immer breiter zwischen dem Einzelnen und seinem gesellschaftlichen Umfeld auftaten. Doch je engagierter er das tat, desto weiter trieb er beide auseinander. So sollte die gesetzliche Altersrente den Familien ein Anreiz sein, die immer länger lebenden Alten bei sich zu behalten und nicht als zusätzliche Esser abzuschieben. Die Rente war als Kostgeld gedacht, mit dem die Alten das Brot bezahlen sollten, das sie bei ihren Kindern und Verwandten aßen. Die erhoffte Wirkung war jedoch von kurzer Dauer. Rasch wuchs die Zahl der Familien, die sich durch die staatlichen Leistungen, die im Alter, bei Unfall, Krankheit oder Invalidität gewährt wurden, von ihren bisherigen solidarischen Pflichten entbunden fühlten. Für die Hilfsbedürftigen sorgte ja ein anderer – eben der Staat.

Nun kann darüber gerechtet werden, ob die Solidarität des Familienverbandes und anderer gesellschaftlicher Institutionen nicht auch ohne staatliche Sozialpolitik abgenommen hätte. Für diese Annahme spricht viel. Ebenso viel spricht aber dafür, dass durch das Eingreifen des Staates diese Entwicklung verstärkt und beschleunigt wurde. Je mehr sich der Staat sozial engagierte, desto mehr entledigte sich die Gesellschaft ihrer sozialen Verantwortung, und je mehr sie sich dieser Verantwortung entledigte, desto breiter wurden die Spalten, die der Staat glaubte füllen zu müssen. Ein sich aufschaukelnder Prozess war in Gang gesetzt. In der Medizin sind solche Prozesse bekannt und gefürchtet: Ein unterstützungsbedürftiges Organ reagiert auf die gewährte Unterstützung mit weiterem Leistungsabbau, bis hin zur Einstellung aller Funktionen.

Nicht zufällig wird heute in einigen Ländern, die sich auf einem ähnlichen demographischen und sozialen Entwicklungsstand befinden wie Deutschland und Westeuropa um die Wende vom 19. zum 20. Jahrhundert, heiß debattiert, ob und inwieweit ein Auf- und Ausbau sozialer Sicherungssysteme mit Rücksicht auf den familiären und gesellschaftlichen Zusammenhalt wünschenswert ist. Malaysia beispielsweise ist eines der Länder, die, obgleich sie das wirtschaftlich durchaus könnten, bei der Schaffung großer staatlicher Sozialsysteme zögern. Sicher nicht grundlos fürchten sie, dass sich die Gesellschaft und konkret der Familienverband aus Pflichten entlassen sehen könnten, die der Staat letztlich nicht übernehmen kann. Vor allem aber fürchten sie, dass die Gesellschaft allmählich ihre sozialen Kompetenzen einbüßt und dadurch der Aufgabenberg des Staates ständig wächst.

Sie haben Europa vor Augen, wo solidarisches Verhalten ganz augenscheinlich aus weiten gesellschaftlichen Bereichen ausgewandert und zu einer staatlichen Norm geschrumpft und staatlicher Herrschaftsanspruch mit individuellen und kollektiven Solidarbedürfnissen verschmolzen ist. Das hat Spuren hinterlassen. Ende der neunziger Jahre erlebten vierzig Prozent der jüngeren Deutschen das soziale Miteinander als krisenhaft und die Mitmenschen als kalt. Ohne Frage hat der Sozialstaat soziale Defizite beseitigt. Die weitgehende Verstaatlichung des Sozialen hat aber auch neue geschaffen. Die Bilanz von hundert Jahren Sozialstaat ist ausgesprochen durchwachsen.

Gestandene Erwachsene, lallende Kinder

Die Krise des Sozialstaats hat ihre spiegelbildliche Entsprechung in einer Krise der Gesellschaft. Ihre Entsolidarisierung hat sie verbildet. Denn Solidarität ist ihr Rückgrat. Wenn heute Erwachsene tatenlos zusehen, wie ein Schulkind von

Mitschülern krankenhausreif geprügelt wird, sich in einer dicht bevölkerten Fußgängerzone kein einziger einem jugendlichen Handtaschenräuber entgegenstellt oder Eltern es ablehnen, ihre Kinder mit den Grundregeln menschlichen Miteinanders vertraut zu machen – so die Lokalnachrichten aus wenigen Wochen –, und wenn vor allem in solchen und ähnlichen Fällen übereinstimmend die Ansicht vertreten wird, es sei Aufgabe von Polizei oder Schule, also des Staates, etwas dagegen zu unternehmen, dann sind das unübersehbare Zeichen dieser Verbildung.

Doch nicht nur die Gesellschaft, auch die Individuen wurden deformiert. Hundert Jahre Sozialstaat haben ihre Persönlichkeit gespalten. Sie sind gestandene Männer und Frauen und zugleich lallende Kinder. Noch nie mussten Menschen so komplizierte Lebenssachverhalte so eigenständig meistern wie heute, und noch nie hatten sie in ihren existenziellsten Bereichen ein so geringes Mitwirkungs- und Gestaltungsrecht. Mündigkeit und Unmündigkeit prallen in jedem ungebremst aufeinander.

Einerseits ist es dem Einzelnen überlassen, sich auf den verschlungenen Pfaden des Bildungssystems zurechtzufinden, Kinder in die Welt zu setzen und Jahrzehnte für sie zu sorgen, Finanzierungspläne für Häuser und Wohnungen auszuhandeln, Kraftfahrzeuge durch dichten Verkehr zu steuern oder aus dem Internet das preisgünstigste Feriendomizil in Thailand herauszuklicken. Andererseits wird ihm nicht zugetraut, für ein paar Wochen der Arbeitslosigkeit oder den Kauf einer allfälligen Lesebrille vorzusorgen. In ihrer mündigen Erwachsenenhälfte sind die meisten tüchtig, vorausschauend und verantwortungsbewusst. In ihrer unmündigen Kindhälfte geht ihnen das alles ab. Eben noch haben sie schwierige Herausforderungen bravourös bewältigt. Im nächsten Moment sind sie zu keinerlei Selbststeuerung mehr fähig.

Betritt der Mensch den Bereich staatlich organisierter Solidarität, verliert er alles, was ihm außerhalb dieses Raums eine eigenständige Lebensführung ermöglicht. Er wird zum Mündel eines strengen Vormunds, der es an kurzer Leine führt. Organisation und Handhabung der sozialen Sicherungssysteme zeigen dies deutlich. Nicht eines hat den mündigen, verantwortungsvollen Bürger zum Leitbild. Leitbild ist vielmehr der lebenserfahrene, vorausschauende Gutsherr, der für seinen biederen, im Übrigen aber recht einfältigen und in den Tag hineinlebenden Knecht sorgt. Nur der Herr weiß, was dem Knecht Not tut. Der Knecht hat zu gehorchen.

Dass dies nicht überzeichnet ist, zeigt das Beispiel der gesetzlichen Rentenversicherung. Hier lockert sich die feste Hand des Vormunds auch dann nicht, wenn der Pflichtversicherte dauerhaft ein jährliches Einkommen von weit über fünfzigtausend Euro erzielt. Der Staat schreibt ihm bis zum letzten Cent vor, dass er und wie er den Lebensstandard, der mit einem solchen Einkommen einhergeht, bis zu seinem Tod zu sichern hat. Für eigene Vorstellungen der Lebensgestaltung ist kein Raum. Den Staat interessiert nicht, ob aufgrund des guten Einkommens der eine vielleicht ein weiteres Kind großziehen, der andere eine schöne Immobilie erwerben und ein dritter in jungen Jahren die Welt kennen lernen und sich im Alter bescheiden will. Der Staat kennt nur eines: Der einmal erreichte Lebensstandard muss aufrechterhalten werden. Dazu glaubt er den Bürger zwingen zu dürfen.

Kaum anders ergeht es den Versicherten im Gesundheitswesen. Hier bestimmen nicht nur Ärzte, was wann und wie geschehen soll. Zugleich ist seine Behandlung eingespannt in das Raster rigoroser staatlicher Regularien. Verstöße gegen sie werden unverzüglich geahndet. Der angeblich mündige Patient stößt schnell an die Grenzen, jenseits deren er wieder zum Kind wird. Die Begründung: Die medizinischen Bedürfnisse der Bevölkerung müssen sich dem vom Staat geschneiderten Gesundheitswesen einpassen. Alles Sperrige wird weggehobelt. Nicht anders ist es in den übrigen Systemen.

Die Lage ist absurd. Was ungebildeten, armen Bauern und

Handwerksleuten noch vor hundert Jahren bedenkenlos abverlangt wurde und bis heute von selbständigen Marktfrauen und Flickschustern verlangt wird: Die Vorsorge für die Fährnisse des Lebens ist den wohlhabenden, gebildeten und informierten Bürgern zu Beginn des 21. Jahrhunderts weitgehend verwehrt. Das gebiete, so heißt es, die Solidarität. Im Solidarbereich lässt der Staat nicht mit sich spaßen. Den behandelt er als seine unantastbare Domäne. Wie sollte er auch anders? Noch ist das ja sein Herrschaftsinstrument.

Starke und Schwache

Um dieser Herrschaft willen nimmt und gibt der Sozialstaat den Bürgern. Das sei, so seine Begründung, Grundlage des sozialen Friedens. Was er damit meint, ist unklar und soll wohl auch unklar sein. Klar ist indessen, dass er durch sein umfängliches Nehmen und Geben Einkommens-, Vermögens-, Bildungs- und andere Unterschiede zu dämpfen und jedermann vor Not zu bewahren trachtet. Das ist wenig konkret und gibt ihm faktisch freie Hand, zu tun, was ihm beliebt. Denn wer kann schon sagen, wann Unterschiede zwischen den Menschen oder Notlagen Einzelner friedensgefährdend sind. Trotzdem unterstützt die große Bevölkerungsmehrheit den Staat bei diesen Vorhaben. Sozialer Frieden ist ihr ein hohes Gut.

Es rechtfertigt auch Umverteilung. Wie eine Art Robin Hood nimmt der Sozialstaat den wirtschaftlich Starken und gibt den wirtschaftlich Schwachen. Dazu bedient er sich des Steuer- und Sozialsystems. Aber ebenfalls einem Robin Hood nicht unähnlich hat er mitunter Schwierigkeiten, Starke und Schwache, Reiche und Arme zu identifizieren. Zumindest sind seine Zuteilungskriterien grobschlächtig und nicht frei von Willkür. Gelegentlich muss das Bundesverfassungsgericht dem Gesetzgeber in den Arm fallen, weil der im

Überschwang der Umverteilung beispielsweise das Existenzminimum von Kindern im Familienverband steuerlich nicht respektiert.

Doch trotz mancher Fragwürdigkeiten sind die Umverteilungswirkungen des Steuersystems alles in allem gut nachvollziehbar. Das Prinzip ist einfach: Wer viel hat, trägt einen hohen Anteil am Steueraufkommen, wer wenig hat, einen geringen. Manchmal ist dieses Prinzip außer Kraft gesetzt. Aber immer nur vorübergehend. Mittel- und langfristig gilt zuverlässig: Die Starken schultern größere Lasten als die Schwachen. So trug im Jahr 2000 die wirtschaftlich stärkere Hälfte der Lohn- und Einkommensbezieher 88 Prozent der direkten Steuern. Das stärkste Prozent der Steuerzahler trug 21 Prozent, weitere elf Prozent trugen 30 Prozent und 38 Prozent trugen 37 Prozent. Knapp ein Achtel der Bevölkerung brachte also gut die Hälfte der direkten Steuern auf. Die wirtschaftlich schwächere Hälfte trug demgegenüber nur zwölf Prozent zum Steueraufkommen bei, das schwächste Fünftel mit insgesamt 0,4 Prozent fast nichts.[26] Aber auch an den indirekten Steuern sind die Wohlhabenden weit überproportional beteiligt. Wer mehr Geld hat, gibt im Allgemeinen auch mehr aus, und wer mehr ausgibt, trägt mehr zu den Verbrauchssteuern bei. Die Belastungswirkungen von direkten und indirekten Steuern und damit deren Gerechtigkeitsgehalt sind umstritten. Die Lehrmeinungen gehen weit auseinander. Unstrittig ist jedoch, dass der Staat durch die unterschiedliche Besteuerung der Bürger seinen Umverteilungszielen erheblich näher kommt.

Ungleich verworrener verläuft die Umverteilung in den sozialen Sicherungssystemen. Auf sie trifft das biblische Gleichnis vom Weinberg zu. Wer spät kommt und wenig leistet, wird – unabhängig von wirtschaftlicher Bedürftigkeit – tendenziell besser behandelt als der Frühaufsteher, der »des Tages Last und die Hitze getragen« hat (Matth. 20,12). Noch bedeutsamer ist aber, dass sich in den sozialen Sicherungssystemen oft gar nicht ausmachen lässt, wer die Starken und die Schwachen sind. Deshalb sucht der Sozialstaat sein Heil in Pauschalierungen.

Danach sind Gesunde wirtschaftlich generell stark und Kranke schwach. Häufig wird diese Einschätzung zutreffen, aber keineswegs immer. Es gibt wohlhabende Kranke, die problemlos für die Kosten ihrer Krankheit aufkommen, und ärmliche Gesunde, die nur mühsam ihren Lebensunterhalt bestreiten können. Der Automatismus, mit dem Gesunde für Kranke einstehen müssen, überzeugt nicht. Das gilt auch für die Gleichsetzung von arbeitslos und unterstützungsbedürftig. Nicht jeder, der einige Wochen oder Monate beschäftigungslos ist, bedarf sogleich der geballten Hilfe der Erwerbstätigen, zumal wenn manche von ihnen weniger in der Tasche haben als er.

Geradezu abwegig ist es, wenn der Sozialstaat die Alten pauschal den Schwachen und die Jungen den Starken zuordnet. Die Jungen, so will es ein hehres Sozialstaatsgebot, haben für die Alten zu sorgen, wenn diese ein bestimmtes Lebensalter erreicht haben, gleichgültig, wie leistungsfähig sie sind. Darüber hinaus erhalten Senioren Rabatt, sei es in öffentlichen Verkehrsmitteln, beim Museums- oder Kinobesuch oder bei steuerlich geförderten Blumensteck- und Fischkochkursen in der Volkshochschule. Da stehen wohlbetuchte, ausgeruhte Senioren neben schlecht verdienenden, abgearbeiteten Familienvätern und -müttern und machen – ihnen kaum vorwerfbar – ihre Altenprivilegien geltend. Der Sozialstaat will es so. Und er will auch, dass Arbeitgeber oder Vermieter stets zu den Starken, Arbeitnehmer oder Mieter hingegen stets zu den Schwachen gezählt werden. Letztere finden seine ungeteilte Zuwendung, erstere müssen deren Kosten tragen. Dass die Wirklichkeit oft anders aussieht, will er nicht sehen.

Eine solche Sichtweise ist einer Welt gemäß, die es einmal gegeben hat, die aber inzwischen untergegangen ist. Der veränderten Wirklichkeit, in der nicht selten Mieter wirtschaftlich stärker sind als Vermieter, Arbeitgeber einen niedrigeren Lebensstandard haben als Arbeitnehmer oder Alte wohlhabender sind als Junge, öffnet sich der Staat jedoch nur zögernd. Sie widerspricht seinen Klischees, die ihren Ursprung in wenig entwickelten, armen Gesellschaften haben. Von diesen Klischees will er nicht lassen, und das macht ihn so antiquiert.

Neben der Umverteilung von den Starken zu den Schwachen versorgt der Sozialstaat die Bedürftigen. Das geschieht im wesentlichen durch steuerfinanzierte Transfers wie Sozialhilfe, Arbeitslosenhilfe oder Wohngeld. Wer nicht auf das Äußerste dazu entschlossen ist, kann im Sozialstaat nicht unter Brücken verhungern. Vor dem Verhungern bewahren ordentlich gedeckte Tische, und die Brücken bestehen aus einem wohnlichen Obdach, reichlich Mobiliar, Kleidung und Wäsche, Rundfunk- und Fernsehgerät, gelegentlich einer Kinokarte und vielem anderen. Der Sozialstaat lässt keinen darben. Auch die wirtschaftlich Schwächsten bekommen ein Stück vom großen Kuchen ab. Hierüber besteht in Ländern wie Deutschland breitester Konsens, ebenso wie darüber, dass dies kein Gnadenakt der Starken ist. Die Schwachen haben einen Rechtsanspruch darauf. Keine materielle Not leiden zu müssen ist in allen früh industrialisierten Ländern Teil der Menschenwürde. Gerade deshalb hat der Staat aber nicht nur das Recht, sondern auch die Pflicht, Vorkehrungen zu treffen, dass Bedürftigkeit gar nicht erst eintritt. Kraft Gesetzes kann er die Bürger zwingen, Notlagen vorzubeugen. Denn täten sie dies nicht, müsste er gegebenenfalls selbst einspringen. Das muss er in seinem und im Interesse der Steuerzahler auszuschließen versuchen.

Allerdings ist damit auch die Grenze gezogen, bis zu der er die Bürger zur Vorsorge zwingen kann. Die nämlich können ihm gegenüber keine Ansprüche geltend machen, die über die Abwehr von Notlagen hinausgehen. Insbesondere können sie nicht verlangen, dass der Staat ihren individuellen Lebensstandard aufrechterhält. Das hoffnungsvolle Talent, das in jungen Jahren seine Erwerbsfähigkeit einbüßt, der erfolgreiche Spekulant, dessen Glückssträhne endet, der tüchtige Unternehmer, der eines Tages verarmt – sie alle können nicht erwarten, mit Hilfe des Staates das Gewohnte fortsetzen zu können. Werden sie bedürftig, unterscheiden sie sich in nichts vom armen Schlucker, der es nie zu etwas gebracht hat und deshalb auf kollektive Hilfe angewiesen ist. Alle sinken auf das gleiche Niveau, das der Sozialhilfe.

Der Staat gewährt den Bedürftigen ausschließlich ein Existenzminimum. Deshalb kann er von den Bürgern aber auch nur verlangen, in Höhe dieses Minimums selbst vorzusorgen. Alles, was darüber hinausgeht, ist nicht mehr seine Sache. Hier können die Bürger nach Belieben schalten und walten – so jedenfalls in der Theorie.

Von der Existenz- zur Lebensstandardsicherung

Bis zur großen Wohlstandsexplosion Mitte des 20. Jahrhunderts befand sich die Praxis weitestgehend in Übereinstimmung mit der Theorie. Die sozialen Sicherungssysteme deckten kaum mehr als das Existenzminimum und manchmal noch nicht einmal das. Dies war weniger das Ergebnis absichtsvoller Politik als vielmehr die Folge wirtschaftlicher Zwänge. Mehr als eine Mindestsicherung gab die Volkswirtschaft nicht her. Ende der fünfziger Jahre betrug die durchschnittliche monatliche Arbeiterrente im Geldwert von heute etwa 250 Euro. Ein Arbeitsloser erhielt nicht viel mehr, und auch die Krankenkassen finanzierten faktisch nur eine Grundversorgung. Von weniger als dem Gewährten ließ sich kaum leben.

Das änderte sich in den sechziger Jahren. Aufgrund der rasant steigenden Wirtschaftskraft hätte die Bevölkerung Westdeutschlands entscheiden können, ob die staatlichen Zwangsversicherungen ihren bisherigen Rahmen von Mindestsicherungen sprengen und zu lebensstandardsichernden Vollversorgungssystemen ausgebaut oder die neu gewonnenen wirtschaftlichen Möglichkeiten in eine Vielzahl von Optionen, insbesondere den Aufbau substanzieller Individualvermögen, eingebracht werden sollten.

Vor diese Alternative wurde die Bevölkerung jedoch nie gestellt. Von Anfang an trommelten alle Parteien für den ungebremsten Auf- und Ausbau der staatlichen Zwangsversicherungen. Das lag in ihrem Herrschaftsinteresse. Die private Vermögensbildung wurde hingegen politisch vernachlässigt. Gemessen an dem gewaltigen Aufkommen der Renten-, Kranken- und Arbeitslosenversicherung sowie sonstiger Sozialtransfers, blieb sie eine untergeordnete Vorsorgeform. Der Staat zielte nicht länger nur auf Mindestsicherung, sondern von nun an auf Sicherung des individuellen Lebensstandards. Deutschland schlug hier einen extremen Kurs ein, der nur von einigen Ländern, vor allem den skandinavischen, geteilt wurde.

Die wenigen Stimmen, die Einspruch erhoben, gingen im Trommelwirbel unter. Der Bevölkerung wurde eingeredet, dass die umfassende staatliche Organisation sozialer Sicherheit die verlässlichste, wirtschaftlich effizienteste, modernste und zukunftsträchtigste Form der Daseinsvorsorge sei. Die sozialen Sicherungssysteme auszubauen galt als solidarisch, fortschrittlich, gerecht und gut. Es lohnt sich, in den einschlägigen Publikationen jener Zeit zu blättern. Sie zeigen, auf welch vorurteilsvollen Ideologien der Sozialstaat heutiger Prägung errichtet worden ist. Und sie zeigen, wie schon damals kritische Fragen mit großem propagandistischen Aufwand niedergewalzt wurden. Hinweise auf Nachteile und Gefahren des Sozialstaats gelangten nur selten über den akademischen Bereich hinaus oder endeten als politische Fußnoten. Daran hat sich bis heute wenig geändert. Der Sozialstaat hängt an seinen Traditionen.

Dabei gab es allen Anlass, sich mit dem Sozialstaat fundamental auseinander zu setzen. Denn die Beschränkung auf eine Mindestversorgung, die er sich bei der Bekämpfung von Not bis heute auferlegt, war im weiten Bereich der Daseinsvorsorge von nun an aufgehoben. Seit den sechziger Jahren werden die Bürger rundum versorgt. Das ist teuer, so teuer, dass viele mit der Finanzierung der sozialen Sicherungssysteme an ihre wirtschaftlichen Grenzen geraten und zu alternativen Vorsorgeformen, selbst wenn sie diese wollten, nur noch bedingt oder auch gar nicht in der Lage sind. Der Sozialstaat hat sie materiell bis zur Bewegungslosigkeit eingeschnürt.

Noch schwerer wiegt jedoch die mentale Einschnürung. Die rundum vom Staat versorgten Bürger sind vom wichtigsten Bereich der Selbstentfaltung und -findung abgeschnitten. Das haben die Sozialstaatsprotagonisten womöglich nie bedacht und sicher nie begriffen: Normal entwickelte Menschen wollen ihr Leben so weit wie möglich selber gestalten. Sie wählen ihre Wohnung, ihr Automobil und ihre Kleidung, sie wählen ihren Beruf und möglichst ihren Arbeitsplatz, sie wählen ihre Partner, Freunde und Bekannten, sie wählen ihre Freizeitbeschäftigungen und Urlaubsreisen. Mit allen diesen Wahlen gestalten sie ihr Leben. Wählen zu können ist Ausfluss von Freiheit und diese von menschlicher Würde. Doch gerade dort, wo die Entscheidungstiefe besonders groß und die Lebensperspektiven unmittelbar berührt sind, sagt der Staat: Halt. Hier darfst du nicht mehr wählen. Hier entscheide ausschließlich ich.

Angeblich sollen die Menschen dadurch von Verantwortung entlastet werden. Wie wohl gemeint das ist, sei dahingestellt. Aber es ist nicht wohl getan. Die Übergänge von verantwortungsfrei zu verantwortungslos und von verantwortungslos zu würdelos sind nämlich fließend. Menschen, die selbst für die Wechselfälle des Lebens ein Stück der Verantwortung tragen, unterscheiden sich von denen, die das nicht tun. Ihre Stellung ist wie die von Erwachsenen zu Kindern. Kein Wunder also, dass parallel zur körperlichen Vergreisung in diesen rundum staatsbetreuten Gesellschaften die Infantilisierung rasch voranschreitet und Blödelbarden die kulturellen Leitfiguren sind.

Deshalb ist es auch eher beunruhigend, wenn sich Sozialpolitiker auf Volkes Willen berufen. In der Tat können sie sich darauf verlassen, dass in öffentlichkeitswirksamen Fernsehrunden die Kulisse beifällig klatscht, wenn ihr noch mehr Sozialleistungen in Aussicht gestellt werden. Umgekehrt müssen diejenigen mit Buhrufen rechnen, die das als Irrweg ansehen. Aber wofür stehen diese Gunst und Ungunst? Sie stehen für einen weiteren Bereich gesellschaftlicher Deformierung. Menschen, die keine Freude daran haben und keine Befriedigung empfinden, für sich und die, die ihnen anvertraut sind, Verantwortung auch in schwierigen Lebenslagen zu übernehmen, sind unmündig. Einem freiheitlich-demokratischen Gemeinwesen kann an einer solchen Unmündigkeit nicht gelegen sein.

Aber der Umbruch kommt. Die späte Moderne wird enden, wie die frühe begann. In die frühe Moderne traten Menschen ein, die jahrhundertelang in religiöser Unmündigkeit gehalten worden waren. Sie glaubten, der einzige Weg zum Heil führe durch die Kirche, deren Verwaltung in den Händen weniger lag, der Kleriker, die dadurch fast schrankenlose Macht über das gläubige Volk hatten. Die meisten konnten sich nicht vorstellen, was für uns heute kaum der Erwähnung bedarf: dass sie den Weg zum individuellen Heil – was immer der Einzelne darunter verstehen mag – auch ohne Institutionen und deren Sachwalter gehen konnten. Es dauerte, bis die Menschen das begriffen hatten und wieder den Kopf zu heben wagten.

Und es wird dauern, bis sich die große Mehrheit wieder ein Stück eigenständige Vorsorge für ihr Leben zutraut. Zu lange haben ihnen die Hohen Priester des Sozialstaats eingebläut, dass sie das nicht könnten, ihnen der Überblick fehle, die Risiken zu groß seien und niemand so gut für sie sorge wie der Staat. Sie müssten nur glauben und vertrauen und alles werde gut. Wer die Argumentations- und Sprachmuster von heute mit denen von vor fünfhundert Jahren vergleicht, wird überraschende Übereinstimmungen entdecken. Das damals Transzendentale wurde lediglich säkularisiert. Im Übrigen findet sich alles wieder, vom Himmel bis zur Hölle.

Illusionistentheater

Das kann den Niedergang des tradierten Sozialstaats nicht aufhalten. Seine empfindlichste Schwäche ist der Zwang zu ständiger Expansion. Zwar unterscheidet ihn dieser nicht grundsätzlich von anderen Herrschaftsformen, die alle die Neigung haben, sich aufzublähen, bis sie platzen. Der Sozialstaat neigt hierzu aber besonders. Der Grund: Er wird von den Begünstigten sowohl physisch als auch psychisch konsumiert. Jede Leistung, die über einen gewissen Zeitraum empfangen worden ist, wird nicht mehr als solche empfunden und löst deshalb auch kaum noch positive Impulse aus. Treten hingegen im Leistungsfluss auch nur die geringsten Störungen auf, sind die negativen Reaktionen heftig. Werden Renten und Pensionen pünktlichst überwiesen, erhöht das nicht die Zufriedenheit der Empfänger mit Staat, Gesellschaft und politischer Ordnung. Treffen sie aber bei ihnen zwei Tage später als erwartet ein, ist das ein Politikum, mit dem anderntags die Zeitungen aufmachen.

Der Sozialstaat wird damit zum Getriebenen. Will er die Bevölkerung anhaltend beherrschen, muss er sein Gefieder immer breiter spreizen. Doch irgendwann ist Schluss. Dann greift er zu Täuschung und gegebenenfalls Betrug. Auch darin unterscheidet er sich nicht grundsätzlich von anderen

Herrschaftsformen. Täuschung und Betrug oder zumindest Irreführung sind das Salz in der herrschaftlichen Suppe. Wo immer möglich, soll größere Stärke, Macht und Wohlhabenheit vorgespiegelt werden, als in Wirklichkeit vorhanden.

Das wusste auch Kaiserin Maria Theresia von Österreich, als sie mit dem Preußenkönig Friedrich II. im Streit lag. Um seine Abgesandten zu beeindrucken, ließ sie, so wird berichtet, den Rasen ihres Schlosses auf das Feinste herrichten. Erwartungsgemäß berichteten die Abgesandten ihrem König, dass ein Krieg zum gegenwärtigen Zeitpunkt nicht ratsam sei. Ein Land mit so gepflegtem Rasen müsse über große Mittel verfügen. Nicht anders verhielten sich die übrigen Herrscher innerhalb und außerhalb Europas. Bluff allenthalben. Allerdings waren ihre Finten harmlose Späßchen im Vergleich zu dem, was sich ihre Nachfolger ausdachten. Um weiterhin Wirkung zu erzielen, wurde die Dosis der Irreführung ständig gesteigert, wobei der moderne Sozialstaat den Gipfel der bisherigen Entwicklung bildet. Ohne Täuschung geht bei ihm nichts. In weiten Bereichen ist er reines Illusionistentheater.

Das beginnt mit der Wohlstandsillusion, die er dadurch erzeugt, dass er den Sozialbereich umfassend kommerzialisiert und dadurch zwangsläufig monetarisiert. Viele Leistungen, die früher in der Gesellschaft unentgeltlich erbracht wurden, gibt es im Sozialstaat nur gegen klingende Münze. Obwohl damit kein Anstieg des Lebensstandards verbunden ist, steigt die statistisch erfasste Wertschöpfung, das Bruttoinlandsprodukt. Niemand vermag auch nur näherungsweise zu sagen, wie viele solcher an sich schon immer erbrachten, aber nie erfassten sozialen Leistungen heute im Bruttoinlandsprodukt enthalten sind und Wohlstandsgewinne vortäuschen. Objektiv geht es der Bevölkerung um nichts besser. Subjektiv hat die Kommerzialisierung und Monetarisierung möglicherweise sogar Schäden angerichtet. Aber der Sozialstaat verweist selbstzufrieden auf seine Bilanzen.

Nun könnte die Wohlstandsillusion des kommerzialisierten Sozialbereichs noch als unbeabsichtigte Nebenwirkung des Sozialstaats durchgehen. So ist das eben, ließe sich argumentieren, wenn Soziales aus dem gesellschaftlichen in den staatlichen Bereich übertragen wird. Doch die vom Sozialstaat genährten Illusionen wuchern auch in Bereichen, wo sie nicht mehr als unbeabsichtigte Nebenwirkungen interpretiert werden können. Gemeint ist der von ihm aufgehäufte Schuldenberg, der zum kleineren Teil als Verbindlichkeiten der öffentlichen Hand ausgewiesen und zum größeren Teil in den sozialen Sicherungssystemen, vor allem in der gesetzlichen Rentenversicherung und der Pflegeversicherung, versteckt wird. Durch diese Schulden hat der Sozialstaat auf kurze Distanz eine Leistungsfähigkeit vorgegaukelt, die schon mittelfristig nicht aufrechtzuerhalten ist. Die Bürger müssen die Zeche bezahlen. Und Zahltag ist bald.

Wohlstand auf Pump

Die hohe Verschuldung der öffentlichen Hand in Deutschland wie in vielen anderen Ländern gehört zu den schlimmsten und zugleich sinnlosesten Entgleisungen der zurückliegenden Jahrzehnte. Sie liegt jedoch in der Logik des tradierten Sozialstaats. Deshalb sind von ihr vor allem jene Länder betroffen, die ihn am intensivsten als Herrschaftsform nutzen. Binnen kürzester Zeit häuften sie Schuldenberge an, wie sie sonst nur in langen und kostspieligen Kriegen entstehen. In Friedenszeiten ist ein Schuldenaufbau, wie er in vielen früh industrialisierten Ländern stattgefunden hat, ohne historische Parallele.

Dabei übten die meisten Länder in den ersten Jahren und Jahrzehnten nach dem Zweiten Weltkrieg bemerkenswerte Haushaltsdisziplin. Zwar wurden die Schulden, die die Regierungen zur Führung des Krieges bei den Bürgern gemacht hatten, nur ausnahmsweise und auch dann nur zum Teil getilgt. Da jedoch die Neuverschuldung in den fünfziger und sechziger Jahren zumeist niedrig war und gleichzeitig die Wirtschaftskraft in ganz Westeuropa steil anstieg, relativierte sich der Gesamtschuldenstand der öffentlichen Hand, gemessen am Bruttoinlandsprodukt, von Jahr zu Jahr.

In Westdeutschland beispielsweise beliefen sich 1950 – im Geldwert von 2000 – kriegsbedingte Alt- und wiederaufbaubedingte Neuschulden auf insgesamt rund 100 Milliarden Euro. Das entsprach rund vierzig Prozent des damaligen Bruttoinlandsprodukts.[27] Im internationalen Vergleich war das wenig. Die Schuldenquote der übrigen Länder der heutigen EU war im Durchschnitt mehr als doppelt so hoch.[28] In Deutschland kam der öffentlichen Hand zugute, dass sie sich 1948 durch einen radikalen Währungsschnitt von einem Großteil ihrer Altschulden entlastet hatte. Für zehn Reichsmark gab es eine Mark deutscher Länder. Die Geldvermögen der Bürger, die im wesentlichen aus Forderungen gegen den Staat bestanden, wurden also zu 90 Prozent liquidiert. Anderen Ländern war ein solcher Befreiungsschlag nicht möglich. Als Siegermächte konnten sie – obwohl kaum liquider als Deutschland – ihre Bürger nicht derart enttäuschen. Sie wählten den Weg jahrelanger stetiger Geldentwertung.

Dank der verbreitet geübten Haushaltsdisziplin halbierte sich der Gesamtschuldenstand bis gegen Ende der sechziger Jahre in Westdeutschland auf etwa zwanzig und in Westeuropa auf gut vierzig Prozent des Bruttoinlandsprodukts. Westdeutschland ging mit gutem Beispiel voran. Schon 1962 hatte die Schuldenquote mit rund 17 Prozent des Bruttoinlandsprodukts ihren Tiefpunkt erreicht. Das waren – im Geldwert von 2000 – 113 Milliarden Euro – ein Elftel des heutigen Betrages. Trotz Kriegs- und Nachkriegslasten waren die Weichen auf völlige Entschuldung gestellt. Der Bund fing sogar an, Reserven zu bilden. Dann aber kam alles ganz anders. Mitte der siebziger Jahre brachen in vielen Ländern die Stabilitätsdämme. Der Sozialstaat überschwemmte das Land und forderte hohe Opfer. Die Folgen sind bis heute nicht überwunden.

Äußerer Anlass dieses Dammbruchs war ein Anstieg der westdeutschen Arbeitslosenquote auf 3,6 Prozent im Jahr 1975, 5,7 Prozent 1982 und 6,9 Prozent 1983.[29] Damit war ein vorläufiger Höhepunkt erreicht. Obwohl dieser Anstieg keine sozialen und noch nicht einmal vorrangig wirtschaftliche, sondern ganz wesentlich demographische Ursachen hatte, reichte er aus, den Sozialstaat bis in die Grundfesten zu erschüttern. Dieser hatte sich nämlich im Lauf der fünfziger und sechziger, vor allem aber in den siebziger Jahren tiefgreifend gewandelt: Das Sozialverständnis des Westens hatte sich dem des Ostens angenähert. Wie von Beginn an im Osten bildete nunmehr auch im Westen Erwerbsarbeit den Dreh- und Angelpunkt sozialen Handelns. Hier wie dort gab es von nun an eine staatliche Vollbeschäftigungsgarantie, war der Maßstab sozialen Handelns die Qualität und mehr noch die Quantität von Erwerbsarbeit, galt die Gleichung: Sozial ist, was Arbeitsplätze schafft. Zwar standen diese Maximen in offenem Widerspruch zum bis dahin gültigen Leitbild der sozialen Marktwirtschaft. Das aber war verblasst. Neue Sicht- und Verhaltensweisen verlangten nach anderen ideologischen Fixpunkten.

Die Arbeitslosigkeit, die unter Bedingungen der sozialen Marktwirtschaft zwar eine ernste, aber keineswegs bedrohliche Herausforderung gewesen wäre, wurde aufgrund dieser neuen Sicht- und Verhaltensweisen, vor allem aber wegen der staatlichen Vollbeschäftigungsgarantie, als existenzgefährdend empfunden. Um ihr entgegenzutreten, schien fast jedes Mittel recht. Auf die Wirtschaft wurde politischer Druck ausgeübt, Beschäftigung über Rentabilität zu stellen. Arbeitsplätze, die im Zuge des Strukturwandels hätten beseitigt und durch neue ersetzt werden müssen, wurden in wachsender Zahl durch staatliche Subventionen künstlich erhalten. Im öffentlichen Bereich, einschließlich öffentlicher Unternehmen wie Bahn und Post, unterblieben dringend erforderliche Restrukturierungsmaßnahmen, wenn davon ein Abbau von Arbeitsplätzen zu erwarten war. Und um kurzfristiger Beschäftigungseffekte willen entfachte der Staat teure konjunkturelle Strohfeuer.

Das alles zehrte an den Staatsfinanzen. Die Einnahmen sanken, die Ausgaben stiegen. Das Loch, das mit Schulden gefüllt wurde, weitete sich aus. Trotz des anhaltenden Wachstums der Wirtschaft war schon zu Beginn der achtziger Jahre wieder der relative Schuldenstand der unmittelbaren Nachkriegszeit erreicht: fast vierzig Prozent. Absolut hatte er sich sogar auf 469 Milliarden Euro real fast verfünffacht. Dabei war der Sozialstaat von Vollbeschäftigung weit entfernt. Versprechen und Wirklichkeit hatten wenig miteinander gemein.

Sozialstaat in der Schuldenfalle

Der um die Erwerbsarbeit kreisende Sozialstaat hatte sich schon gegen Ende der siebziger Jahre maßlos verschuldet. Bis dahin hatten Gutgläubige gehofft, ein großer Wirtschaftsaufschwung werde in naher Zukunft den Schuldenberg schmelzen lassen. Doch diese Hoffnung schwand, als zum einen die Wachstumsraten – wie realistisch nicht anders zu erwarten gewesen war – tendenziell immer weiter zurückgingen und zum anderen deutlich wurde, dass ein schuldentilgender Aufschwung längst außerhalb jeder Wahrscheinlichkeit lag. Um auch nur auf das Schuldenniveau der sechziger Jahre zurückkehren zu können, hätte die Wirtschaft drei Jahre lang real zwölf oder fünf Jahre lang sieben oder sieben Jahre lang fünf Prozent jährlich zulegen müssen.[30] Ein solches Wachstum hatte es noch nie gegeben und sollte es auch in Zukunft nicht geben.

Durch die sozial motivierten Eingriffe des Staates in die Wirtschaft war diese auf ähnliche Abwege geraten wie die des Ostblocks. Ein immer größerer Anteil des Erwirtschafteten floss in den Konsum. Die ohnehin konsumverwöhnten Bürger sollten mehr und immer mehr verzehren können. Der Sozialstaat glaubte, sie nur so bei der Stange halten zu können. Trotz fallender privater Sparquote und steigender öffentlicher Ausgaben trieb ihn die Sorge um, Bürger und öffentliche Hand könnten sich kaputt sparen. Derweil sanken die staatlichen Investitionen dramatisch. Von 1970 bis 1985 trat eine annähernde Halbierung der Investitionsquote ein. Dies, so meinte die Politik, sei keine Zeit, an die Fundamente des Gemeinwesens und dessen Zukunftsfähigkeit zu denken. Obwohl objektiv weder eine wirtschafts- noch eine sozialpolitische Krise bestand, erging sich der Staat in Krisenmanagement.

Die Ergebnisse waren ernüchternd. Der notwendige Strukturwandel der Volkswirtschaft war teils verzögert und teils unterbunden worden. Der deutsche Kapitalstock begann zu veralten. In großen Wirtschaftsbereichen, wie dem Steinkohlebergbau, den Werften, der Landwirtschaft, der Bahn oder der Post, stauten sich unrentable Arbeitsplätze. Dennoch blieb die Arbeitslosenquote im historischen Vergleich hoch. Nur der Geldwert sank. Von 1969 bis 1982 stiegen die Verbraucherpreise um 88 Prozent, allein von 1970 bis 1980 um rund 62 Prozent. Vor allem aber saß der Staat in einer Schuldenfalle. Nachdem das erlösende Wachstum ausgeblieben war und sich die Bevölkerung gegen die rapide Geldentwertung zur Wehr setzte, wuchs die Bereitschaft, die eingeschlagene Richtung zu überprüfen. Überzogene Sozialleistungen hatten den Sozialstaat aus der Kurve getragen.

Das stellte man auch in anderen Ländern fest. Verbreitet setzte ein gewisses Umdenken ein. Dessen Folgen sind allerdings bis heute sehr unterschiedlich. Während beispielsweise die USA oder Großbritannien ihre Schuldenberge tatsächlich abzubauen begannen, wurde in Ländern wie Italien oder Belgien hierüber nur geredet. Auch in Deutschland beschränkten sich die Anstrengungen auf die Verlangsamung des weiteren Schuldenanstiegs. Nach dem Regierungswechsel 1982 stieg der bereinigte Schuldenbestand zunächst weiter von 39 auf 43 Prozent des Bruttoinlandsprodukts im Jahre 1988. 1989, ein Jahr vor der Wiedervereinigung, lag die Quote bei knapp 42 Prozent. Das waren im Geldwert von 2000 135 Milliarden Euro mehr als sieben Jahre zuvor.

Bereits dieser Befund zeigt, dass von einer Trendwende zu Beginn der achtziger Jahre nur insoweit die Rede sein kann, als einer weiteren Ausuferung des Sozialstaats Grenzen gesetzt wurden. Eingedämmt wurde er hingegen nicht. Obwohl der Staat immer mehr einnahm, glaubte er weiterhin, damit nicht auskommen zu können. Das Wirtschaftswachstum konnte stark oder schwach, das Aufkommen an Steuern und Sozialbeiträgen hoch oder niedrig sein, dem Staat langte es nie. In jedem Jahr wurden zur Bestreitung der öffentlichen Ausgaben zusätzliche Schulden gemacht.

Insbesondere die Sozialpolitik hatte sich zu einem Fass ohne Boden entwickelt, und dem Staat fehlten Wille und Kraft, ihm einen Boden einzusetzen. Ständig war irgendeine Klientel zu bedienen oder ein latenter Unruheherd zu befrieden. Bei den Bürgern waren Wünsche und Erwartungen geweckt worden, die schlechterdings nicht zu erfüllen waren. Doch der Staat wagte nicht zu bekennen, dass er viele Jahre lang hochgestapelt hatte. Um die öffentlichen Haushalte wieder konsolidieren zu können, hätte er die Bürger zuvor enttäuschen oder, richtiger gesagt, einer Entziehungskur unterwerfen müssen. Davor schreckte er zurück. Den schönen Schein stellten die Regierenden höher als die Wahrheit. Die Wahrheit wäre gewesen, der Bevölkerung zu bekennen: Alles was wir euch über die Finanzierbarkeit des Sozialstaats gesagt haben, war Unsinn. Das aber sagten sie nicht. Denn sie wollten regieren.

Ähnlicher Bekennermut wäre auch der deutschen Wiedervereinigung dienlich gewesen. Gleich zu Beginn hätte der Bevölkerung gesagt werden müssen: Zwar hat dieses Ereignis kein Blut gekostet, aber es wird viel, viel Schweiß und manche Träne kosten. Denn jeder, der wissen wollte, wusste, was da auf die Deutschen zukam. Ostdeutschland war 1990 die zurückgebliebenste Region der Europäischen Union. Es war hoch verschuldet. Seine Produktivität war eine der niedrigsten in Westeuropa. Die Infrastruktur war unterentwickelt und marode, die Arbeitslosigkeit, wenn auch sorgsam kaschiert, bedrückend. Vierzig Jahre real existierender Sozialismus hatten das Land ausbluten lassen. Viele der besten und unternehmerischsten Köpfe hatten es verlassen. Daraus war unschwer zu folgern, dass neben allem Schönen und Großartigen die Wiedervereinigung zunächst einmal spürbar an Westdeutschlands Wirtschaftskraft zehren, den Lebensstandard der Bevölkerung drosseln und eine Vielzahl von Wirtschafts-, Arbeitsmarkt-, Sozial- und Finanzproblemen bescheren würde, die anderenfalls nicht oder deutlich milder aufgetreten wären. Das alles lässt sich nicht erst aus dem sicheren Port zeitlicher Distanz erkennen. Hellsichtigere wiesen schon zum Zeitpunkt der Wiedervereinigung auf deren Folgen hin, aber die Warnungen passten nicht ins Weltbild der Regierenden.

Dabei wäre Offenheit umso gebotener gewesen, als die Politik – Regierung wie Opposition – von Anfang an einen wohl alternativlosen, aber nichtsdestoweniger tollkühnen Plan verfolgte. Sechzehn Millionen Ostdeutsche sollten beinah aus dem Stand heraus über Einkommen verfügen, die Anfangs doppelt so hoch waren wie ihre Wertschöpfung und diese auch jetzt noch um ein Drittel übersteigen. Damit wurde eine Solidaritätsaktion in Gang gesetzt, nach der man an anderem Ort oder zu anderer Zeit vergeblich suchen dürfte. Wenn heute an den im Zuge der Wiedervereinigung erbrachten Leistungen mitunter herumgemäkelt wird und Ausländer sich darüber mokieren, dass das wiedervereinigte Deutschland im internationalen Vergleich einen niedrigeren Rang einnimmt als die alte Bundesrepublik, ist das kein Grund zur Betrübnis. Die Statistiker sollten einmal schauen, wo derzeit die USA stünden, wenn ihnen 1990 die mexikanischen Bundesstaaten beigetreten wären – die Relationen sind so ungleich nicht! Die Deutschen brauchen ihr Licht nicht unter den Scheffel zu stellen. Was sie seit der Wiedervereinigung geleistet haben, kann sich sehen lassen. Das hat ihnen bisher noch keiner vor- und keiner nachgemacht.

Doch wirklich freuen können sie sich auch über diese Leistung nicht. Denn wieder werden sie wie Kinder behandelt. In der ihm eigenen Neigung zu Hochstapelei und Großmannssucht hat der Staat auch die Wiedervereinigung zu einem primär staatlichen Ereignis umfunktioniert. Es sind nicht Menschen, die mit ihrem Wissen und Können, ihrer Opferbereitschaft und ihrem Geld diese Leistung vollbringen, sondern der Staat, der wieder einmal alles besser weiß und kann. Noch nicht einmal bei Symbolen wie dem Regierungssitz oder der Hymne durften die Bürger ihre Meinung äußern. Die Politik entschied alles.

Die Kehrseite dieses selbstherrlichen Staates, der vorgibt, auch über das Blühen von Landschaften oder die Zahl der Arbeitslosen gebieten zu können, ist, dass er die Kosten der Wiedervereinigung ebenso wenig aufdecken darf wie die der Sozialpolitik. Kostenehrlichkeit nimmt staatlichem Handeln viel von seinem Glanz. Also werden die Einigungskosten mit niedlich klingenden Steuern wie dem »Soli«, schwer durchschaubaren Sozialbeiträgen und weiteren Schulden finanziert. Von 1990 bis 2000 kletterte die Gesamtverschuldung um recht genau die Hälfte, von rund vierzig auf sechzig Prozent des Bruttoinlandsprodukts. Im Geldwert von 2000 verdoppelte sich die Schuldensumme von 615 Milliarden Euro auf 1227 Milliarden Euro. Schon Anfang der neunziger Jahre bezifferten Fachleute den staatlichen Transferbedarf des Ostens auf insgesamt 1125 Milliarden Euro.[31] Reichlich die Hälfte davon ist mittlerweile geflossen, ein erheblicher Teil finanziert durch Staatsschulden.

Wenn sich die teilungsbedingten West-Ost-Transfers voraussichtlich um 2010 ihrem Ende zuneigen werden, wird jeder zwanzig- bis sechzigjährige Westdeutsche im statistischen Mittel hierzu schätzungsweise 30 000 Euro beigetragen haben. Ist das viel oder wenig? Die Frage erübrigt sich. Zum Kurs der zügigen Annäherung der Wirtschaftsbedingungen des Ostens an die des Westens wären allenfalls im Detail Abweichungen möglich. Warum dann aber mit der Bevölkerung nicht offen darüber sprechen? Gewiss ist die deutsche Wiedervereinigung kein betriebswirtschaftliches Seminar. Trotzdem müssen die öffentlichen Schulden, die ihretwegen gemacht worden sind, breit thematisiert werden. Dass sie zum Teil wirtschaftlich sinnvoll sind, bedarf nicht der Begründung. In erheblichem Umfang sind sie aber auch Ausdruck der Unaufrichtigkeit des Staates gegenüber den Bürgern, sei es nun in der Sozial- oder in der Wiedervereinigungspolitik. Der Staat will größer und mächtiger erscheinen, als er in Wirklichkeit ist, und die Bürger haben diese Großmannssucht zu finanzieren.

Der feste politische Wille, die jährliche Neuverschuldung strengen Kriterien zu unterwerfen und möglichst ganz zu unterlassen, die laufenden Ausgaben aus ordentlichen Einnahmen zu bestreiten und auf mittlere Sicht den aufgetürmten Schuldenberg zumindest relativ zu einem wachsenden Bruttoinlandsprodukt abschmelzen zu lassen, steht daher für weit mehr als eine haushalts-, finanz- oder wirtschaftspolitisch sinnvolle Maßnahme. Ein solcher Wille signalisiert die Bereitschaft, das bislang vorwiegend vormundschaftlich-patriarchalische Verhältnis von Staat und Bürgern auf eine neue, demokratischere Grundlage zu stellen. Gelebte Demokratie setzt voraus, dass die Bürger die ihnen abverlangten Leistungen und die vom Staat erbrachten Gegenleistungen bewerten und gegeneinander abwägen können. Hohe staatliche Kreditaufnahmen machen das praktisch unmöglich.

Eine Regierung, die dieses entpatriarchalisierte, demokratische Staats- und Gesellschaftsverständnis hat und darüber hinaus, wie jetzt in Deutschland, ein Viertel ihrer ordentlichen Einnahmen zur Bezahlung der Schuldzinsen benötigt, darf sich durch nichts von ihrem Konsolidierungskurs abbringen lassen. Günstige Zeiten dafür gibt es nie. Wer die ordentlichen Einnahmen und Ausgaben des Staates zur Deckung bringen will, muss es einfach tun. Sonst wird nie etwas daraus. Sirenen, die in andere Richtungen locken, hocken auf vielen Felsen.

Versteckte Schulden

Noch etwa viermal höher als die offen ausgewiesenen Schulden des Staates liegen die in den sozialen Sicherungssystemen, namentlich in der gesetzlichen Renten- und Pflegeversicherung, versteckten. Je nach Berechnungsverfahren liegen sie gegenwärtig zwischen etwa vier und sechs Billionen Euro.[32] Ob aber nun vier oder sechs Billionen oder irgendein Betrag dazwischen, fest steht, dass sich der Staat zur Finanzierung seiner laufenden Sozialleistungen bei den Bürgern in einem Ausmaß verschuldet hat, das alle Vorstellungskraft übersteigt. Kann und wird er diese Schulden in vollem Umfang begleichen?

Ein Blick auf die Funktionsweise umlagefinanzierter Sozialsysteme erleichtert die Beantwortung dieser Frage. Ist der verbale Zierrat, der diese Systeme dekoriert, beiseite geräumt, kommt ein einfaches Räderwerk zum Vorschein: Unter bestimmten Voraussetzungen, wie Alter, Pflegebedürftigkeit und so weiter, gewährt der Staat dem Einzelnen Fürsorgeleistungen. Die hierfür benötigten Mittel beschafft er sich teils durch allgemeine Steuern, teils durch steuerähnliche Abgaben, genannt Sozialbeiträge. Die staatliche Altenfürsorge beispielsweise, die unter dem Begriff gesetzliche Alterssicherung firmiert – Renten, Pensionen und Ähnliches sowie Sozialhilfe für Alte –, wurde 2000 mit etwa 100 Milliarden Euro aus Steuern und mit über 160 Milliarden Euro aus Sozialbeiträgen finanziert.

Von dieser staatlichen Fürsorge ist grundsätzlich niemand ausgeschlossen. Irgendein Schirm findet sich immer. Wer sich jedoch über Steuerzahlungen hinaus durch Beiträge an ihrer Finanzierung beteiligt, erfährt zum Beispiel in der gesetzlichen Rentenversicherung eine Sonderbehandlung: Mit steigender Beitragshöhe und -dauer verbessern sich die Fürsorgeleistungen. Damit ist allerdings noch nichts über deren absolute Höhe gesagt. Diese hängt im Wesentlichen von den Mitteln, die der Staat im jeweiligen Zeitpunkt beschaffen kann, und von der Zahl der Fürsorgeberechtigten ab.

Das Mittelaufkommen wird von mehreren Faktoren bestimmt. Ganz an der Spitze steht die Leistungsfähigkeit der Volkswirtschaft. Ist sie hoch, sprudeln Steuern und Beiträge reichlich. Weitere Bestimmungsfaktoren sind bei den gegenwärtigen Organisationsstrukturen der sozialen Sicherungssysteme das zahlenmäßige Verhältnis von Beitragszahlern und Fürsorgeberechtigten, die Lohnquote, die nicht zuletzt das Gewicht der Erwerbsarbeit im Wertschöpfungsprozess widerspiegelt, und schließlich politische Präferenzen, im Klartext die Bedeutung, die der Staat dem alten Bevölkerungsteil oder gegebenenfalls anderen Fürsorgeberechtigten beimisst. Diese Präferenzen schwanken.

Der Rentenversicherungsanspruch, um die wichtigste Fürsorgeleistung herauszugreifen, hat somit durchaus Ähnlichkeit mit einem Termingeschäft oder einer Aktie. Letztere verbrieft einen Anteil an einem Unternehmen. Steigt dessen Wert, erhöht sich auch der ihre; fällt er, fällt sie mit. Bricht das Unternehmen zusammen, kann ihr Wert sogar auf Null sinken. Das alles ist auch bei der gesetzlichen Rente und selbst bei Pensionszusagen möglich. Sie können höher oder niedriger, als gegenwärtig erwartet, ausfallen und unter extremen Umständen, wie beim Zusammenbruch des Deutschen Reichs 1945, hinfällig werden. Ob und in welchem Umfang ein Nachfolgestaat in die Fürsorgepflichten eintritt, ist, wie das Beispiel der DDR gezeigt hat, ungewiss.

Rentenversicherte und Pensionsanwärter nehmen das allerdings ganz anders wahr. Insbesondere Rentenversicherte glauben bis heute mehrheitlich, sie würden mit ihren Beiträgen ein Geldvermögen aufbauen, das ihnen später mit Zins und Zinseszins zurückgezahlt wird. Die meisten fallen aus allen Wolken, wenn sie erfahren, dass es ein solches Vermögen nicht gibt und sie wie jeder Gläubiger, der keine Sachwerte als Sicherheit hat, ausschließlich auf das Prinzip Hoffnung setzen. Hier hat der Sozialstaat ganze Arbeit geleistet. Die Illusion ist perfekt.

Im Kern sind umlagefinanzierte Sozialsysteme nichts anderes als sich langsam voranschiebende Schuldenberge. Die weit verbreitete Unkenntnis hierüber löst immer wieder absonderliche Debatten aus. So zeigen sich viele Westdeutsche höchst irritiert über die Rentenzahlungen an Ostdeutsche oder deutschstämmige Zuwanderer, da diese ja, wie sie meinen, keine entsprechenden Vorleistungen erbracht hätten. Dabei verkennen sie, dass es auf solche Vorleistungen nicht ankommt. Da umlagefinanzierte Systeme gewissermaßen von der Hand in den Mund leben, sind sie auf Knopfdruck betriebsbereit. Treten Neue dem System bei – Beitragszahler und Rentner –, gilt für sie das Gleiche wie für diejenigen, die ihm schon lange angehören: Was die Jungen in diesem Moment aufbringen, geht im nächsten an die Alten. Das ist die große Stärke dieses Systems.

Für Schock- und Chaoszeiten ist es ideal. Nach dem Zweiten Weltkrieg oder bei der Wiedervereinigung hätte es kein besseres System geben können. Ein Teil der erwirtschafteten

Güter und Dienste floss nach einem politisch festgesetzten Schlüssel ohne Umwege an die Leistungsberechtigten. Diese setzten es zumeist unverzüglich in Konsum um. Das aber ist unter normalen Bedingungen auch die Schwäche des Systems. Es dient ausschließlich der Umverteilung vorhandener Werte und trägt nichts zu deren Schaffung bei. Gleichnishaft gesprochen, ist es wie Regen über dem Meer, der nichts befruchtet und nichts antreibt, sondern die Wassermassen nur zirkulieren lässt.

Vorsorge durch Investitionen

Güter und Dienste, die verteilt werden sollen, müssen zuvor geschaffen werden. Das wiederum setzt Investitionen voraus. Ohne Investitionen keine Güter und Dienste, ohne Güter und Dienste keine Verteilung. Diese Kausalkette ist zwingend, aber sie interessiert Sozialpolitiker nicht. Die interessieren noch nicht einmal die Rückwirkungen ihrer Verteilungsaktivitäten auf die Wertschöpfung. Sie wollen verteilen. Für die Schaffung des zu Verteilenden sind in ihrer Vorstellungswelt andere zuständig. Mit so Profanem wie der Bereitstellung von Gütern und Diensten befassen sie sich nicht.

Die Menschen früherer Zeiten handelten klüger. Dass Verteilung Wertschöpfung und diese Investitionen erfordert, war für sie selbstverständlich. Sie buken drei Brote, eines für sich selbst – für den laufenden Lebensunterhalt –, eines für die nicht Erwerbsfähigen und Alten – das Fürsorgebrot – und eines für die Nachwachsenden – das Vorsorgebrot. Darüber hinaus pflegten und verbesserten sie nach Kräften Haus und Hof, Felder und Wälder. Sie wussten, was viele heute nicht mehr wissen: Nur Human- und Sachkapital gewähren einigermaßen Schutz in den Wechselfällen des Lebens.

Das gilt unverändert. Noch immer ist die wichtigste Vorsorgemaßnahme die Investition in Menschen. Um auch in Zukunft Erwerbsfähige und nicht Erwerbsfähige auskömmlich versorgen zu können, müssen ausreichend viele nachwachsen. Wie leistungsfähig und -bereit der Nachwuchs dann ist, hängt von zweierlei ab: zum einen von seinen Qualifikationen – je mehr er weiß und kann, desto leichter fällt es ihm, genug für sich und die Mitzuversorgenden zu erwirtschaften –, zum anderen von der Menge und Ausstattung der Arbeitsplätze, vom Stand der Wissenschaft und Forschung, von den vorhandenen Infrastrukturen wie Straßen oder Telekommunikationssystemen, von Freizeiteinrichtungen und kulturellen Entfaltungsmöglichkeiten und anderem mehr. Mit einem Wort, wie zu allen Zeiten sind auch heute Human- und Sachkapital Voraussetzung von Wertschöpfung und Verteilung. Sie sind die einzige Form der Vorsorge.

Hieran hat der Sozialstaat nicht zu rütteln vermocht. Aber er hat in die Hirne vieler Menschen den aberwitzigen Gedanken gepflanzt, die Verteilung von Gütern und Diensten sei gleichbedeutend mit ihrer Schaffung. So macht er sie glauben, mit der Entrichtung der Beiträge an die gesetzliche Rentenversicherung sorgten sie für ihr eigenes Alter vor, oder behauptet, um noch einmal die Brotmetapher zu bemühen, dank seiner müssten die Aktiven nur noch zwei Brote backen – eines für sich selbst und eines für die Alten. Von diesem würden die Kinder auf wundersame Weise miternährt. Ein Brot genüge, um zugleich die Für- und die Vorsorgefunktion zu erfüllen.

Dass in Wirklichkeit die Altersvorsorge ausschließlich außerhalb der gesetzlichen Alterssicherung und dort eher zufällig stattfindet, wird vor den Bürgern verborgen gehalten. Sonst würde der Nimbus des Sozialstaats zu sehr leiden. Stattdessen heißt es: »Rente ist Lohn für Lebensleistung.« Solche Sprüche sollen bei den Bürgern Vorstellungen nähren, die längst keine Grundlage mehr haben. Die Rente bemisst sich nämlich keineswegs an der Lebensleistung des Einzelnen, sondern an dessen Beteiligung an der Altenfürsorge. Ob und in welchem Umfang er darüber hinaus Altersvorsorge betreibt, ist für die Bemessung seiner Rente belanglos.

Das führt unter anderem zu dem unhaltbaren Ergebnis, dass die Lebensleistung einer Frau, die beispielsweise Socken oder Lippenstifte verkauft, gegebenenfalls achtmal so hoch bewertet wird wie die Lebensleistung einer Mutter von fünf Kindern, die sich möglicherweise jahrzehntelang für diese krumm legt. Während die eine unter bestimmten Voraussetzungen eine monatliche Rente von weit über 1000 Euro erhält, wird die andere mit 126 Euro abgespeist. Zwar soll in fernerer Zukunft dieser Missstand gemildert werden. Aber auch dann wird die Beteiligung an der Altenfürsorge im Schnitt noch immer mit dem Dreifachen dessen bewertet werden, was für die Vorsorgeleistung, die mit fünf Kindern einhergeht, zuerkannt wird. Hier von Lohn für Lebensleistung zu sprechen ist Hohn. Bedient wird nur, wer sich systemgerecht verhält, nicht, wer etwas leistet.

Doch wer sich systemgerecht verhält, untergräbt den Sozialstaat. Das ist sein unlösbarer Widerspruch, an dem er früher oder später zerbrechen wird. Wollen die Menschen weiter seiner Fürsorge teilhaftig werden, müssen sie sich so verhalten, als gäbe es ihn nicht. Wie ihre Vorfahren vor fünfzig, hundert oder auch fünfhundert Jahren müssen sie für die Wechselfälle des Lebens durch die Bildung von Human- und Sachkapital vorsorgen. Nur dann kann ihnen der Sozialstaat helfen. Tun sie das nicht, steht er schnell mit leeren Händen da. Für ihn gilt die alte Menschheitserfahrung: Hilf dir selbst, dann hilft dir Gott. Oder zeitgemäß gewendet: Auf den Sozialstaat ist Verlass, wenn sich niemand auf ihn verlässt, soll heißen, nur wenn die Menschen Verhaltensweisen pflegen, die zunehmend als archaisch empfunden werden, wird er Bestand haben.

Um den Sozialstaat stünde es heute besser, wenn ihm nicht so viele vertrauten. Zwar ist dieses Vertrauen rissig geworden. Aber noch immer ist die Zahl derer groß, die sich sagen: Wozu

Kinder, wozu eigene Ersparnisse, wo doch der Staat vorsorgt? Wenn in Deutschland seit dreißig Jahren zusammen mit der Geburtenrate die Sparquote fällt, ist das ein verlässliches Zeichen dafür, dass der Sozialstaat die Bevölkerung hoffnungslos in die Irre geführt hat. Widersinniger, als sich die Menschen seit einer Generation verhalten, konnten sie sich nicht verhalten. Sie wollten weniger Kinder. Das war ihre Entscheidung. Dann aber hätten sie verstärkt durch Kapitalbildung vorsorgen müssen. Dass sie das nicht getan, sondern dem politisch verantwortungslosen Geschwätz von sicheren Renten und dergleichen Glauben geschenkt haben, ist eine tragische Folge von hundert Jahren sozialstaatlicher Indoktrination.

Aus einiger zeitlicher Distanz wird sich zeigen, dass der Sozialstaat mit seinen unkonditionierten Fürsorgeverpflichtungen sein Fundament zerstört hat. Was heute in der Sozialpolitik geschieht, ist der späte und ungelenke Versuch, diese Entwicklung zu verlangsamen und punktuell zu korrigieren. Dabei lässt die Zaghaftigkeit, mit der reformiert wird, Rückschlüsse auf das Ausmaß der mentalen Deformation zu. Die Politik hat Angst, der Bevölkerung zu offenbaren, was sie ihr offenbaren müsste: Wir haben weit weniger vorgesorgt, als wir euch immer gesagt haben. Wenn ihr im Bedarfsfall mehr als nur ein Existenzminimum haben wollt, müsst ihr euch von nun an tüchtig anstrengen. Gewiss fällt auch dieses Bekenntnis nicht leicht. Aber die Bevölkerung hat einen Anspruch darauf.

Geplatzte Wohlstandsillusionen

Die Deutschen sind wohlhabend. Sie sind sogar sehr wohlhabend. Aber sie sind nicht so wohlhabend, wie sie bislang meinten. In ihrer Gesamtheit ähneln sie Menschen, die es trotz hoher Einkommen nie bis zum Monatsende schaffen. Ständig verbrauchen sie mehr, als sie verdienen. Um ihre Konsumwünsche zu befriedigen, lassen sie Haus und Hof verfallen. Weil das nicht reicht, machen sie auch noch Schulden. Aber irgendwann stößt das an Grenzen. Der Regen tropft durchs Dach, und die Gläubiger spielen nicht mehr mit. Die Schuldner werden zurückgeworfen auf ihre realen Möglichkeiten. Sie empfinden das als Verlust. Einiges von dem, was sie sich bisher geleistet haben, liegt jetzt außerhalb ihrer Reichweite. Sie müssen sich zurückhalten und Prioritäten setzen. Das stimmt viele verdrießlich. Ihnen geht es wie den 2,8 Millionen überschuldeten Haushalten in Deutschland, die zu Beginn ihrer Schuldenkarriere oft keineswegs zu den Ärmsten und noch nicht einmal zu den Ärmeren zählten, sondern einfach über ihre Verhältnisse lebten.

Binnen kurzer Zeit sind drei große Wohlstandsillusionen geplatzt. Die erste betrifft Haus und Hof: Seit einer Generation hat der aktive Bevölkerungsteil zu wenig in die nachwachsende Generation investiert. Während er sie individuell häufig über alle Maßen verwöhnt hat, hat er sie kollektiv vernachlässigt. Noch nie hat eine Elterngeneration so ungleich mit der Kindergeneration geteilt. Für sich buken die Eltern ein Brot, für die Kinder allenfalls ein Brötchen. Sechzig Milliarden Euro, die sich die Elterngeneration durch nicht gehabte Kinder jährlich an Aufwendungen spart – mit dieser Summe lässt sich mancher schöne Urlaub bestreiten. Solange die Nachwachsenden Kinder waren, machten sich die unterlassenen Investitionen kaum nachteilig bemerkbar. Im Gegenteil. Ein paar Millionen Esser weniger. Doch jetzt, wo diese Generation ins Erwerbsleben einrückt, fallen die Lücken unangenehm auf. Der Regen tropft durchs Dach. Die Deutschen sehen sich genötigt, aus fernen Ländern Menschen zu holen. Sie zu integrieren und zu qualifizieren wird teuer. Was sie an eigenen Kindern sparten, das zahlen sie nun nach. Dabei stehen sie erst am Anfang. Das eigentliche Bevölkerungsloch kommt erst noch.

Die zweite Wohlstandsillusion hat der Staat durch seine

jahrzehntelange Schuldenpolitik erzeugt. Durch sie verdoppelten sich die privaten Vermögen, wie Dinge sich in einem Spiegel scheinbar verdoppeln. Die Bürger erfreuten sich ihrer Ersparnisse, und zugleich erfreuten sie sich der großzügigen, schuldenfinanzierten Ausgaben der öffentlichen Hand: überdimensionierte Rathäuser, luxuriöse Schwimmbäder, plätschernde Brunnen, prächtige Kandelaber und viel öffentlicher Konsum. Dabei merkten sie nicht, dass die Mittel für diese schönen Dinge zum großen Teil von ihren Sparbüchern stammten. Die wähnten sie wohl gefüllt. In Wirklichkeit floss ihr Geld in den Rathausbrunnen. Eine von beiden Freuden war also grundlos: entweder die über ihr privates Vermögen oder die über die staatlichen Leistungen. Das Geld, das sich der Staat von den Bürgern, zum Beispiel durch die Ausgabe von Bundesschatzbriefen, geborgt hat, kann er ihnen nämlich nur zurückerstatten, wenn er sie dafür zur Kasse bittet. Damit sich ihre bereits früher einmal gefüllten Sparbücher wieder füllen, muss die Bevölkerung ein zweites Mal die Ärmel hochkrempeln. Das zuvor Erarbeitete hat der Staat ausgegeben. Auch hier ist der fröhliche Teil der Party vorüber. Die Aufräumarbeiten haben begonnen. Der Spiegel, der alles so großartig doppelt erscheinen ließ, wurde weggetragen.

Die dritte große Wohlstandsillusion, deren Platzen den Bürgern besonders sauer aufstößt, ist die Vorsorgeillusion. Nachdem ihnen so lange gesagt worden war, sie hätten durch ihre Beteiligung an den staatlichen Sicherungssystemen für alle Wechselfälle und insbesondere für ihr Alter ausreichend vorgesorgt, hat ihnen der Staat fast unvorbereitet den Teppich unter den Füßen weggezogen. Plötzlich heißt es, ohne zusätzliche private Vorsorge sei der individuelle Lebensstandard nicht gesichert. Zwar wurde das in dieser Klarheit erst bei der gesetzlichen Alterssicherung ausgesprochen. Aber alle anderen Bereiche – Krankheit, Pflegebedürftigkeit und Arbeitslosigkeit – werden folgen. Überall wird es heißen: Wer nicht erheblich über das Bisherige hinaus vorsorgt, wird es künftig schwer haben. Bei der Sicherung des Lebensstandards ist auf den Staat kein Verlass mehr.

Das Ende des Sozialstaats als Herrschaftsinstrument

Drei geplatzte Wohlstandsillusionen binnen weniger Jahre – das kann einer Bevölkerung schon aufs Gemüt schlagen. Folgenreicher ist jedoch, dass dadurch der tradierte Sozialstaat an Ansehen verliert. Die Illusionen waren sein prunkvolles Gewand. Ohne sie steht er ziemlich nackt da. Er kann die von ihm gegebenen Versprechen und geweckten Hoffnungen nur noch teilweise erfüllen. Nicht wenige kann er gar nicht mehr einlösen. Die Vollbeschäftigungsgarantie hat sich als Luftnummer erwiesen; um die Steuern senken zu können, muss zunächst der Zuwachs und dann der Bestand an Schulden gesenkt werden; und die sozialen Sicherungssysteme bedürfen ausnahmslos einer Generalüberholung.

Das hat den Sozialstaat in eine missliche Lage gebracht. Ständig muss er nein sagen, Rückzieher machen, sich rechtfertigen und entschuldigen. Darin haben seine Repräsentanten keine Übung. Sie spielen ihre Rolle schlecht, was ihnen die Lust am Spiel vergällt. Die bislang fast selbstverständliche Dominanz der Sozialpolitiker auf der politischen Bühne geht zu Ende. Wohl spielen sie noch immer einen herausragenden Part, aber sie müssen sich in eine größere Gruppe einfügen. Dissonanzen werden von den anderen nicht mehr ohne weiteres hingenommen. Was ihnen noch vor wenigen Jahren erlaubt war, stößt heute auf teils heftigen Widerstand.

Damit taugt der Sozialstaat immer weniger als Herrschaftsinstrument. Er hat sich verbraucht. Seine Mängel sind zu augenscheinlich geworden. Damit wird er zur Belastung. Jetzt plagt die Herrschenden nur noch die Frage: Wie kann er möglichst reibungslos durch ein anderes Herrschaftsinstrument ersetzt werden? Und durch welches? Der Regierungswechsel 1998 dürfte die Zäsur markieren. Noch einmal punkteten die Sozialdemokraten, indem sie ein halbes Dutzend sozialer Leistungen, das die Vorgängerregierung kassiert hatte, wieder einführte. Doch sehr schnell zeigte sich, dass diese Politik nicht durchzuhalten war. Mittlerweile rudert sie zurück. Sämtliche sozialen Sicherungssysteme befinden sich offen oder verdeckt im Um- und das heißt tendenziell im Rückbau. Erwerbsfähige Arbeitslosenhilfe- und Sozialhilfeempfänger sollen ernsthaft zu öffentlichen Arbeiten herangezogen werden. Unumwunden wird eingeräumt, dass manche Empfänger von Sozialleistungen Schnorrer sind. Und es ist auch kein Tabubruch mehr, darauf hinzuweisen, dass der Staat gar keine Arbeitsplätze schaffen, sondern nur hierzu beitragen kann. Augenzwinkernd gibt der Kanzler zu erkennen, dass das mit den Arbeitslosen nicht so ernst gemeint gewesen sei. Was für ein Unterschied zum donnernden Pathos, das ein Willy Brandt in dieser Sache aufbrachte! Der Vergleich zeigt den Niedergang, den der Sozialstaat seitdem genommen hat.

Herrschaft ist mit ihm schwierig geworden. Schon seit Jahren können die Politiker den Bürgern keine weiteren Sozialleistungen mehr versprechen oder auch nur in Aussicht stellen. Um regieren zu können, ließen sie in der Vergangenheit das Verteilungskarussell immer schneller kreisen. Alle, die ihre Forderungen laut genug erhoben, wussten, dass sie alsbald bedient werden würden. Dabei brauchte in keinen vorhandenen Besitzstand eingegriffen zu werden. Stets wurde draufgesattelt. So machte das Regieren Spaß. Das ist jetzt anders. Die Parteien können nicht mehr darum wetteifern, welche mehr gibt; es geht nur noch darum, welche weniger nimmt. Eine andere Politik wäre vor dem Hintergrund des Bevölkerungsumbruchs und der Veränderungen in Wirtschaft und Gesellschaft unrealistisch. Die Politiker sind deshalb nicht zu tadeln, und wenn doch, dann allenfalls für ihr zögerliches Vorgehen. Nur Staat ist mit dieser Politik nicht mehr zu machen, besonders kein Sozialstaat.

Hinter vorgehaltener Hand diskutieren deshalb nicht nur Politiker – die aber besonders –, was künftig die tragende Säule staatlichen Handelns sein soll. In einer Bevölkerung, die an Zahl ab- und an Alter zunimmt, liegt die Antwort nahe: Sicherheit nach innen und außen in jedweder Form und Gestalt. Die Sicherheitskarte dürfte zur neuen Trumpfkarte der Politik werden. Die Parteien werden sich in Sachen Sicherheit ebenso zu überbieten versuchen, wie sie sich bislang mit Sozialleistungen überboten haben. Dabei ist absehbar, dass nicht alles, was der Bevölkerung angedient wird, wirklich vonnöten ist. Aber es rechtfertigt staatliche Interventionen. Was der Sozialstaat nicht mehr vermag, übernimmt künftig – so gut es geht – der Sicherheitsstaat. Die Wirkungen dürften ziemlich gleich sein.

Ist der Sozialstaat damit reif für die Abraumhalde der Geschichte? Politische Korrektheit gebietet, diese Frage mit einem entrüsteten Nein zu beantworten. Doch so einfach sollte man es sich nicht machen. Denn soweit er als Herrschaftsinstrument verwendet wird, hat der tradierte Sozialstaat ausgedient. Die sozialstaatliche Bevormundung und Gängelung der Bürger ist ein feudalstaatliches Relikt, das in freiheitlichen Gemeinwesen einen Fremdkörper bildet. Der Sozialstaat gerade deutscher Prägung wurzelt in vordemokratischen Zeiten und hat die Entwicklung einer Bürgergesellschaft lange behindert. Das sollte nicht vergessen werden.

Ein anderer Teil des Sozialstaats ist jedoch unverzichtbar. Er hat Aufgaben übernommen, die unter den demographischen, wirtschaftlichen und gesellschaftlichen Bedingungen des beginnenden 21. Jahrhunderts nur er übernehmen kann. Die Liste dieser Aufgaben ist lang, aber nicht so lang, wie von den Sozialpolitikern alten Schlages behauptet wird. Wäre die Bevölkerung gefordert, ihre eingeschlafenen sozialen Fähigkeiten und Kräfte wieder zu wecken, würde mit großer Wahrscheinlichkeit Erstaunliches zutage treten. Dann würden nicht nur Marktfrauen und Flickschuster, sondern auch andere, ganz normale Bürger, höchst kompetent ihr Leben, einschließlich seiner Wechselfälle, gestalten. Dennoch: Ohne Sozialstaat geht es nicht. Ein neuer, von Herrschaft befreiter Sozialstaat muss errichtet werden. Die Baupläne hierfür liegen bereits vor.

Ein neues Gleichgewicht

Im 20. Jahrhundert, besonders in dessen zweiter Hälfte, hat der Staat zu viele soziale Aufgaben an sich gezogen. Dadurch hat er die Bürger entmündigt, die Gesellschaft geschwächt und sich selbst überfordert. Bürger und Gesellschaft müssen wieder mehr Aufgaben übernehmen und den Staat entlasten. Ein neues Gleichgewicht ist überfällig.

Hierüber besteht zwar noch keine Einmütigkeit, aber in den politischen Parteien wächst die Bereitschaft, die Gewichte neu auszutarieren. Dass das nicht komplikationslos abläuft, braucht nicht zu verwundern. Weder Bürger und Gesellschaft noch der Staat sind mit den ihnen neu zugedachten Rollen vertraut. Deshalb verhalten sie sich mitunter widersprüchlich. So erklärten im August 2001 in einer repräsentativen Umfrage[33] gut drei Viertel der Befragten, dass es der Einzelne in der Hand habe, für sein Alter gut vorzusorgen, und jeder mehr Eigenverantwortung für seine Alterssicherung übernehmen solle. Tatsächlich bereit hierzu war aber nur knapp jeder Fünfte. Wiederum drei Viertel wollten sich für ihre Altersvorsorge nicht zu sehr einschränken. Rund siebzig Prozent hielten die Alterssicherung unverändert für eine staatliche Aufgabe. Diese Zahlen geben einen Eindruck, wie heillos der tradierte Sozialstaat die Menschen verwirrt hat und welche Herkulesaufgabe es ist, ihre Sicht- und Verhaltensweisen zurechtzurücken. Aber der Staat hat keine

Wahl, zumindest wenn er freiheitlich und demokratisch bleiben will. Denn der Bevölkerungsumbruch schließt die Erfüllung der von ihm in Aussicht gestellten Leistungen aus.

An der Spitze der Sozialstaatsreformen steht die psychische Befähigung der Bevölkerung zu Eigenverantwortung und sozialer Mündigkeit. Von beidem sind sie entwöhnt. Jetzt muss das Ruder herumgeworfen werden. Eigenverantwortung und Mündigkeit erfordern Erziehung hierzu. Die kann nicht früh genug beginnen. Schon die Jüngsten müssen begreifen, dass sie für ihr Pausenbrot selbst zuständig sind. Und was früh beginnt, muss sich im späteren Leben fortsetzen. Die Menschen müssen lernen, dass sie künftig ein wesentlich höheres Maß an Verantwortung für ihre Bildung und Ausbildung, für ihre Partner, Kinder und Eltern, für ihre Erwerbsarbeit und Arbeitsplätze und nicht zuletzt für die Lebensvorsorge tragen. Lernen sie das nicht, ist gesellschaftliche Stabilität unter den vorhersehbaren demographischen, gesellschaftlichen und wirtschaftlichen Bedingungen nicht aufrechtzuerhalten.

Der Sozialstaat, so heißt es, habe im zurückliegenden halben Jahrhundert entscheidend zur Wahrung des sozialen Friedens beigetragen. Wahrscheinlich ist das richtig. Nicht minder richtig ist jedoch, dass er auch die Entstehung von Strukturen gefördert hat, die diesen Frieden künftig gefährden werden. Durch die von der Gesellschaft nicht abgefederten demographischen Umbrüche sehen einige Beobachter tradierte Kulturen, andere die ganze Zivilisation untergehen. Das mag übertrieben sein. Nur eines ist kaum zu bestreiten: Wie fast jedes Menschenwerk hat auch der Sozialstaat zwei Seiten. Bislang leuchtete vor allem seine helle. Von nun an wird immer öfter seine Schattenseite sichtbar werden: die Deformierung des Einzelnen, der Gesellschaft und des Staates.

Der Staat hat die Bürger in zu große Abhängigkeit von sich gebracht. Sollten, wie derzeit programmiert, staatliche Fürsorgeleistungen für annähernd die Hälfte der Bevölkerung die Haupteinkommensquelle bilden,[34] werden in einer Generation die politischen Ideale von individueller Freiheit und Demokratie kaum noch aufrechtzuerhalten sein. Wie soll eine Bevölkerung, deren »allgemeiner Brotherr« der Staat geworden ist, diesen noch wirksam kontrollieren? Faktisch sind die Weichen hin zu autoritärer Herrschaft oder Schlimmerem gestellt. Im Moment erscheint eine solche Aussage vielleicht noch weit hergeholt. Aber die sich abzeichnenden Trends gebieten, ernsthaft über diese Möglichkeit nachzudenken.

Um sie nicht Wirklichkeit werden zu lassen, muss die wirtschaftliche und soziale Abhängigkeit der Bürger vom Staat nachhaltig verringert werden. Die Bürger müssen den Staat jederzeit in seine Schranken weisen können. Voraussetzung hierfür ist, dass sie bei ihm nicht um jeden Kindergarten-, Ausbildungs- und Arbeitsplatz sowie die umfassende Fürsorge bei Erwerbsunfähigkeit und im Alter nachsuchen müssen. Der Staat darf hier nur Mitverantwortung tragen. Die Hauptlast muss in einer freiheitlichen, demokratischen Gesellschaftsordnung von den Bürgern geschultert werden.

Die Rückübertragung sozialer Funktionen auf den Einzelnen und die Gesellschaft ist aber auch aus einem weiteren Grund geboten. Ihre Verstaatlichung hat dazu geführt, dass viele zu bloßen Empfängern von Sozialleistungen geworden sind. Das hat die Gesellschaft in Aktive und Passive gespalten. Sollte eine solche Spaltung jemals gesellschaftsgemäß gewesen sein, so entspricht sie jedenfalls heute nicht mehr den Lebensbedingungen in früh industrialisierten Ländern. Hier kann Solidarität nur wechselseitiges Geben und Nehmen bedeuten. Von außergewöhnlichen Fällen abgesehen, muss jeder, der Leistungen empfängt, auch Leistungen erbringen. Das gilt nicht nur für erwerbsfähige Empfänger von Arbeitslosen- und Sozialhilfe, sondern auch für Nichterwerbsfähige, Alleinerziehende und ähnliche Personengruppen. Auch sie können auf unterschiedliche Weise dem Gemeinwesen nützlich sein und sich beispielsweise um Kinder oder Kranke im Nachbarhaus kümmern. Ebenso muss das Rentnerdasein nicht bedeuten, dass nur die Hand aufgehalten und gelegentlich – sofern vorhanden – nach dem Enkelkind geschaut wird. Bei einer zeitgemäßen Alterssicherung gibt es keine Nicht-mehr-Aktiven. Alle bleiben am aktiven Leben beteiligt. Sie ändern nur ihre Beteiligungsform.

Aktive Altersvorsorge

Die zügigste und zugleich tiefgreifendste Veränderung im sozialen Gefüge von Individuen, Gesellschaft und Staat ist von einer umfassenden Neugestaltung der Alterssicherung zu erwarten. Mit ihr müssen mehrere Ziele gleichzeitig verfolgt werden:

Erstens muss der sehr realen Gefahr vorgebeugt werden, dass schon in wenigen Jahrzehnten der jüngere den älteren Bevölkerungsteil als unzumutbare Bürde empfindet. Das ist möglich durch die substanzielle Bildung privaten Kapitals. Durch dessen Bereitstellung tragen die Alten künftig ihr Leben lang zur Erwirtschaftung von Gütern und Diensten bei, während die Jungen dies wie bisher vorzugsweise durch Erwerbsarbeit tun. Dabei sind Kapital und Erwerbsarbeit – abgesehen vom Wissen, das in beide eingeht – für eine moderne Volkswirtschaft gleich wichtig. Um Werte schaffen zu können, brauchen die Jungen das Kapital der Alten ebenso, wie diese die Arbeitskraft der Jungen benötigen. Junge und Alte gehen eine wertschöpfende Symbiose ein. Dem sich schon jetzt ausbreitenden Unwort »Altenlast« wird auf diese Weise die Grundlage entzogen. Das aber heißt, dass Vermögensbildung in privater Hand die gleiche sozialpolitische Bedeutung hat wie Erwerbsarbeit. Für viele ist das eine Revolution.

Zweitens muss den Bürgern die Möglichkeit eröffnet werden, ihr gesamtes Erwachsenenalter mündig zu gestalten. Zum einen müssen sie während ihrer Erwerbsphase Raum für die Verwirklichung ihrer individuellen Vorsorgekonzepte erhalten, und zum anderen dürfen sie mit Erreichen eines bestimmten Alters nicht im bisherigen Umfang zu Empfängern staatlicher Fürsorge werden. Durch die Vorsorge für ihr Alter sollen die Bürger früh ihre Gestaltungsmöglichkeiten erkunden und die Dimensionen ihres Handelns erweitern. Sie sollen sich bewusst werden, dass sie bei einer durchschnittlichen Erwerbsdauer von rund 37 Jahren und einer durchschnittlichen Altenphase von etwa siebzehn Jahren in jedem Jahr ihrer Erwerbstätigkeit für annähernd anderthalb Jahre Lebenszeit sorgen und vorsorgen müssen. Das lässt Perspektiven sichtbar werden, die von der gegenwärtigen gesetzlichen Alterssicherung verstellt werden.

Drittens muss jeder im Alter über eine auskömmliche Mindestsicherung verfügen, gleichgültig wie viel oder wenig er dazu aus eigener Kraft beitragen konnte oder beigetragen hat. Denn Sicherheit im Alter ist Ausdruck von menschlicher Würde und keine Funktion von Erwerbsarbeit und schon gar nicht von abhängiger Beschäftigung. Im Rahmen dieser Mindestsicherung findet der umfassende Ausgleich zwischen Starken und Schwachen in einer solidarischen Gesellschaft statt. Zu ihrer Finanzierung tragen die Starken viel und die Schwachen wenig bei, obwohl bei Erwerbsunfähigkeit oder im Alter alle das Gleiche erhalten. Diese Mindestsicherung zu organisieren ist der Kernbereich staatlicher Alterssicherung.

Viertens muss die vom Staat zementierte Ungleichbehandlung von abhängig Beschäftigten mit all ihren Untergruppen wie Bergleuten oder Handwerkern, Beamten und beamtenähnlichen Berufsgruppen wie Parlamentariern, Richtern, Hochschullehrern und so weiter, Selbständigen, Kindererziehenden und allen übrigen beseitigt werden. Diese Ungleichbehandlung war schon immer nur bedingt einsichtig. Inzwischen hat sie ihre Einsichtigkeit gänzlich verloren. Zum Teil ist sie nur noch ein Ärgernis. Nirgendwo treten die vordemokratischen und teilweise feudalstaatlichen Ursprünge des tradierten Sozialstaats deutlicher zutage als hier.

Fünftens muss die gesetzliche Alterssicherung unbedingt verlässlich sein und mit einem Mindestmaß an administrativem Aufwand auskommen.

Alle diese Ziele werden am besten durch eine staatlich organisierte Grundsicherung in Verbindung mit einer breit angelegten, vermögensfundierten privaten Vorsorge erreicht.[35] Diese Grundsicherung sollte allgemein sein, das heißt jedem zustehen, der lange seinen Lebensmittelpunkt in Deutschland hatte und entweder erwerbsunfähig ist oder ein bestimmtes Lebensalter erreicht hat. Ferner sollte sie für alle gleich sein. Abhängig Beschäftigte, Beamte, Selbständige, Hausfrauen und alle anderen, die die Zugangsvoraussetzungen erfüllen, sollten einen einheitlichen Geldbetrag erhalten. Die Grundsicherung wäre damit Ausdruck einer wirklich solidarischen Gesellschaft, in der jeder nach seinen Möglichkeiten und Kräften zum Wohl aller beiträgt und sachlich nicht zu begründende Versorgungsunterschiede beseitigt sind.

Die Grundsicherung sollte individuell und eigenständig sein und dem Umstand Rechnung tragen, dass unter den veränderten Lebensbedingungen jeder Einzelne seinen eigenen Anspruch auf Alterssicherung haben muss. Abgeleitete Ansprüche aus Ehe oder Kindschaftsverhältnissen erübrigten sich. Darüber hinaus müsste sie Altersarmut zuverlässig verhindern. Eine Orientierung gibt die derzeitige Sozialhilfe. Deren Niveau muss nach Abführung von Kranken- und Pflegeversicherungsbeiträgen und unter Berücksichtigung steigender Steuern gewahrt bleiben. Das ist bei einer Grundsicherung in Höhe von 52,5 Prozent des Pro-Kopf-Volkseinkommens der Fall. Derzeit entspricht dieser Prozentsatz gut achthundert Euro im Monat. Dieser Betrag müsste nach versicherungsmathematischen Regeln steigen, wenn die Grundsicherung nicht bereits zum Fälligkeitszeitpunkt in Anspruch genommen wird. Wer beispielsweise für drei bis vier Jahre privat vorsorgt, würde danach über einen gesetzlichen Alterssicherungsanspruch verfügen, der häufig lebensstandardsichernd sein dürfte.

Ein weiteres Element der Grundsicherung wäre die Steuerfinanzierung, durch die sichergestellt wäre, dass sie von der Leistungskraft der gesamten Volkswirtschaft getragen wird. Die Erwerbsarbeit würde von Abgaben entlastet und daher gegenüber dem Kapital wettbewerbsfähiger. Zugleich würden sich Exporte verbilligen und Importe verteuern. Schließlich sollte die Grundsicherung sowohl dem Grund als auch der Höhe nach in der Verfassung verankert sein und damit weitaus größere Sicherheit bieten als die bestehenden Formen gesetzlicher Alterssicherung.

Dieses Konzept einer allgemeinen, gleichen, solidarischen und steuerfinanzierten Grundsicherung in Verbindung mit umfassender privater Vorsorge entspricht den Bedürfnissen und Bedingungen einer im demographischen Umbruch befindlichen Gesellschaft. Keine Generation würde mit der Finanzierung der Grundsicherung überfordert, und zugleich würde ein solider privater Vermögensstock aufgebaut, der breitesten Bevölkerungsschichten die Teilhabe an der steigenden Wertschöpfungskapazität des Kapitals ermöglichte.

Freilich lässt sich ein solches Konzept nicht über Nacht verwirklichen. Mit Rücksicht auf die vorhandenen Ansprüche kann die Grundsicherung nur schrittweise aufgebaut werden. Wie Berechnungen zeigen,[36] sind etwa 25 Jahre erforderlich, um ohne Belastungen, die über die Finanzierung der überkommenen gesetzlichen Alterssicherung hinausgehen, die vorhandenen Ansprüche abzutragen und gleichzeitig die Grundsicherung zu etablieren. Innerhalb einer Generation wäre dann allerdings ein Alterssicherungssystem geschaffen, das dem bestehenden weit überlegen ist.

Die Bevölkerung beginnt, das zu erkennen. Je nach Fragestellung wünschten schon Ende der neunziger Jahre zwischen einem Fünftel und der Hälfte[37] die Fortentwicklung der Alterssicherung in die skizzierte Richtung. Aber auch die Politik bewegt sich. Was sie jahrzehntelang getan hat, tut sie nicht mehr: Weder stellt sie eine lebensstandardsichernde gesetzliche Altersversorgung in Aussicht, noch behauptet sie, die Renten seien sicher. Was immer wieder versprochen worden ist, gilt nicht länger. Viele scheinen die Tragweite dieses Kurswechsels noch gar nicht begriffen zu haben. Andernfalls hätten sie ihn vermutlich nicht so gleichmütig hingenommen.

Jetzt ist es amtlich: Mit der gesetzlichen Rente ist der gewohnte Lebensstandard nicht aufrechtzuerhalten. Zusätzliche Maßnahmen sind erforderlich. Aber wie groß ist die Versorgungslücke? Die Bundesregierung will sie möglichst klein erscheinen lassen. Deshalb geht sie bei ihrem Zahlenwerk vom so genannten Eckrentner aus. Das ist ein Versicherter, der 45 Jahre lang ein Durchschnittseinkommen erzielt hat. Er erhält gegenwärtig eine Rente in Höhe von siebzig Prozent seines letzten Nettogehalts. Dieses Rentenniveau, so verbreitet die Bundesregierung, sinke bis 2030 auf 67 Prozent. Um zu dieser Zahl zu gelangen, bediente sie sich allerdings einiger Rechentricks, die von Fachleuten schnell durchschaut wurden. Deren einhelliges Urteil: Das Niveau sinkt in den nächsten dreißig Jahren nicht auf 67, sondern auf 64 und danach weiter auf 62 Prozent.[38] Damit wäre eine Versorgungslücke von acht und nicht nur von drei Prozentpunkten zu schließen.

Aber auch diese Zahl hat nur schwachen Bezug zur Wirklichkeit. Im richtigen Leben erwerben nämlich die Haupteinkommensbezieher – bei den anderen liegen die Werte noch beträchtlich niedriger – schon heute nur Rentenansprüche in Höhe von durchschnittlich 59 Prozent ihres letzten Nettoentgelts.[39] Das bedeutet, dass aufgrund der Rentenreform 2001 in den dreißiger Jahren die Rente in vielen Fällen nur noch halb so hoch sein wird wie das gewohnte Erwerbseinkommen. Sollten wie bisher auch künftig siebzig Prozent des letzten Nettoentgelts als altengemäß angesehen werden, vergrößerte sich die Versorgungslücke bereits auf zwanzig Prozentpunkte. Sollten die Ansprüche des alten Bevölkerungsteils hingegen steigen – und hierfür spricht einiges –, wären noch größere Löcher zu stopfen. Das Fazit: Die von der Bundesregierung auf den Weg gebrachten zusätzlichen Maßnahmen zur Gewährleistung von Sicherheit im Alter sind beachtlich, aber entschieden zu klein dimensioniert. Um ihrer Zweckbestimmung gerecht zu werden, müssen sie wesentlich erweitert werden.

Das ändert nichts daran, dass mit dem Rentenreformgesetz 2001 eine Entwicklung eingeleitet wurde, die das bestehende Rentengebäude eines Tages zum Einsturz bringen dürfte. Denn mit der staatlichen Förderung privater, kapitalfundierter Altersvorsorge hat die Politik nach langen Jahren heftigen Bestreitens nunmehr in aller Form anerkannt, dass dies die wirtschaftlich effektivere Form der Alterssicherung ist. Gleiche Leistung erbringt im Privatbereich höhere Gegenleistung als in der gesetzlichen Rentenversicherung. Wäre dem nicht so, hätte sich die Politik viel Ärger mit den Gewerkschaften ersparen und die Mittel, die künftig in die private Vorsorge fließen, der gesetzlichen Rentenversicherung zuleiten können. Dass sie das nicht getan hat, spricht für ihre ökonomische Einsichtsfähigkeit. Ein Euro Privatvorsorge bringt mehr für die Alterssicherung als ein Euro Rentenbeitrag. Auch das ist jetzt amtlich. Mehr noch: Es ist auch richtig. Die Belege hierfür sind erdrückend.[40]

Das aber heißt zugleich, dass Millionen und Abermillionen Rentner Vermögens- und Einkommenseinbußen erlitten haben und weiter erleiden. Zwar geht es den meisten gut. Es könnte ihnen jedoch besser gehen, wenn sie nicht Jahrzehnte hindurch in ein wirtschaftlich dummes System gepresst worden wären, das die Fähigkeit vieler zu privater Vermögensbildung erschöpfte. Sie konnten und können nicht an der Wertschöpfung von Kapital teilhaben, weil Ideologen das so wollten. Die Rentenpolitiker haben durch ihre Fixierung auf eine ausschließlich umlagefinanzierte Alterssicherung der Bevölkerung empfindlichen Schaden zugefügt, der durch nichts wieder gut zu machen ist.

Das erklärt vielleicht, warum sich viele Politiker so lange

gegen jede wirkliche Reform der Alterssicherung stemmten. Vermutlich fürchteten sie, was jetzt geschehen wird: Die Bürger werden hautnah erleben, wie ihre privaten Vorsorgeleistungen durch Zins und Zinseszinsen schöne Früchte tragen, während sie in der gesetzlichen Rentenversicherung bestenfalls herausbekommen, was sie einbezahlt haben. Auf eine Rendite wie bei der privaten Vorsorge können sie nicht hoffen. Der Wettstreit der Systeme ist, wenn auch vorerst nur in kleinem Maßstab, eröffnet! Das ist ein Fortschritt. Der Weg zu ihm hin war lang.

Bis in die jüngste Vergangenheit war kein Einwand gegen die allmähliche Rückführung der staatlichen Vollversorgung auf eine Grundsicherung bei gleichzeitigem Auf- und Ausbau der privaten Vermögensbildung breiter Bevölkerungsschichten absurd genug, als dass er nicht erhoben worden wäre. Der Sozialstaat demonstrierte noch einmal seinen Herrschaftsanspruch. In steuerfinanzierten Hochglanzbroschüren verbreitete er die Ansicht, eine solche Regelung würde die wirtschaftlich Schwächsten verarmen lassen; sie sei unsolidarisch, mache die Reichen reicher, enteigne die Versicherten, wirke leistungshemmend, begünstige Faulenzer, sei von der Kassenlage des Staates abhängig und belaste die Aktiven doppelt und dreifach. Kein einziger dieser Einwände erwies sich als stichhaltig. Aber sie vermochten jahrelang die sachgerechte Fortentwicklung der Alterssicherung zu blockieren. Diese Jahre fehlen jetzt. Die Zeit für die nötige Umgestaltung ist knapp geworden. Und noch immer bewegt sich die Politik nur in Trippelschritten.

Immerhin, die grobe Richtung stimmt. Die Expansion der staatlichen Alterssicherung wird gedrosselt, der Kreis der Versicherten erweitert, der Steueranteil erhöht, Bedürftigen auch ohne Beitragsleistungen eine Mindestversorgung gewährt und vor allem die private Vorsorge aus ihrem Schattendasein herausgeführt. Das alles ist noch bruchstückhaft und recht verquer. Doch langsam bewegt sich das System auf jene allgemeine und gleiche Grundsicherung in Verbindung mit privater Vorsorge zu, deren Zusammenspiel künftig materielle Sicherheit im Alter gewährleisten wird. Das macht Hoffnung – falls die Zeit noch reicht.

Die Reform des Gesundheitswesens

Noch größerer Reformbedarf als bei der Alterssicherung besteht im Gesundheitswesen. Auch hier hat der Sozialstaat maßgeblich zu Sicht- und Verhaltensweisen sowie Strukturen beigetragen, die unter den veränderten demographischen, wirtschaftlichen und gesellschaftlichen Bedingungen keinen Bestand haben können. Für ihre Gesundheit oder, richtiger gesagt, deren Wiederherstellung trage der Staat, so glauben bislang viele, ebenso die Verantwortung wie für ihre Renten, Arbeitsplätze, Wohnungen und alles, was irgendwie mit dem Begriff des Sozialen in Verbindung gebracht werden kann. Wo die Mittel dafür herkommen, interessiert sie wiederum wenig, zumal der Staat, wie bei der gesetzlichen Alterssicherung, auch im Gesundheitswesen sorgfältig die Kosten zu verschleiern versuchte. Auch in diesem Bereich wollte er vor den Bürgern glänzen. Diese haben deshalb keine Ahnung, was sie für das System aufwenden.

In absoluten Zahlen sind das derzeit 217 Milliarden Euro oder über 2600 Euro pro Kopf und Jahr.[41] Da die meisten Menschen den größeren Teil dieses Betrags in ihren letzten Lebensjahren und insbesondere -monaten verbrauchen, steigt mit der Zunahme des alten Bevölkerungsteils der medizinische Gesamtaufwand ständig an. Hinzu kommen immer bessere, aber auch immer teurere Behandlungsmethoden. Beides zusammen treibt die Kosten nach oben.

Gemessen an der volkswirtschaftlichen Wertschöpfung liegt der Anteil des Gesundheitswesens derzeit bei 10,5 Prozent. Das sind achtzig Prozent dessen, was dem alten Bevölkerungsteil an öffentlichen Transfers wie Renten, Pensionen und Sozialhilfe für Alte zufließt. Ohne nachhaltige Trendänderung dürfte sich der Anteil dessen, was für das Gesundheitswesen aufzubringen ist, aufgrund der Veränderungen im Bevölkerungsaufbau innerhalb von vierzig Jahren verdoppeln. Dabei sind bereits die 10,5 Prozent, die heute in Deutschland aufgebracht werden, im internationalen Vergleich viel. Unter den 22 bedeutendsten Industrieländern treiben nur die USA einen noch höheren Aufwand. Alle anderen Länder geben zum Teil erheblich weniger für die Gesundheit aus.[42]

Nachteile scheint das nicht zu haben. Im statistischen Mittel haben die Deutschen bei ihrer Geburt reichlich siebzig Jahre in guter Gesundheit vor sich. Damit liegen sie im Vergleich der 22 Länder an 17. Stelle.[43] Hinter ihnen liegen – in dieser Reihenfolge – nur US-Amerikaner, Iren, Dänen, Portugiesen und – mit der kürzesten gesunden Lebensspanne – Neuseeländer. Japan ist mit 74,5 Jahren der Primus, obwohl dort bei einer im Durchschnitt noch älteren Bevölkerung als in Deutschland nur bescheidene sieben Prozent des Bruttoinlandsprodukts für das Gesundheitswesen ausgegeben werden. Aber auch in Europa ist die Liste derer, die sich länger als die Deutschen guter Gesundheit erfreuen, stattlich. Angeführt wird sie von den Franzosen; auf den Plätzen folgen Schweden, Spanier, Schweizer, Griechen und Niederländer. Nirgendwo gibt es in diesen Ländern einen positiven Zusammenhang zwischen den Aufwendungen für die Gesundheit und der Gesundheit selbst. Ebenso wenig sind, zumindest in Westeuropa, geographische oder klimatische Einflüsse zu erkennen. Gesundheit geht ihre eigenen Wege.

Auffällig ist jedoch, dass der Eigenbeitrag, den die Menschen in den verschiedenen Ländern für ihre Gesundheit erbringen, höchst unterschiedlich ist. Haben sie erst einmal ihre Abgaben für das Gesundheitswesen geleistet, steuern Luxemburger, Briten und Deutsche am wenigsten zusätzlich aus der eigenen Geldbörse bei. In Deutschland liegt der Anteil bei rund zehn Prozent. In Frankreich, Schweden und Spanien ist er mindestens doppelt so hoch, in anderen Ländern noch weit höher.

Spitze sind die Deutschen dagegen bei der Verweildauer im Krankenhaus. Mit elf Tagen pro akutem Behandlungsfall übertreffen sie alle anderen Nationen. Finnen, Briten, Schweden und Dänen kurieren ihre Kranken in etwa der Hälfte der Zeit, und die anderen brauchen nicht viel länger. Auch mit durchschnittlich zwölf Arztbesuchen im Jahr werden die Deutschen nur von den Japanern überflügelt, die es auf sechzehn bringen.[44] Den meisten anderen Völkern reicht es, wenn sie halb so oft Kontakt mit ihren Ärzten haben.

Diese Daten zeigen, dass Deutschland auch im Gesundheitswesen ein im internationalen Vergleich überbordendes, aber wenig effizientes Versorgungssystem geschaffen hat. Die Bereitstellung zusätzlicher Krankenhausbetten beispielsweise war lange Zeit Ausdruck nobelster sozialer Gesinnung von Bundes-, Landes- und Kommunalpolitikern. Die Alternative – kürzere Liegezeiten für Patienten – galt als unsozial und herzlos. Dass die Folgekosten jedes Betts ein Zigfaches seiner Entstehungskosten betrugen, wurde verdrängt. Um sie sollte sich die Zukunft kümmern.

Die ist jetzt. Nachdem das Gesundheitswesen wie alle anderen Sozialsysteme in den Strudel geplatzter Wohlstandsillusionen, demographischer Umbrüche und tiefgreifender wirtschaftlicher Veränderungen geraten ist, haben die Politiker alle Hände voll damit zu tun, den im sozialen Überschwang aufgetürmten Bettenberg wieder bis auf das sachlich gebotene Niveau abzutragen. Hunderttausend Krankenhausbetten, das ist mehr als jedes sechste, seien, so heißt es, überflüssig.[45] Die Kosten, die sie verursachten, könnten den Versicherten nicht länger zugemutet werden.

Solche Beispiele finden sich in Hülle und Fülle, und zahlreich sind die Versuche, den ausufernden Aufwand für das Gesundheitswesen unter Kontrolle zu bringen. Wie erfolgreich sie letztlich sein werden, ist nicht vorhersagbar. Frühere Erfahrungen sind nicht ermutigend. Doch die Zeiten ändern sich. Die Sachzwänge sind drängender geworden, und der politische Wille, auf sie einzugehen, hat zugenommen. Alle Beteiligten sind sich bewusst, dass die bisherige medizinische Versorgung der Bevölkerung auf hohem und höchstem Niveau nicht mehr gewährleistet ist. Reformen sind in aller Munde. Doch bezeichnenderweise wird auch hier wieder vorrangig vom Staat und seinen Institutionen und nicht von den Menschen her gedacht. Menschen sind und bleiben für den Sozialstaat zu betreuende Objekte und nicht handelnde Subjekte. Würden sie als handelnde Subjekte angesehen, müsste ganz am Anfang aller Reformanstrengungen die Frage stehen: Warum sind Menschen krank, und was können, ja müssen sie tun, um nicht krank zu werden?

Öffentliche Wahrnehmung und Organisation unseres Gesundheitswesens haben dazu geführt, dass die Erstverantwortung des Einzelnen für seinen körperlichen und geistigen Zustand in den Hintergrund getreten ist. Viele fühlen sich frei, mit sich zu machen, was sie wollen, und die Folgen dem Gemeinwesen aufzuerlegen. Die Statistiken sprechen eine beredte Sprache. Drogenkonsum, Rauchen, Bewegungsmangel, künstlich erzeugter Stress und nicht zuletzt verfehlte Ess- und Trinkgewohnheiten lassen massenhaft Menschen schwer und schwerst erkranken. Die Krankmacher der Eltern springen auf die Kinder über. So nimmt der Anteil erheblich übergewichtiger Kinder und Jugendlicher und solcher mit schweren Haltungsschäden ständig zu.

Die Bereitschaft der Bevölkerung, hieran etwas zu ändern, hält sich in Grenzen. Auf die gelegentlichen, schüchternen Versuche von Politikern, die grob fahrlässige und mitunter sogar vorsätzliche Verursachung von Krankheiten mit einem gesellschaftlichen Unwerturteil zu belegen, reagiert sie abwehrend. Als vor geraumer Zeit der Generalsekretär einer Volkspartei anregte, das Rauchen mit einem Beitragsmalus zu belegen, war die Empörung groß. Privates Verhalten, so wurde argumentiert, ginge die Öffentlichkeit nichts an. Die immensen Kosten, die dem Gemeinwesen aus diesem privaten Verhalten entstehen, durften nicht zur Sprache gebracht werden. Wieder wurde eine sachliche Auseinandersetzung mit der Forderung nach Solidarität, diesmal mit den Rauchern, im Keim erstickt. Mit dieser Geisteshaltung ist es schwer, Bewusstsein zu verändern, Selbstverantwortung zu wecken und Kosten zu senken.

Trotzdem muss es versucht werden. Das beginnt im Elternhaus und Kindergarten. In der Schule, und zwar bereits in der Grundschule, muss das Fach Gesundheitserziehung – theoretisch und praktisch – folgen. Es ist schön, wenn bereits ABC-Schützen eine Fremdsprache erlernen. Aber noch schöner wäre es, wenn zumindest Abiturienten eine ungefähre Vorstellung davon hätten, wo sich Leber und Milz in ihrem Körper befinden oder welche Funktionen das Zwerchfell hat. Auch wäre es von Vorteil, wenn sie die Symptome häufiger Krankheiten und deren Behandlung kennen würden. Wie soll dem Arzt ein mündiger Patient gegenübersitzen, wenn dieser von den Grundlagen der Medizin weniger weiß als von den Regeln des Fußballspiels. Fragen von Gesundheit und Krankheit betreffen jeden, und gerade in einer stark alternden Gesellschaft muss sich jeder mit ihnen auseinander setzen. Das Feld, das dann noch zu bestellen ist, bleibt groß. Oft genug ist Krankheit Schicksal, das Menschen ohne eigenes Zutun trifft. Um so dringlicher muss der breite Strom völlig unnötiger Krankheiten eingedämmt werden. Jeder, der seine Gesundheit bewusst untergräbt, muss wissen, dass er keinen Anspruch auf gesellschaftliche Zuwendung hat. Erfährt er sie dennoch, ist dies ein reiner Gnadenakt.

Doch Menschen sind lernfähig. Sie haben im 19. Jahrhundert nach anfänglichem Widerstreben, dann aber mit großem Erfolg, die Regeln der Hygiene verinnerlicht. Gegen Ende des 20. Jahrhunderts haben sie (wieder) gelernt, schonender mit natürlichen Ressourcen umzugehen. Warum sollten sie jetzt nicht begreifen, dass sie individuelle Verantwortung für ihre Gesundheit tragen? Gelingt das, wird das Gesundheitssystem finanzierbar bleiben. Gelingt es nicht, könnte schon bald die Vision des Karikaturisten Wirklichkeit werden: Auf einer wackligen Bank sitzen zwei abgehärmte Gestalten inmitten von baufälligen Hütten. Nur im Hintergrund erhebt sich ein stattlicher Bau, auf dessen Dach der Schriftzug »Krankenhaus« prangt. Sagt der eine zum anderen: »Was waren das für herrliche Zeiten, als wir uns neben dem Krankenversicherungsbeitrag noch ein paar andere Sachen leisten konnten.«

Pflegeversicherung auf Kapitalbasis

Zwischen der Alterssicherung und dem Gesundheitswesen ist die Problematik der Pflegeversicherung angesiedelt. Als sie 1995 eingeführt wurde, meinte der damalige Arbeits- und Sozialminister, sie sei der i-Punkt auf dem staatlichen Sozialsystem. Richtiger wäre wohl die Feststellung gewesen, dass sie der Tropfen war, der das Sozialfass zum Überlaufen brachte. Die Arbeitgeber weigerten sich rundheraus, den ihnen zugedachten Finanzierungsanteil zu übernehmen. Um den Schein der Parität zu wahren, wurde ein kirchlicher Feiertag, der Buß- und Bettag, in einen Arbeitstag umgewandelt und seine Wertschöpfung der Pflegeversicherung zugeführt. Das aber war nicht das einzige Hindernis. Der bis dahin unter den Parteien stets gewahrte sozialpolitische Konsens zeigte erstmals deutliche Risse, und bis heute ist in der einschlägigen Literatur die Kritik an dieser Versicherung nicht verstummt.

Der Haupteinwand lautet, dass mit ihr ein weiteres System installiert wurde, bei dem von der ersten Stunde an klar war, dass diejenigen, die heute die Beitragsleistungen erbringen, keine Chance haben, später entsprechende Pflegeleistungen zu erhalten. Das Kalkül der Sozialpolitiker war das gleiche wie immer: Sie wählten die Umlagefinanzierung, um mit dem schnellen Geld umweglos öffentlichkeitswirksame Aktionen finanzieren zu können. Die mittel- und langfristige Stabilität des Ganzen berührte sie allenfalls in der Theorie. In der Praxis prellen sie eine ganze Generation.

Wäre das Konzept einer an sich durchaus sinnvollen Pflegeversicherung mit der gebotenen Weitsicht verfolgt worden, hätte die Politik spätestens in den achtziger Jahren, als der steigende Pflegebedarf erkennbar wurde, mit dem Aufbau eines Versicherungsvermögens begonnen. Aus ihm hätten später die Pflegekosten derjenigen bestritten werden können, die zu ihm beigetragen hatten. Geburtenstarke Jahrgänge hätten viel, geburtenschwache wenig aufgebracht, und parallel hierzu hätte sich – zeitlich versetzt – die Zahl der Pflegefälle entwickelt. Dabei hätten durchaus konzeptionelle Anleihen bei Bismarck genommen werden können, der in der Frühphase seiner Invaliditäts- und Altersversicherung Renten zum Teil aus Steuermitteln finanzierte, um den Aufbau eines Kapitalstocks möglichst wenig zu beeinträchtigen.

Das alles ist nicht zuletzt aus ideologischen Gründen unterblieben. Die Pflegeversicherung steht deshalb im Prinzip schon jetzt vor dem gleichen Dilemma wie die gesetzliche Rentenversicherung. Unter schwierigen demographischen Bedingungen wird die erwerbsfähige Generation – neben den Mitteln für ein umlagefinanziertes System – Mittel für ein kapitalfundiertes aufbringen müssen, wenn sie selbst einmal Pflegeleistungen erhalten will. Darüber hinaus wird sie veränderte Handlungsmaximen im Gesundheitswesen beherzigen müssen. Denn die Zahl der Pflege- wird ebenso wie die der Krankheitsfälle nachhaltig von der Lebensweise der Bevölkerung beeinflusst. Um auch noch in dreißig Jahren eine menschenwürdige Pflege gewährleisten zu können, muss heute doppelt vorgesorgt werden: durch die Bildung von Kapital und durch eine weithin veränderte Lebensführung. Auch die

Pflegeversicherung muss, zwar nicht der Form, aber dem Geiste nach, entstaatlicht werden. Wie die Krankenversicherung ist sie in der Gesellschaft und im Leben des Einzelnen zu verankern.

Begrenzung der Arbeitslosenversicherung

Die vierte Säule der Sozialversicherung, die Arbeitslosenversicherung, richtiger: Arbeitsförderung, umfasst die Vermittlung von Arbeits- und Ausbildungsplätzen, die berufliche Beratung und gegebenenfalls Qualifikation, die Zahlung von Arbeitslosengeld und -hilfe und anderes mehr. Zur Zeit werden hierfür jährlich reichlich 70 Milliarden Euro oder rund 1800 Euro pro Kopf der Erwerbsbevölkerung aufgewendet. Knapp zwei Drittel dieser Mittel werden durch Beiträge der Versicherten und ihrer Arbeitgeber aufgebracht. Den stattlichen Rest tragen abermals die Steuerzahler. Kostenklarheit besteht also auch bei der Arbeitsförderung nicht. Das Verhältnis von Aufwand und Ertrag bleibt im Dunkeln. Das ist der Politik wichtig. Denn die Effizienz der Arbeitsförderung lässt ebenso zu wünschen übrig wie die der übrigen Sozialsysteme. Wie bei ihnen ist auch bei der Arbeitsförderung der Reformbedarf erheblich. Mittlerweile ist das Konsens. Doch die Fortschritte sind gering.

Vorrangig geht es um die Verlagerung des Schwerpunkts. Statt passiver Maßnahmen, wie der Zahlung von Arbeitslosengeld, sollen aktive Maßnahmen, wie Beratung, Qualifikation und Vermittlung, betont werden. Insbesondere soll für jeden Arbeitslosen gleich zu Beginn seiner Arbeitslosigkeit ein detailliertes Eignungs- und Wiedereingliederungsprofil erstellt werden, das seine Rückkehr auf den Arbeitsmarkt erleichtern soll. Diese Maßnahme ist so richtig und wichtig, dass sich die Frage aufdrängt, warum sie nicht schon längst zur Grundausstattung der Arbeitsförderung gehört.

Ernsthaft erörtert wird ferner die Zusammenlegung von Arbeitslosenhilfe und Sozialhilfe für Erwerbsfähige. Beide Hilfeformen werden ausschließlich aus Steuern finanziert und betreffen den gleichen Personenkreis. In Bezug auf das Ob nähern sich die politischen Flügel einander an, doch über das Wie wird heftig gestritten, insbesondere darüber, wer das künftige »Sozialgeld« administrieren soll: die Arbeitsämter in der Regie der Bundesanstalt für Arbeit und damit mittelbar des Bundes oder die kommunalen Sozialämter. Der Streit ist bezeichnend. Wie alles in der Politik hat er eine sachliche und eine Machtebene. Der Bund fürchtet, durch die Übertragung der Verantwortung auf die Sozialämter an Einfluss einzubüßen. Deshalb sträubt er sich. Noch.

Ein ähnlicher Konflikt wird beim dritten großen Reformprojekt sichtbar: die Verlagerung von Zuständigkeiten der Arbeitsförderung von der zentralistischen Bundesanstalt für Arbeit auf die dezentralen Landesanstalten. Besonders kontrovers ist die Staffelung der Versichertenbeiträge in Abhängigkeit von der regionalen Beschäftigungslage. Obwohl die Befürworter dieses Konzepts einen erheblichen Länderausgleich vorsehen, wollen insbesondere die beschäftigungsschwachen Länder hiervon nichts wissen, weil dies, so argumentieren sie, entsolidarisiere. In Wirklichkeit fürchten sie wirtschafts- und beschäftigungspolitischen Wettbewerb zwischen den Ländern. Den wollen sie vermeiden. Er würde die Ineffizienz des Sozialstaats schlagartig sichtbar werden lassen.

Wichtiger als diese politischen Scharmützel ist allerdings auch bei der Arbeitsförderung die grundsätzliche Stoßrichtung der Reformmaßnahmen. Wie bei den anderen Systemen dreht sich fast alles um institutionelle Regelungen und nicht um die individuellen und kollektiven Sicht- und Verhaltensweisen, die ihre demographischen, wirtschaftlichen und gesellschaftlichen Voraussetzungen verloren haben. Unbestreitbar hat die Arbeitsförderung in einem solidarischen Gemeinwesen wichtige Aufgaben zu erfüllen. Dass sie aber keineswegs nur vereinzelt als Hängematte benutzt wird, kann selbst dem Gutwilligsten nicht mehr entgehen. Deshalb gilt hier das Gleiche wie in der Kranken- und Pflegeversicherung: Gelänge es, die unberechtigte und mehr noch die überflüssige Beanspruchung der Arbeitslosenversicherung zurückzudrängen, befände sich das System nicht in finanziellen Schwierigkeiten.

Wie bei der Gesundheit gibt es auch bei der Erwerbsarbeit eine Erstverantwortung des Individuums. Nur wenn trotz dessen intensiver Bemühungen Beschäftigung nicht möglich ist, kommt das Gemeinwesen zum Zuge. Von dieser Abfolge haben sich viele entfernt. Bei jeder nur denkbaren Untiefe verlassen sie sich auf die Hilfe des Staates. So wurden sie Jahrzehnte hindurch geprägt. Das Fatale: Jetzt muss sie der Sozialstaat enttäuschen.

Für alles, was über diese Grundsicherung hinausgeht, kann und muss der Einzelne, wie in den anderen Bereichen sozialer Sicherheit, individuell Vorsorge treffen. Zwar können die meisten nicht neben der privaten Altersvorsorge auch noch genügend Mittel für längere Zeiten der Erwerbslosigkeit ansparen. Das ist aber auch nicht nötig. Das Nettoerwerbseinkommen eines Monats sollte jedoch nach einigen Jahren der Erwerbstätigkeit zur Überbrückung von Arbeitsplatzwechseln zur Verfügung stehen. Solche Arbeitsplatzwechsel sind Teil fast jeden Erwerbslebens. Und dass sie in der Regel mit kurzen Einkommensunterbrechungen einhergehen, ist von jeher bekannt. Wer solche Unterbrechungen nicht individuell tragen will, kann sich hiergegen versichern. Aber freiwillig.

Überhaupt ist das Zwanghafte dieses wie aller anderen Systeme deutlich zu vermindern. Wie bei der gesetzlichen Rentenversicherung ist auch bei der Arbeitslosenversicherung nicht begründbar, wieso die Einzelnen ihren jeweiligen Lebensstandard versichern müssen. Angemessen und rational ist, dass jeder nur in Höhe des Existenzminimums durch Gesetz zur Einkommenssicherung gezwungen wird. Was darüber hinausgeht, fällt in den Verantwortungs- und Gestaltungsraum des Einzelnen. Der Staat hat hier kein Mitspracherecht.

Reformbedürftig ist auch die Dauer der Versicherungsleistungen. Wie bisher sollten sie in Abhängigkeit von der Dauer der vorangegangenen Erwerbsarbeit gewährt werden. Dabei sollten vier Wochen ununterbrochene Erwerbsarbeit einen einwöchigen Anspruch auf Arbeitslosengeld begründen. Nach einem Jahr Erwerbsarbeit wäre also ein Anspruch auf eine dreimonatige Versorgung entstanden. Die Höchstdauer ununterbrochener Versorgung sollte auf achtzehn Monate beschränkt sein. Dieser Anspruch besteht nach sechsjähriger Erwerbsarbeit. Nur bei über 55-Jährigen kommt eine längere Bezugszeit in Betracht. Doch sollte die Gesamtversorgungsdauer im Lauf eines Erwerbslebens 36 Monate nicht überschreiten. 36 Monate sind bei einem durchschnittlichen Erwerbsleben von 450 Monaten eine lange Zeit.

Danach sollte nur noch das Sozialgeld in Höhe von 75 Prozent der Sozialhilfeleistungen für Nichterwerbsfähige gewährt werden. Dieser Betrag sollte – je nach Arbeitseinsatz – auf hundert oder mehr Prozent der Sozialhilfe aufgestockt werden, wenn der Sozialgeldempfänger der vom Gesetz vorgesehenen gemeinnützigen Tätigkeit nachgeht oder Aus- und Fortbildungsmaßnahmen ergreift. Widersetzt er sich dem hartnäckig, kann das Sozialgeld auf zwei Drittel der Sozialhilfe zurückgeführt werden. Das entspricht der heutigen Kaufkraft eines US-amerikanischen Sozialhilfeempfängers[46] und ist noch immer weit mehr, als in Großbritannien gewährt wird. Dort wird die staatliche Fürsorge unter den genannten Voraussetzungen ganz eingestellt.

Zugleich würde auf diese Weise die fünfte Säule der sozialen Sicherheit, die Sozialhilfe, den veränderten Bedingungen von Bevölkerung, Wirtschaft und Gesellschaft gemäß weiterentwickelt. Die wirklich Bedürftigen, mittellose Nichterwerbsfähige, würden gegenüber heute unverändert und das heißt im internationalen und historischen Vergleich gut versorgt werden. Auf Sozialgeldempfänger, die trotz ihrer Erwerbsfähigkeit gemeinnützige oder andere berufsorientierte Tätigkeiten ausschlagen, würde hingegen Druck ausgeübt, ihr unsolidarisches und unsoziales Verhalten aufzugeben.

Zusammengenommen würden alle diese Maßnahmen – von der schnelleren Wiedereingliederung von Arbeitslosen durch gezielte Integrationsmaßnahmen über die Abschaffung der obligatorischen Arbeitslosenversicherung für den ersten Monat der Beschäftigungslosigkeit und die Beschränkung der obligatorischen Arbeitslosenversicherung auf das Existenzminimum bis zur Begrenzung der Arbeitslosengeldzahlung auf achtzehn Monate – den Mittelbedarf der staatlichen Arbeitsförderung drastisch senken. Den Bürgern bliebe wiederum mehr für den Aufbau ihrer privaten Vermögen.

Evolution oder Revolution

Die großen staatlichen Sozialsysteme beanspruchen in Deutschland zusammen mit der Unfallversicherung und der Sozialhilfe fast achtzig Prozent des Sozialbudgets. Wie eine riesige Pumpe saugen sie täglich rund 1,5 Milliarden Euro aus den Taschen der Bürger und verteilen sie um. Jeder trägt im Durchschnitt jährlich etwa 6750 Euro und monatlich 560 Euro zu ihrer Finanzierung bei. Sie bilden das Herzstück der großen Umverteilungsmaschinerie, durch die der Staat seine Sicherheits-, Gerechtigkeits- und Solidarvorstellungen verwirklicht. Als solche sind sie Wesensbestandteil aller früh industrialisierten Länder. Grundsätzliche Einwände gegen sie sind kaum möglich. Doch müssen sie gar so gewaltig sein, oder wären sie nicht, etwas kleiner dimensioniert, zweckdienlicher?

Wie die Sozialsysteme heute in Deutschland ausgelegt sind, binden sie die Vermögensbildungsfähigkeit breiter Bevölkerungsschichten und schaffen so ein Übermaß an Abhängigkeit vom Staat. Entsprechend verhalten sich die Bürger. Viele versuchen erst gar nicht, ihre Geschicke in die eigenen Hände zu nehmen. Warum sollten sie sich Gedanken über ihre Zukunft machen? Dazu fehlen ihnen die mentalen Anreize und nicht selten auch die materiellen Voraussetzungen. Der Staat hat sich zum Übervater entwickelt. Gegen ihn aufzubegehren erscheint vielen sinnlos. Er lähmt Phantasie und Gestaltungswillen der Bürger und lenkt sie auf Nebengleise. Da herrscht Leben. Auf den Hauptstrecken zuckeln Politik, Wirtschaft und Gesellschaft mühsam dahin.

Jeder Versuch, hieran etwas zu ändern, stößt auf erbitterten Widerstand. Allerdings hat sich dessen Zentrum von der Politik auf jene Institutionen verlagert, die sich vor Jahr und Tag im Sozialstaatsgehäuse eingerichtet haben und von ihm ihre Daseinsberechtigung ableiten. In seinen Mauern haben sie sich verschanzt. Wer es wagt, Veränderungen anzustreben, wird des Frühkapitalismus, des Egomanentums, der Ellbogengesellschaft, der Sozialdemontage und ähnlicher Schändlichkeiten geziehen. Dabei wird scharf geschossen. Kritik am Bestehenden kann leicht eine berufliche Karriere zum vorschnellen Ende bringen. So offen und frei, wie sich das manche vorstellen, ist diese Gesellschaft nicht.

Die idealistischsten Verfechter des tradierten Sozialstaats sind überzeugt, dass soziales und solidarisches Verhalten auch unter den derzeitigen Lebensbedingungen staatliche oder zumindest staatsnahe Organisationsformen bedingt. Ohne sie ist aus ihrer Sicht die Gesellschaft unsozial und unsolidarisch. Offenbar haben sie verdrängt oder vergessen, dass eine Gesellschaft solidarisch oder gar nicht ist und nicht erst des Staates bedarf, um sozial zu sein. Die deformierte Gesellschaft, in der der Staat alle wichtigen Sozialfunktionen an sich gezogen hat, ist für sie die einzig denkbare. Dass es menschennähere und -würdigere Ordnungen gibt als den heutigen Sozialstaat, übersteigt ihre Vorstellungskraft. Für sie ist und bleibt die Gesellschaft eine Staatsgesellschaft. Eine Bürgergesellschaft, die sich unter anderem dadurch auszeichnet, dass die Einzelnen und die sie umgebenden Gemeinschaften so viel Verantwortung wie möglich tragen und dadurch wachsen und erstarken, ist ihnen fremd.

Solange diese Kräfte den Ton angeben, wird es Deutschland schwer haben, sich zu einer aufgeschlossenen, verantwortungsbereiten und dynamischen Bürgergesellschaft zu entwickeln. Noch dominieren historisch überholtes Fühlen, Denken und Handeln. Zwar werden sie irgendwann an der veränderten Wirklichkeit zerschellen. Doch dabei geht, wie die Geschichte zeigt, vieles zu Grunde, was es wert gewesen wäre, fortgeführt zu werden. Jede historische Entwicklung ungesteuert ihrem unvermeidlichen Ende entgegentreiben zu lassen ist deshalb weder eine rationale noch eine menschenfreundliche Strategie. Die Alternative ist zwingend: Widersprüche zwischen gesellschaftlichen Strukturen und Lebenswirklichkeit, die nicht evolutionär gelöst werden, werden revolutionär gelöst. Doch so weit sollte es eine aufgeklärte Gesellschaft im 21. Jahrhundert nicht kommen lassen.

Schlussbemerkung

Die Veränderungen der Lebenswirklichkeit bilden wie stets ein schlüssiges Ganzes: die stark alternden und zahlenmäßig abnehmenden Bevölkerungen zunächst in den früh industrialisierten Ländern und dann weltweit; das Erstarken der Produktionsfaktoren Wissen und Kapital; der beständige Rückgang der Menge an Erwerbsarbeit; der abnehmende Bedarf an industriell tätigen Arbeitskräften; das Einschwenken der Wirtschaft auf moderate, dafür aber längerfristig stabile Wachstumspfade; die allmähliche Entstaatlichung des Sozialen; die Wiederentdeckung von Individuum und Gemeinschaft. Einige dieser Veränderungen haben uns bereits fest im Griff, andere deuten sich erst zaghaft an. Alle zusammen bestimmen jedoch die Wirklichkeit der kommenden zwei bis drei Generationen.

Es ist das Dilemma und vielleicht die Tragik der Politik, die Schlüssigkeit dieser Entwicklung kaum erkannt und noch weniger zur Grundlage ihres Handelns gemacht zu haben. Zwar gibt es von Land zu Land und von Gesellschaft zu Gesellschaft Unterschiede. Doch nirgendwo werden die neuen Möglichkeiten wirklich genutzt und wird den Entwicklungstrends Rechnung getragen. Die Politik in den früh industrialisierten Ländern ist ausnahmslos abgestanden, muffig und matt. Beflügelndes geht von ihr selten aus. Bewahren ist alles. Zu Neuem drängt keiner. Der Grund? Ihn hat der große politische Denker Niccolo Machiavelli schon vor annähernd fünfhundert Jahren in Worte gefasst, als er in seinem Buch *Vom Fürsten* schrieb:

»Es ist gewiss kein geringes Wagestück und sehr zweifelhaft im Erfolg und äußerst gefährlich, neue Gesetze aufzustellen. Wer solche einführt, hat alle die, welche sich bei den vorigen wohl befanden, zu Feinden und nur sehr laue Freunde an denen, welchen die neuen Vorteile bringen; eine Lauheit, die teils durch die Furcht vor denen erzeugt wird, welche mit den vorigen zufrieden sind, teils aber auch durch das Vorurteil, das gegen alle neuen Einrichtungen sich so lange erhebt, bis man dieselben gewohnt geworden. Bei jeder Gelegenheit greifen also erstere sie mit aller Parteileidenschaft an, während die anderen sie nur schwach verteidigen.«[1]

So ist es. Trotzdem darf diese Einsicht in menschliches Verhalten nicht Anlass sein, alles auf sich beruhen zu lassen. Zu viel steht auf dem Spiel. Denn die Veränderungen der Lebenswirklichkeit bilden nicht nur ein schlüssiges Ganzes, sie sind zugleich – recht erkannt und genutzt – eine glückliche Fügung.

Anmerkungen

Die demographische Zeitbombe

1 Vgl. Clark, *Population Growth and Land Use*, S. 64; Statistisches Bundesamt, *Bevölkerung und Wirtschaft 1872–1972*, S. 90.
2 Ohne die Türkei. Vgl. Statistisches Bundesamt, *Statistisches Jahrbuch für das Ausland*, S. 190.
3 Vgl. Statistisches Bundesamt, *Gebiet und Bevölkerung 1997*, S. 190 ff.
4 Vgl. ebd., S. 41, sowie Berechnungen des IWG BONN.
5 Vgl. Marschalck, *Bevölkerungsgeschichte Deutschlands im 19. und 20. Jahrhundert*, S. 19 und 165.
6 Vgl. Europäische Kommission, *Bevölkerungsstatistik 1997*, S. 122.
7 Vgl. Rosenbaum, *Formen der Familie*, S. 352 ff.; Linde, *Theorie der säkularen Nachwuchsbeschränkung 1800–2000*, S. 54 ff., 84.
8 Vgl. Miegel/Wahl, *Solidarische Grundsicherung, Private Vorsorge*, S. 82.
9 Alle Aussagen zur künftigen Bevölkerungsentwicklung stützen sich auf Berechnungen des IWG BONN auf der Grundlage von Birg/Flöthmann/Frein/Ströker, *Simulationsrechnungen zur Bevölkerungsentwicklung in den alten und neuen Bundesländern im 21. Jahrhundert*.
10 Vgl. Kaiserliches Statistisches Amt, *Statistisches Jahrbuch für das Deutsche Reich 1906*, S. 3.
11 Vgl. Statistisches Bundesamt, *Statistisches Jahrbuch für die Bundesrepublik Deutschland* (1952–1962).
12 Vgl. Europäische Kommission, *Bevölkerungsstatistik 1997*, S. 48.
13 Bruttoinlandsprodukt 1998 in US-Dollar in konstanten Preisen und Wechselkursen von 1995 (vgl. Statistisches Bundesamt, *Statistisches Jahrbuch für das Ausland*, S. 339).
14 Vgl. Vereinte Nationen, *World Population Prospects*, S. 7.

15 1991 bis 2000 (vgl. Statistisches Bundesamt, *Stand und Entwicklung der Erwerbstätigkeit 2000*, S.41, 44, 47, 62).

16 Bundesanstalt für Arbeit, *Amtliche Nachrichten der Bundesanstalt für Arbeit* 12, S.1341.

17 Statistisches Bundesamt, *Statistisches Jahrbuch 1999*, S.463.

18 Vgl. Miegel, *Arbeitsmarktpolitik auf Irrwegen*, S.111.

19 So auch die Stellungnahme des Bundesministeriums für wirtschaftliche Zusammenarbeit und Entwicklung zum Entwurf des Zuwanderungsgesetzes des Bundesinnenministeriums vom 7. August 2001.

20 Vgl. Eurostat, *Statistik kurzgefasst*, Thema 1, Nr. 3.

21 Vgl. Scheffler, *Berlin – ein Stadtschicksal*, S.21.

22 Altersvermögensgesetz vom Mai 2001.

23 Vgl. *Globus Infografik GmbH*, 1998, FS-5081; GEWOS-Institut, *Wohnsituation im Alter*, S.1; Braun/Pfeiffer/Simons, *Vermögensbildung im Lebenszyklus*, S.20, 23.

24 Vgl. Statistisches Bundesamt, *Gesundheitsbericht für Deutschland*, S.76.

25 Vgl. *Globus Infografik GmbH*, 1999, Ka-5957, sowie Berechnungen des IWG BONN.

26 Vgl. Statistisches Bundesamt, *Stand und Entwicklung der Erwerbstätigkeit 1999*, S.45.

Wirtschaft und Beschäftigung im Umbruch

1 Vgl. Sombart, *Die deutsche Volkswirtschaft im neunzehnten Jahrhundert und im Anfang des 20. Jahrhunderts*, S.432.

2 Vgl. Henning, *Wirtschafts- und Sozialgeschichte*, Bd. 2, S.25.

3 Vgl. Internationaler Währungsfonds (Hg.), *International Financial Statistics Yearbook 2000*, S.167.

4 Standardisierte Arbeitslosenquote nach dem Konzept der ILO.

5 Vgl. Henning, *Wirtschafts- und Sozialgeschichte*, Bd. 2, S.25.

6 Vgl. Miegel/Wahl, *Solidarische Grundsicherung, Private Vorsorge*, S.82ff.

7 Vgl. Institut der deutschen Wirtschaft, »Wohlstand«, S.4f.

8 Vgl. Henning, *Wirtschafts- und Sozialgeschichte*, Bd. 2, S.27f.

9 Vgl. *Globus Infografik GmbH*, Vd-5866.
10 Vgl. ebd., Uc-5872.
11 Vgl. Statistisches Bundesamt, *Gesundheitsbericht für Deutschland*, S. 130; *Globus Infografik GmbH*, 1999, Uc-5872.
12 Vgl. Eurostat, *Eurostat-Jahrbuch 98/99*, S. 162.
13 Vgl. Statistisches Bundesamt, *Statistisches Jahrbuch 2000*, S. 462.
14 Vgl. Eurostat, *Eurostat-Jahrbuch 98/99*, S. 162; Bundesministerium für Arbeit und Sozialordnung, *Euroatlas*, S. 133.
15 Vgl. Internationaler Währungsfonds (Hg.), *International Financial Statistics Yearbook*, verschiedene Jahrgänge.
16 Etwa 63 Jahre (vgl. Vereinte Nationen, *World Population Prospects*, S. 332).
17 Das Pro-Kopf-Bruttoinlandsprodukt dieser Länder lag Ende der neunziger Jahre bei rund 2000 Euro (4000 DM).
18 Vgl. Noelle-Neumann/Köcher (Hg.), *Allensbacher Jahrbuch der Demoskopie 1993–1997*, S. 18, 63.
19 Vgl. Statistisches Bundesamt, *Datenreport 1999*, S. 483, 488.
20 Vgl. Kaufhold, »Deutschland 1650–1850«, S. 553.
21 Vgl. ebd.
22 Vgl. Miegel, *Arbeitsmarktpolitik auf Irrwegen*, S. 38.
23 Obwohl die Wirtschaftskraft besser im Bruttoinlandsprodukt als im Volkseinkommen zum Ausdruck kommt, wird hier um der langfristigen statistischen Vergleichbarkeit willen das Volkseinkommen herangezogen. Seine relative Veränderung ähnelt in langen Zeiträumen den Veränderungen des Bruttoinlandsprodukts.
24 Vgl. Miegel/Wahl, *Arbeitslosigkeit in Deutschland*, S. 50.
25 Vgl. ebd., S. 15 f.
26 Bruttoanlagevermögen in Preisen von 1995.
27 Vgl. OECD, *Employment Outlook June 2000*, S. 219.
28 Program for International Student Assessment, vgl. OECD, *Knowledge and Skills for Life*.
29 Vgl. Bundesministerium für Bildung und Forschung, *Grund- und Strukturdaten 1999/2000*, S. 80.
30 Vgl. ebd., S. 85.
31 Vgl. Ebenrett/Puzicha, *EUF-Testleistungen wehrpflichtiger junger Männer im wiedervereinigten Deutschland*, S. 23.

32 Vgl. Institut der deutschen Wirtschaft, »Studienanfänger«, S. 7.
33 Vgl. *Globus Infografik GmbH*, 1999, Ia-5364.
34 Vgl. OECD, *Bildung auf einen Blick*, S. 131.
35 Nachfolgende Angaben beziehen sich auf das Nettoanlagevermögen zu Wiederbeschaffungspreisen.
36 Statistisches Bundesamt, *Volkswirtschaftliche Gesamtrechnungen*, Fachserie 18, diverse Reihen und Jahre; Berechnungen und Schätzungen des IWG BONN (unveröffentlicht).
37 Berechnungen und Schätzungen des IWG BONN (unveröffentlicht), basierend auf den Angaben des Statistischen Bundesamts und des Arbeitskreises »Volkswirtschaftliche Gesamtrechnung der Länder«.
38 Vgl. Bundesministerium für Arbeit und Sozialordnung, *Statistisches Taschenbuch 1999*, Tabelle 3.3.
39 Vgl. Statistisches Bundesamt, *Volkswirtschaftliche Gesamtrechnungen*, Fachserie 18, Reihe 3, S. 13.
40 Vgl. Miegel/Wahl, *Arbeitslosigkeit in Deutschland*, S. 92.
41 Vgl. Kommission für Zukunftsfragen der Freistaaten Bayern und Sachsen, *Erwerbsfähigkeit und Arbeitslosigkeit in Deutschland*, Teil III, S. 85. In Ostdeutschland sind die Vermögen weniger stark konzentriert.
42 Vgl. Statistisches Bundesamt, *Haus- und Grundbesitz sowie Wohnverhältnisse privater Haushalte, Einkommens- und Verbrauchsstichprobe 1998*, Sonderheft 1, Fachserie 15, S. 45.
43 Vgl. Bedau, *Ersparnis und Vorsorgeaufwendungen nach Haushaltsgruppen*, S. 562.
44 Vgl. Schneider/Enste, *Schattenwirtschaft und Schwarzarbeit*, S. 35.
45 Auf Vollzeitarbeitskräfte umgerechnet, entspricht dies bei einer unterstellten durchschnittlichen Produktivität je Erwerbstätigen knapp sechs Millionen.
46 Vgl. Miegel/Wahl, *Arbeitslosigkeit in Deutschland*, S. 25.
47 Vgl. ebd., S. 86.
48 Ihre Arbeitslosenquote war 1998 dreimal höher als die aller Arbeitslosen.
49 Vgl. Bundesanstalt für Arbeit, *Erteilte Arbeitserlaubnisse für ausländische Arbeitnehmer im Bundesgebiet.*

1 Im Folgenden wird der Begriff »Sozialstaat« synonym zu »Wohlfahrtsstaat« gebraucht. Die Unterschiede, die zwischen beiden Begriffen früher bestanden, haben sich im Lauf der Zeit weitgehend verflüchtigt.
2 Vgl. Nef, *Sprüche und Widersprüche zur Planung*, S. 72.
3 Vgl. Miegel, *Sicherheit im Alter*, S. 42.
4 Vgl. Frerich/Frey, *Handbuch der Geschichte der Sozialpolitik in Deutschland*, Bd. 1, S. 106.
5 Vgl. Miegel, *Sicherheit im Alter*, S. 42.
6 Vgl. Frerich/Frey, *Handbuch der Geschichte der Sozialpolitik in Deutschland*, Bd. 1, S. 100.
7 Vgl. Höffner, »Die Entwicklungen im Schicksal und Lebensgefühl der Arbeiterschaft und der Wandel der sozialpolitischen Leitbilder«, S. 152 f.
8 Vgl. Miegel, *Sicherheit im Alter*, S. 46 f.
9 Vgl. Vogler-Ludwig, »Verdeckte Arbeitslosigkeit in der DDR«, S. 8.
10 Vgl. Schmähl, »Sozialpolitik und Systemtransformation«, S. 31.
11 Vgl. ebd.
12 Vgl. Erhard, *Deutsche Wirtschaftspolitik*, S. 219 f., 393 f.
13 Vgl. Miegel, *Sicherheit im Alter*, S. 41.
14 Erhard, *Deutsche Wirtschaftspolitik*, S. 348.
15 Vgl. ebd., S. 216 ff. 341 ff., 393 ff.
16 Vgl. Ludwig Erhard, zit. in: *Süddeutsche Zeitung*, 26. Oktober 1956.
17 Vgl. Biedenkopf, *Die neue Sicht der Dinge*, S. 353 ff.
18 Erhard, *Deutsche Wirtschaftspolitik*, S. 304.
19 Werden die Steuerzuschüsse zur Rentenversicherung zu den Beiträgen addiert, beträgt die Belastung heute bereits 28 Prozent des Bruttolohns. 2030 werden es zwischen 32 und 40 Prozent sein (vgl. Schnabel, *Die Rentenreform 2001*, S. 19).
20 Vgl. Boeri/Börsch-Supan/Tabellini, *Der Sozialstaat in Europa*, S. 51.
21 Vgl. Deutsches Institut für Altersvorsorge, *Frauen und ihre Altersvorsorge II*, S. 13 ff.

22 Vgl. Föste/Janßen, »Finanzierungs- und Belastungsgrenzen des Sozialstaats im Urteil der Bevölkerung«, S. 224 ff.
23 Vgl. Becker/Hauser (Hg.), *Einkommensverteilung und Armut*, S. 47; Hauser/Stein, »Die Vermögensverteilung im vereinigten Deutschland«, S. 184; OECD, *Income Distribution in OECD Countries*, S. 67.
24 Vgl. Noelle-Neumann/Köcher (Hg.), *Allensbacher Jahrbuch der Demoskopie 1993–1997*, S. 692.
25 Vgl. Bundesarbeitgeberverband Chemie (Hg.), »Bürger stöhnen unter Steuerlast«, S. 1 f.
26 Vgl. *Globus Infografik GmbH*, 1999, Tb-5863.
27 Vgl. Ottnad, *Wohlstand auf Pump*, S. 30.
28 Vgl. Miegel (Hg.), *Deutschland in Europa in 20 Graphiken.*
29 Standardisierte Arbeitslosenquote nach dem Konzept der ILO.
30 Vgl. Miegel, *Die programmierte Krise*, S. 11.
31 Vgl. Miegel, »Die wirtschaftlichen und gesellschaftlichen Perspektiven Deutschlands in den neunziger Jahren«, S. 23 f.
32 Der Sachverständigenrat bezifferte allein das Deckungskapital der gesetzlichen Rentenversicherung auf etwa sieben Billionen DM (vgl. Sachverständigenrat zur Begutachtung der gesamtwirtschaftlichen Entwicklung, 1996, Ziffer 418).
33 Vgl. Deutsches Institut für Altersvorsorge, *Frauen und ihre Altersvorsorge II.*
34 Im Jahr 2040 wird etwa die Hälfte der Erwachsenen sechzig Jahre und älter sein.
35 Im Detail vgl. Miegel/Wahl, *Solidarische Grundsicherung, Private Vorsorge.*
36 Vgl. ebd., S. 141 ff.
37 Vgl. Institut für Demoskopie Allensbach, *Allensbacher Archiv*, IfD-Umfrage 6308; ntv-emnid, *Repräsentative Befragungen zum Rentensystem vom 30.03.1997;* Forschungsinstitut für Ordnungspolitik, *Die gesetzliche Rentenversicherung*, S. 7.
38 Vgl. Schnabel, *Die Rentenreform 2001*, S. 19.
39 Vgl. Braun/Miegel/Pfeiffer, »Vermögensbildung unter neuen Rahmenbedingungen«, S. 37.
40 Von 1970 bis 1994 war die jährliche reale Kapitalrendite mit 4,7 Prozent doppelt so hoch wie der reale Lohnanstieg (vgl. Sach-

verständigenrat zur Begutachtung der gesamtwirtschaftlichen Entwicklung, 1996, Ziffer 406 ff. und Tabelle 53).

41 Vgl. Osterkamp, »Das deutsche Gesundheitssystem im internationalen Vergleich«, S. 9.

42 Vgl. ebd.

43 Vgl. ebd.

44 Vgl. ebd., S. 11.

45 Vgl. Bundesministerium für Gesundheit, »Leistungsgerechte Verfügung durch Diagnose-orientierte Fallpauschalen verbessert Qualität, Transparenz und Wirtschaftlichkeit in der stationären Versorgung«.

46 Vgl. Miegel/Wahl, *Arbeitslosigkeit in Deutschland*, S. 162.

Schlussbemerkung

1 Machiavelli, *Vom Fürsten*, S. 23 f.

Bibliographie

Becker, Irene/Hauser, Richard (Hg.): *Einkommensverteilung und Armut. Deutschland auf dem Weg zur Vierfünftel-Gesellschaft?*, Frankfurt am Main/New York 1997

Bedau, Klaus-Dietrich: *Ersparnis und Vorsorgeaufwendungen nach Haushaltsgruppen*, in: DIW-Wochenbericht 30 (1999), S. 559–571

»Bewegliche Rente ohne Bindung an die Löhne«, in: *Süddeutsche Zeitung*, 26. Oktober 1956

Biedenkopf, Kurt H.: *Die neue Sicht der Dinge. Plädoyer für eine freiheitliche Wirtschafts- und Sozialordnung*, München 1985

Birg, Herwig / Flöthmann, Ernst-Jürgen / Frein, Thomas / Ströker, Kerstin: *Simulationsrechnungen zur Bevölkerungsentwicklung in den alten und neuen Bundesländern im 21. Jahrhundert*, Bielefeld 1998

Boeri, Tito/Börsch-Supan, Axel/Tabellini, Guido: *Der Sozialstaat in Europa: Die Reformbereitschaft der Bürger. Eine Umfrage in vier Ländern*, hg. vom Deutschen Institut für Altersvorsorge, Köln 2000

Braun, Reiner/Miegel, Meinhard/Pfeiffer, Ulrich: *Vermögensbildung unter neuen Rahmenbedingungen*, hg. vom Deutschen Institut für Altersvorsorge, Köln 2000

Braun, Reiner/Pfeiffer, Ulrich/Simons, Harald: *Vermögensbildung im Lebenszyklus. Studien zur Wohnungs- und Vermögenspolitik*, hg. von der Bundesgeschäftsstelle der LBS, Bonn 1999

Bundesanstalt für Arbeit (Hg.): *Amtliche Nachrichten der Bundesanstalt für Arbeit* 12, Nürnberg 1999

––: *Erteilte Arbeitserlaubnisse für ausländische Arbeitnehmer im Bundesgebiet*, Nürnberg 2000

Bundesarbeitgeberverband Chemie e.V. (Hg.): »Bürger stöhnen unter Steuerlast – Emnid Repräsentativumfrage«, in: *Informationsbrief für Führungskräfte* 11 (1999), S. 1f.

Bundesministerium für Arbeit und Sozialordnung (Hg.): *Übersicht über die soziale Sicherung*, Bonn 1977
—: *Euroatlas. Soziale Sicherheit im Vergleich*, Bonn 1997
—: *Statistisches Taschenbuch 1999*, Bonn 2000
Bundesministerium für Bildung und Forschung: *Grund- und Strukturdaten 1999/2000*, Bonn 2000
Bundesministerium für Gesundheit: »Leistungsgerechte Verfügung durch Diagnose-orientierte Fallpauschalen verbessert Qualität, Transparenz und Wirtschaftlichkeit in der stationären Versorgung«, Pressemitteilung Nr. 89, 29. August 2001, Berlin
Clark, Colin: *Population Growth and Land Use*, New York 1967
Deutsche Bundesbank (Hg.): »Zur Entwicklung der privaten Vermögenssituation seit Beginn der neunziger Jahre«, in: *Monatsbericht* 1 (1999), S. 33–50
Deutsches Institut für Altersvorsorge: *Frauen und ihre Altersvorsorge II, repräsentative Befragung*, Köln 2001
Ebenrett, Heinz-J./Puzicha, Klaus J.: *EUF-Testleistungen wehrpflichtiger junger Männer im wiedervereinigten Deutschland. Regionale Unterschiede bei Intelligenzleistungen und den Basisfertigkeiten Rechnen und Rechtschreibung*, Strausberg 1999
Erhard, Ludwig: *Deutsche Wirtschaftspolitik. Der Weg der Sozialen Marktwirtschaft*, Düsseldorf/Wien 1962
Europäische Kommission: *Bevölkerungsstatistik 1997*, Luxemburg 1997
Eurostat: *Statistik kurzgefasst*, Thema 1, Nr. 3, Luxemburg 1999
—: *Eurostat-Jahrbuch 98/99*, Luxemburg 1999
Föste, Wilga/Janßen, Peter: *Finanzierungs- und Belastungsgrenzen des Sozialstaats im Urteil der Bevölkerung*, Köln 1997
Forschungsinstitut für Ordnungspolitik: *Die gesetzliche Rentenversicherung. Trotz Reform in der Krise – Ergebnisse empirischer Untersuchungen zur Reformbereitschaft und Reformfähigkeit in der Bundesrepublik Deutschland*, Köln 1998
Frerich, Johannes/Frey, Martin: *Handbuch der Geschichte der Sozialpolitik in Deutschland*, 3 Bde., München/Wien [2]1996
GEWOS-Institut für Stadt-, Regional- und Wohnforschung: *Wohnsituation im Alter*, Hamburg 1999
Globus Infografik GmbH, diverse Jahrgänge, Hamburg

Hauser, Richard/Stein, Holger: *Die Vermögensverteilung im vereinigten Deutschland*, hg. von der Stiftung Der Private Haushalt, Frankfurt/New York 2001

Henning, Friedrich-Wilhelm: *Wirtschafts- und Sozialgeschichte*, 3 Bde., Paderborn 1979/1984/1985

Höffner, Joseph: »Die Entwicklungen im Schicksal und Lebensgefühl der Arbeiterschaft und der Wandel der sozialpolitischen Leitbilder«, in: *Sozialreform und Sozialrecht. Beiträge zum Arbeits- und Sozialversicherungsrecht und zur Sozialpolitik*, Berlin 1959

Institut der deutschen Wirtschaft: »Wohlstand. Die Früchte der Arbeit genießen«, in: *iwd* 1 (2000), S. 4 f.

—: »Studienanfänger. Das Rüstzeug fehlt oft«, in: *iwd* 23 (2001), S. 6 f.

Institut für Demoskopie Allensbach: *Allensbacher Archiv*, IfD-Umfrage 6308, Allensbach 1996

Internationaler Währungsfonds (Hg.): *International Financial Statistics Yearbook*, verschiedene Jahrgänge, Washington, D.C.

Kaiserliches Statistisches Amt (Hg.): *Statistisches Jahrbuch für das Deutsche Reich 1906*, Berlin 1906

Kaufhold, Karl Heinrich: »Deutschland 1650–1850«, in: Wolfram Fischer u. a. (Hg.), *Handbuch der Europäischen Wirtschafts- und Sozialgeschichte*, Bd. 4, Stuttgart 1993, S. 523–588

Kommission für Zukunftsfragen der Freistaaten Bayern und Sachsen: *Erwerbsfähigkeit und Arbeitslosigkeit in Deutschland. Entwicklung, Ursachen und Maßnahmen*, Teil I bis III, Bonn 1996/97

Linde, Hans: *Theorie der säkularen Nachwuchsbeschränkung 1800–2000*, Frankfurt/New York 1984

Machiavelli, Niccolò: *Vom Fürsten*, München 1925

Marschalck, Peter: *Bevölkerungsgeschichte Deutschlands im 19. und 20. Jahrhundert*, Frankfurt am Main 1984

Miegel, Meinhard: *Die programmierte Krise. Alternativen zur staatlichen Schuldenpolitik*, Stuttgart 1979

—: *Sicherheit im Alter. Plädoyer für die Weiterentwicklung des Rentensystems*, Stuttgart 1981

—: *Arbeitsmarktpolitik auf Irrwegen*, Stuttgart 1984

—: »Die wirtschaftlichen und gesellschaftlichen Perspektiven Deutschlands in den neunziger Jahren. Ausführungen aus Anlass

der Eröffnung der Leipziger Niederlassung des IWG BONN am 9. April«, Bonn 1992
—: »Vollbeschäftigung eine sozialromantische Utopie?«, in: Alfred-Herrhausen-Gesellschaft für Internationalen Dialog (Hg.), *Arbeit der Zukunft. Zukunft der Arbeit. 2. Jahreskolloquium*, 1994, S. 37–49
— (Hg.): *Deutschland in Europa in 20 Graphiken – Germany in Europe in 20 Charts*, Bonn 1998
Miegel, Meinhard/Wahl, Stefanie: *Das Ende des Individualismus. Die Kultur des Westens zerstört sich selbst*, München/Landsberg am Lech [4]1998
—: *Solidarische Grundsicherung, private Vorsorge – der Weg aus der Rentenkrise*, München 1999
—: *Arbeitslosigkeit in Deutschland. Phantom und Wirklichkeit*, München 2001
Nef, Robert: *Sprüche und Widersprüche zur Planung. Zitatenschatz für Planer und Verplante*, Zürich 1975
Noelle-Neumann, Elisabeth/Köcher, Renate (Hg.): *Allensbacher Jahrbuch der Demoskopie 1993–1997*, München 1997
ntv-emnid: *Repräsentative Befragungen zum Rentensystem vom 30.03.1997*, Berlin 1997
OECD: *Income Distribution in OECD Countries. Evidence from the Luxembourg Income Study*, Paris 1995
—: *Employment Outlook June 2000*, Paris 2000
—: *Bildung auf einen Blick, OECD-Indikatoren 2000*, Paris 2000
—: *Knowledge and Skills for Life. First Results of PISA 2000*, Paris 2001
Osterkamp, Rigmar: »Das deutsche Gesundheitssystem im internationalen Vergleich. Bewertung und Reformalternativen«, in: *ifo Schnelldienst* 10 (2001), S. 9–16
Ottnad, Adrian: *Wohlstand auf Pump. Ursachen und Folgen wachsender Staatsverschuldung in Deutschland*, Frankfurt am Main/New York 1996
—/Linnartz, Edith: *Föderaler Wettbewerb statt Verteilungsstreit. Vorschläge zur Neugliederung der Bundesländer und zur Reform des Finanzausgleichs*, Frankfurt am Main/New York 1997
Rosenbaum, Heidi: *Formen der Familie. Untersuchungen zum Zusammenhang von Familienverhältnissen, Sozialstruktur und sozialem*

Wandel in der deutschen Gesellschaft des 19. Jahrhunderts, Frankfurt am Main 1982
Scheffler, Karl: *Berlin – ein Stadtschicksal*, Berlin 1989
Schmähl, Winfried: »Sozialpolitik und Systemtransformation. Zur Bedeutung und zur Veränderung von Sozialpolitik im Prozess der deutschen Vereinigung«, in: ders. (Hg.), *Sozialpolitik im Prozess der deutschen Vereinigung*, Frankfurt am Main 1992, S. 27–58
Schnabel, Reinhold: *Die Rentenreform 2001*, hg. vom Deutschen Institut für Altersvorsorge, Köln 2001
Schneider, Friedrich/Enste, Dominik: *Schattenwirtschaft und Schwarzarbeit – Umfang, Ursachen, Wirkungen und wirtschaftspolitische Empfehlungen*, München/Wien 2000
Sombart, Werner: *Die deutsche Volkswirtschaft im neunzehnten Jahrhundert und im Anfang des 20. Jahrhunderts*, Berlin 1919
Statistisches Bundesamt (Hg.): *Statistisches Jahrbuch für die Bundesrepublik Deutschland*, diverse Jahrgänge, Wiesbaden
––: *Bevölkerung und Wirtschaft 1872–1972*, Stuttgart/Mainz 1972
––: *Gesundheitsbericht für Deutschland*, Wiesbaden 1998
––: *Gebiet und Bevölkerung 1997*, Fachserie 1, R 1, Wiesbaden 1999
––: *Haus- und Grundbesitz sowie Wohnverhältnisse privater Haushalte, Einkommens- und Verbrauchsstichprobe 1998*, Sonderheft 1, Fachserie 15, Wiesbaden 1999
––: *Stand und Entwicklung der Erwerbstätigkeit 1999*, Fachserie 1, R. 4.1.1, Wiesbaden 2000
––: *Statistisches Jahrbuch für das Ausland*, Wiesbaden 2000
––: *Datenreport 1999 – Zahlen und Fakten über die Bundesrepublik Deutschland*, Bonn 2000
––: *Volkswirtschaftliche Gesamtrechnungen*, Fachserie 18, Reihe 3, Wiesbaden 2001
Vereinte Nationen: *World Population Prospects. 1996 Revision*, New York 1998
Vogler-Ludwig, Kurt: »Verdeckte Arbeitslosigkeit in der DDR«, in: *ifo-Schnelldienst* 24 (1990), S. 3–10

Danksagung

Dieses Buch war möglich, weil ich mich im IWG BONN 25 Jahre lang theoretisch und praktisch mit hochpolitischen Sachverhalten wie der Bevölkerungsentwicklung, den Veränderungen von Gesellschaft, Wirtschaft und Arbeitsmarkt und nicht zuletzt den sozialen Sicherungssystemen oder, allgemeiner gesagt, dem Sozialstaat befassen konnte. Mein erster Dank gilt deshalb Kurt Biedenkopf, ohne den dieses Institut nie entstanden wäre. Zugleich ist einigen hundert Männern und Frauen zu danken, die es die Jahre hindurch finanziell getragen haben: Kuratoren und Förderer. Ohne sie hätte das IWG BONN keinen Bestand gehabt.

Unverzichtbar für diese Arbeit waren weiterhin die Wissenschaftler des Instituts, die alle in der einen oder anderen Weise einen Beitrag geleistet haben. Namentlich hervorzuheben ist Stefanie Wahl. Sie hat mir wesentlich geholfen, meine Argumente zu schärfen, die Fülle von Zahlen und Fakten zu härten und dem Leser durch Literaturhinweise weiterzuhelfen. Technisch umgesetzt haben das Ganze Ursula Schopp und Ulrike Müller, die nicht müde wurden, den Text wieder und wieder zu bearbeiten.

Nicht zu vergessen sind schließlich die Zuhörer meiner Vorträge sowie Fernseh- und Rundfunkbeiträge und die Leser meiner Publikationen. Sie haben mich durch ihre Fragen, Anmerkungen und Einsprüche angehalten, eigene Standpunkte kritisch zu überprüfen, neue Sachverhalte zu erschließen und größere Zusammenhänge herzustellen. Dieses Buch will nicht zuletzt Antworten auf ihre häufigsten Fragen geben.

Ihnen allen sei Dank.

Bonn, im Januar 2002